一部时间创造史

THE CLOCKS ARE TELLING LIES

［加拿大］司各特·阿兰·约翰斯顿◎著

乐 西◎译

时间在说谎

Science, Society, ... on of ...

人民东方出版传媒
People's Oriental Publishing & Media
东方出版社
The Oriental Press

图书在版编目（CIP）数据

时间在说谎：一部时间创造史 /（加）司各特·阿兰·约翰斯顿著；乐西译 . -- 北京：东方出版社，2025. 9. -- ISBN 978-7-5207-4441-6

I. C935-091

中国国家版本馆 CIP 数据核字第 2025UX1637 号

Originally published in Canada by McGill-Queen's University Press Ltd in 2022. Copyright©2022 McGill-Queen's University Press Ltd.
Simplified Chinese language edition is published in arrangement with McGill-Queen's University Press Ltd. through Beijing Tongzhou Culture Co.,Ltd.

时间在说谎：一部时间创造史
SHIJIAN ZAI SHUOHUANG: YI BU SHIJIAN CHUANGZAO SHI

作　　者：	[加拿大]司各特·阿兰·约翰斯顿
译　　者：	乐　西
责任编辑：	王夕月
出　　版：	东方出版社
发　　行：	人民东方出版传媒有限公司
地　　址：	北京市东城区朝阳门内大街 166 号
邮　　编：	100010
印　　刷：	华睿林（天津）印刷有限公司
版　　次：	2025 年 9 月第 1 版
印　　次：	2025 年 9 月第 1 次印刷
开　　本：	710 毫米 ×1000 毫米　1/16
印　　张：	17.75
字　　数：	242 千字
书　　号：	ISBN 978-7-5207-4441-6
定　　价：	68.00 元
发行电话：	（010）85924663　85924644　85924641

版权所有，违者必究
如有印装质量问题，我社负责调换，请拨打电话：（010）85924602　85924603

目录 CONTENTS

引　言　/ 001

第一章　开端坎坷　/ 001

局外旁观者　/ 004

弗莱明寻找同盟　/ 009

落实时间大会　/ 017

难测的结局和最后一刻的决议　/ 033

第二章　业余爱好者、专业人士和怪才　/ 039

19 世纪的天文学　/ 042

安妮·拉塞尔　/ 047

威廉·帕克·斯诺　/ 054

查尔斯·皮亚兹·史密斯　/ 059

结论　/ 072

第三章　国际子午线大会　/ 075

数据里的国际子午线大会　/ 079

数据之外　/ 084

抵达　/ 086

大会代表的设想　/ 091

第一日　/ 095

第三日和第四日：划出界限　/ 097

第五日：将计时改革提上讨论日程　/ 104

第六日　/ 110

第七日　/ 113

后续　/ 114

结论　/ 117

第四章　《杰克建的房子》：贩卖时间，构造现代性　/ 121

贩卖时间　/ 144

结论：时间在说谎　/ 172

第五章　时间的教育和使用　/ 175

作为时间所有者的美国大学　/ 179
加拿大的时间分发　/ 184
计时改革在学校　/ 198
原住民对标准时间的使用　/ 202
结论　/ 207

结语　/ 211

附录　国际子午线大会通过的决议　/ 222
注　释　/ 223
致　谢　/ 263

引 言

当你看向一个时钟的时候,有没有想过是谁决定了现在是几点?某种程度上,我们明白时钟上的时间是人为创造的,是人类为了使用方便达成共识的产物。钟表的指针用来显示人们共同认可的时间,我们的社会按照指针的嘀嗒声运行,但实际上,我们的计时方法只是一个大概精准的、约定俗成的体系。即便在今天,原子钟和GPS卫星可以使地球时间精确到十亿分之一秒,真正的"时间"仍然是不存在的。为了达到不同的目的,我们会采用不同的时间。原子钟基于政治需求划分出了一秒的长度,以及一个时区的经度跨度。决定时间的并不是物理原则,而是政治。根据爱因斯坦的相对论,物理学界否认了有一个真实时间存在的观点,相反,时间是一个相对的概念,随着速度和重力改变。在人类个体层面上,时间表现出来的相对性微乎其微,基本起不了作用;然而对于现代卫星系统来说,为了正常工作就不得不把时间膨胀的因素考虑在内。也就是说,在宇宙中,我们找不到一个标准的计时准则。[1] 时间由我们制定,因此它仍然符合一句古老谚语所说:"众多的谎言编织出了结论。"[2] 对于时间来说,不存在"真实"、精确、普适的时间,仍有待人们的研究和发现。时间是人为创造的。

这本书所讲述的,就是人类如何创造了时间。本书中提出的问题是,"我们为何以今天现有的方式确定时间",其中尤其重要的是"时间是怎样形成全球标准的"?总而言之,这是一个晚近才形成的现象。19世纪之前,所有的时间都是地方时间。巴黎的时钟不需要和莫斯科的时钟相协调。靠脚力和马匹旅行，不可能快到从一个城镇旅行到另一个城镇，还要面临当地的正午时间和原来的相差几分钟乃至几小时的事情。所以说，那时候没有"马匹时差综合征"。

1837 年，弗吉尼亚州萨福克发生的火车事故，起因是火车未能遵照列车时刻表运行

直到 19 世纪中期，情况才有了变化。火车和电报的发明，几乎是一手创造出一个崭新的紧密联系的世界，突然之间，那些大城市之间的时间不一样了。对于发电报来说要留心将发报和收报的时间调到一致；而对火车来说，时刻表不准确则有危及生命的危险。为了避免混乱，新的时间标准呼之欲出。

新技术无可厚非地是标准化时间的推动力。但火车和电报的发明和应用，不足以解释为什么全球时间协调一致的结果是现在看起来这样。将时间确定为现今样貌的并非技术发明，更多的是社会和政治因素，这更加耐人寻味。本书要讲的就是世界最初相互联系时的"成长的烦恼"，它在 1875

年到 1914 年之间达到了顶峰。

计时革命发生的先决条件是 19 世纪——尤其是欧洲——进入了发明时代，或者说是大收割时代。长达数世纪的全球航海大开发接近尾声，维多利亚时代的人们一心扑在攫取和变卖全世界的资源上。[3] 它有有益的一面，即科学初步发展出了专业化领域，将上到重量等度量单位、下到蝴蝶的物种分类都分别标准化，也给时间制定了标准。商业利益促使人们测量陆地，为陆地绘制地图，将庄稼作物和掠夺回来的货物分清门类。但大收割时代也存在黑暗的一面，这表现为对殖民地的掠夺。地图绘制和勘测产生了有用的知识，为大都市提供了所需的资源利益，代价是造成了全球部分地区人民的贫困。[4] 更加精准的时间让水手能够在海上确定经纬度，但这一航海技术也转而促进了海外殖民行为。人们抱着善恶交织（往往恶的成分更多）的心态勘测、管理、区分世界，为世界划定标准，万事万物都被规训，时间也不例外。

诚然，整个过程是复杂的。人们企图理顺所有事物的野心，超出了所掌握的技术赋予他们的能力。[5] 国家之间、专业领域之间以及商业上的竞争，再加上阶级间的不平衡和殖民地的冲突，也限制了人们掌控世界的步伐。那时最不缺的就是建立世界秩序的理论，但是要用某一种理论说服所有人，无论是用武力镇压还是晓之以理的方式，都并非易事。

从计时的角度来看，这也就意味着在 19 世纪中期，向某人询问时间会得到非常复杂的答案。这并非因为缺少计时工具：那时手表和时钟已经普及；城市大厅和火车站都挂着公用的大钟；世界各地的各宗教，也在宗教仪轨的规范下为信众敲响钟声；需要应急时，根据太阳和潮汐也能估算出大概的时间。无论在城市还是乡下，主权国家还是殖民地，计时的工具都无处不在。

也就是说，关于时间的难题不在于缺乏测量工具，而在于有太多种不准确甚至互相冲突的时间存在。不同钟表的同步性很差，而且即便是制作最精细的钟表,也不能保证持续几个星期走时精准。这就造成了每只钟表的时间和另一只的都不一致,并且它们的差别没有章法可循。让计时问题变得更复杂的是,确定以哪个钟表的时间为基准,更是一个涉及权力、政治和社会系统的问题,而非技术能力的问题。钟表有可能是碰巧走不准,但也有可能是人们故意为之,比如不同的专业领域、宗教、文化以及国家,都采用不同的时间(更不用说历法,每一种历法都基于其独特的文化、宗教信仰和天文学基础)。时间不准确是常态,19世纪的人们会质疑现在那些被我们视为理所当然的操作。为什么钟表表盘上有12个小时?为什么新的一天从午夜时分开始?为什么波士顿的钟表要与伊斯坦布尔或者东京的时间相协调?为什么全世界的时间要以穿过英国格林尼治天文台的一条虚拟的经线为基准?为什么全球要划为24个时区而不是10个,或者一个时区都不要?天文学、地理学或者任何"自然界的现象"都不是让时间只能被划分成这样的理论基础。如此的时间划分,是在特定语境下的人为结果。如何确定时间是一个颇具争议的话题,引发了大量争论且不易得出答案。

争论在1884年华盛顿召开的国际子午线大会(International Meridian Conference,IMC)集中上演。这场大会上,来自将近30个国家的外交官、科学家、海军官员和工程师齐聚一堂,讨论设立一条本初子午线,并延伸讨论了未来的全球计时和地图绘制的事项。这次大会作为现代标准时间之起始而被捧上神坛。通俗历史读物形容这场大会"让桑福·弗莱明(Sandford Fleming)和威廉·艾伦(William Allen)这样的改革家的伟大计划得以实现,在全世界范围创立了时区"。但这种说法是把历史过于简单化了。我们了解到,标准时间并不是在1884年华盛顿大会的热烈讨论中形成的。显然,一些历史学家认为这次大会对计时改革者艾伦和弗莱明来说,完全是失败了,因为虽然大会上确定了本初子午线,但它并没能在任何程度上促使大会决议签署国使用时区和标准时间。[6]国际子午线大会至多可以被看作是现代标准时间形成这一漫长进程中的一个里程碑；它是全球计时方式发生转变的开始，而非终点。至少要到20世纪40年代，标准时间才在全球实行开来。在现代史的传统叙述中，国际子午线大会被1884年在柏林举办的另一场更著名的大会盖过了风头。在德国的新首都的会场上，欧洲主要势力瓜分了非洲大陆，造成了"争夺非洲"事件。那次秘密会议拉开了20世纪的序幕，预示着强权竞争、殖民化和去殖民化，让多个地区陷入人道主义危机。欧洲入侵让这些地区沦为殖民地。和柏林的会议相比，国际子午线大会看上去并不重要。

不过，国际子午线大会上讨论的议题不应该被忽视。如果说柏林的会议为20世纪定下了基调，华盛顿的大会则更体现出19世纪的特质。华盛顿的大会是维多利亚时代关于专业知识、专业化本质的讨论，是了解、排序、掌管世界的渴望的产物。通过研究华盛顿大会，我们可以从中了解到很多信息。对于研究华盛顿大会举行时的世界的研究者来说，这次大会传达出很多内容，是成果丰富的研究对象。人们很容易忽略的是，1884年对于那场大会来说是"当下"。那时参与大会的人们并不知道未来世界的趋势是什么，并且他们是在已经非常复杂的环境下做出了决定。对于他们来说，国际子午线大会不是通往更伟大事物的道路的起点，不过至少对部分参与者来说，它也不全然是失败的。它是维多利亚时代的一次现代化实验，是基于那个当下的一次表达。

本书采用完全历史主义的研究方法，尝试发掘华盛顿大会对它那个时代的大会参与者来说意味着什么。当我们置身于1884年，思考那时的人们为什么做出这些决定，他们如何理解未来，什么是让他们担忧的事、激励他们的事、推动他们的事，从得到的答案中必然能看到他们在政治和外交层面的考量，同时也能发现社会和文化对他们的影响。帝国势力强弱影响着工人阶级的生活体验。时间的经济学决定着俱乐部何时关门、哪些特权阶层可以得到精准的时间，还有钟表商业化后谁能获取利益。科学家、工程师、外交官、商人、宗教权威人士也就谁能主导全球计时而争吵不休。新兴国家希望发出它们的声音，殖民地努力想取得一席之地。时间的故事非常复杂，或许这正解释了为什么维多利亚时代的人格外在意事物的标准化和秩序化。他们将时间标准化的尝试，是将复杂世界简单化的努力。

但不幸的是，正如本书中所讲述的，他们在世界范围内建立标准时间的尝试，非但没有简化问题，反而让问题更复杂了。国际子午线大会上对两个议题的广泛争论可以证实以上结论，也构成了本书讨论的内容。首先，时间是知识的社会建构形式。国际子午线大会上的科学家、工程师和外交官所做的决策依据的不是绝无谬误的准则，也不是从自然法则中有逻辑地、客观地推演出来的。他们的决策受到政治、国籍尤其是专业利益的影响。由此，本书的研究既属于科学和技术史，也同样是社会和文化史。实际上，科学专家和其他专业领域人士（比如天文学家、钟表制造商、外交官、工程师）在时间的话语权上一直都互相竞争，同样地，他们与非专业领域人士也存在竞争关系。在关于计时改革的争论上，个人性情和所属行业是比国家利益和技术发展更为重要的影响因素。后来，从20世纪中期开始，标准时间的问题则属于民族国家范畴了。[7]

但1884年的情况并非如此。1884年10月的华盛顿大会上，在宽阔、酷热难耐的房间中做出表决的不是含义更宽泛的"英国""美国"这样的国家，而是不同专业领域的个人，他们只是凑巧来自这些国家而已。代表之间最深的隔阂并不是源于国籍不同，而是源于专业领域的差异，这导致甚至同一国家的代表也互相贬低对方的立场。受到科学专业化兴起和代表各自领域利益的影响，天文学家、工程师、海军官员，无论他们来自哪个国家，都就规范时间的最佳方式争论得热火朝天。争论从华盛顿的外事大厅蔓延到公众领域，人们对什么是计时的最佳方式争论了很多年。

这也带领我们进入了本书所讨论的第二个问题，即如何应用标准时间。这很大程度上取决于人们对时间的本质的认知：让公众可以自由获得标准时间是有益的吗？标准时间是可售卖的商品吗？它作为科学工具只能授予具有专业知识的人妥善使用吗？尽管从本书涉及的历史事件中并不能直接知晓这些争论的结果，但各方对以上问题的观点几乎全部通过他们的行为表现出来。需要再次强调的是，这些基本的争论并不只发生在国际子午线大会上。从英国城市贫民区到加拿大原住民社区，再到美国的天文台乃至世界各地，都在讨论时间的本质是什么。

那么，为什么这些讨论反而让计时问题更为复杂，而不是简化了呢？答案是，一部分计时改革者希望把计时方式统一并推广到全球，另一部分专家则希望限制和掌控标准时间的应用范围。比如，桑福·弗莱明和威廉·艾伦这样的活动家，他们所希望的是一个简便、能广泛使用的标准时间，让全球各地的每个人都能使用，用全球通用的统一时间系统来代替地方时间。但另一些专家，例如国际子午线大会上的天文学家们，对通用时间的设想则是它仅作为天文学、航海学和其他科学实践的专业工具。对他们来说，全球通用时间的"通用"仅仅是地理层面的：只要你持有恰当的工具、受过适当的教育，就可以确定全球任何一个地方准确的通用时间。但它不是为了让所有人使用的。

除了人们对标准计时持有不同观念，还有一个事实使计时问题变得更复杂了，即每个人只要通过抬头看太阳就能使用旧有的计时方式——地方时间；而标准时间，由于它必须保证在每个地区都一致，则需要由专家来确定和分发时间信号。[8] 换言之，确定时间的方法不再掌握在普通人手里，而是掌握在格林尼治皇家天文台以及世界各地的天文台的天文学家手中，然后由他们通过电线分发时间，而这往往不是免费的。也就是说，在全球范围内把时间统一成标准时间的努力，最终却产生了与"通用"这一愿景相矛盾的结果——人们不能公平地获得"真实"的时间。技术水平的限制，再加上天文学家期望享有专有权，导致了新的标准时间虽然在国际上获得了合法性，但它的使用范围在数十年中仍然只局限于一小部分人。不能公平地获得标准时间的"副产品"就是，古旧且更易操作的计时方式并没有消失，与标准时间的计时方式并行。各地方必须做出决定，是放弃他们在确定时间上的权利、服从更高一级权威（格林尼治）的时间，还是拒绝使用格林尼治时间，与它抗衡——很多地方都采用了这种做法，寻求让他们自己的计时方式合法化的新途径。建立一个以格林尼治本初子午线为基础的新的、有权威性的通用时间，并没有使计时问题简单化，而是造成了时间上的等级制度，形成了新旧系统交织存在的现象。哪一个时间是"真实的"，哪一个时间在说谎，取决于时间的观测者，以及他们的背景。

本书所讲述的内容发生在 1875 至 1914 年，这期间是人类历史上计时方式发展最迅速、变化最频繁的阶段。

第一章从标准时间的设想产生到国际子午线大会的筹划开始。这一事件的关键人物是加拿大铁路工程师桑福·弗莱明。他推动了国际子午线大会召开并讨论时间的话题，但作为铁路工程师，他被在国际子午线大会中占有压倒性话语权的科学家团体排除在外。弗莱明发现他很难在他最初提议召开的会议上占有一席之地，无奈之下为了提倡他的改革而投靠到边缘性的团体中。弗莱明的困境实在地体现出，专家们的话语权能够左右改革者参与时间问题大讨论的路径。

第二章将重点从弗莱明转向科学团体，具体描写了三位科学领域的英国专家——安妮·拉塞尔（Annie Rusell，格林尼治天文台的第一位女性职员），威廉·帕克·斯诺（William Parker Snow，一位兜售自己计时理念的倒霉的航海探险家），以及查尔斯·皮亚兹·史密斯（Charles Piazzi Smith，一个古怪的天文学家，对埃及吉萨大金字塔的伪科学信念生成了他的计时理论）。这三位让人不放心的科学家，让人们对维多利亚时代科学所谓"专业"的程度有了清晰的认知，也让人们看到时间大讨论是处于笼罩整个时代的非理性语境中。这三位科学家都没有出席国际子午线大会，但他们的计时理论反映了当时社会的基础语境，国际子午线大会及其讨论结果都深植于此。国际子午线大会的参会人员无法跳出本章提及的文化观念，这从业余人员和专业人士之间的矛盾、科学和宗教之间的冲突中就可以看出。在当时，有权参与标准时间讨论的人受到一些礼仪规范的限制和管束，科学也是只有少数群体才能追求的事物，这些也形塑着科学领域的参会代表对通用时间的理解。

第三章的内容聚焦在国际子午线大会本身。这一章深入解析在华盛顿召开的大会上每一天发生的事，包括会上谁说了什么，有什么幕后的事情发生，以及会议代表的社会生活。它进一步突出了前面几章提到的：专业之间的分歧，大于对自然规律的理解的分歧；专业间的分歧是引发争论的关键，也是理解国际子午线大会得出的结论的要点。科学团体在这次会议上得其所愿——通用时间仅供专家们使用。弗莱明主张的向全球推广的标准时间，被打入冷宫。

第四章将重心从政治、外交层面，转向英国普通民众如何看待这场时间大讨论。本章探求的是谁需要用精确的时间，但并不会事无巨细地讲述计时讨论在英国社会方方面面的体现，而是只选择几个事例，反映国际子午线大会结论渗透到公众生活后的摩擦和冲突。时间贩卖产业得以形成，比如挨家挨户兜售格林尼治时间的妇女玛利亚和露丝；通过这些事例可以考察社会对国际子午线大会倡导的精确时间的适应程度，这也是本章的关注点。鉴于一些民众嘲讽设立标准时间是多此一举，而另一些把它当作身份和现代性的标志而追求，所以本章的内容围绕着时间的合法性和权威性是如何建立的。

第五章描述的是 19 世纪末期美国和加拿大的计时规则发生了戏剧性的改变。本章颇费笔墨地探讨了通过教育重塑公众行为模式的企图。计时改革者未能通过法律手段让标准时间在北美推行（虽然他们做了尝试，比如在安大略省伦敦市的一起俱乐部打烊时间的案件中可以看到的那样），所以把目光转向了教育，把它当作变革公众行为的武器。上到有着权威地位的大学，下到小镇学堂和独立社团，其课程安排、日程表以及它们将每一天划分成什么样的结构，都是对标准时间的传播。利用学校教育传播新的时间观念有利有弊，以致在1883年北美铁路系统开始采用标准时间之后，普通大众使用标准时间的情况还是非常复杂。

  本书的最后部分展示出国际子午线大会之后比以往更加复杂的计时状态。大会创造出了多种计时方式并行存在的时间等级制度，激发了关于哪个时间是真实的时间的争论。个人关于时间问题的立场取决于他们的专业背景，也取决于他们把时间当成公共福祉，还是当成商品或者专业工具。不能公平地获得格林尼治时间，让关于时间的分歧更加复杂化，最终让全世界的计时方式陷入混乱的泥潭。这种情况直到20世纪20年代中期无线电广播发明使用之后才得以终结。无线电广播让获得格林尼治时间更容易了。从国际子午线大会到20世纪20年代，这中间的40年在计时方式上则是一段充满困惑但也激荡人心的时间，彼时时间的未来可以是各种图景，一切都没有定论。

第一章

开端坎坷

爱尔兰的一个夏日，桑福·弗莱明没有赶上火车。由此引发出标准时间起源这一最为盛行的迷思。[1]相传，是一张印错的火车时刻表导致弗莱明这位年近六十、天赋异禀的加拿大铁路工程师，在度假中去迟了火车站。这让他花了一整天在路上奔波。他反复思忖自己的霉运，思考着如何才能避免这种不便。怎么才能让爱尔兰境内乃至全球范围内纷杂的地方时间统一为一个标准，以便人们使用？这次意外错过火车让弗莱明萌生一个想法，希望结束各地使用不同的计时方式和由此引发的混乱。他的遐思最终导致其设计出了以一小时为单位的24个时区，如今被全球广泛采用。故事由此开始了。

正如许多传说、寓言那样，这个故事也有一部分真实的内核。有一点是可靠的，弗莱明在他早期一本记录计时改革的小册子中描述了上述故事。[2]我们没有理由怀疑这个故事曾经发生过，哪怕是历史学家伊恩·巴特基（Ian Bartky）发现了弗莱明的记叙中有一些前后矛盾之处，例如，弗莱明错过火车的日期在他首次发表计时改革文章的日期之后。[3]但把日期混乱的问题放置一旁，我们仍然可以相信错过火车这件事发生过。弗莱明曾经错过一列火车。

那么，为何称之为迷思呢？因为，像所有讲述起因的故事一样，"错过火车"是一系列复杂事件的简化。弗莱明是否错过了一列火车并不重要。今天我们所用的标准时间的确立，不是某一位天才发明家灵光一现的产物。弗莱明以及其他宣称发明了标准时间的人，诸如威廉·艾伦、克利夫兰·阿贝（Cleveland Abbe）、查尔斯·多德（Charles Dowd），都不是仅凭一己之力的。标准时间确立的过程中包含了他们的贡献，但他们并不是独立的"发明者"。他们更像是标准时间的积极拥护者——因为不能亲自参与制定。诚然，他们的贡献值得一提，但"发明者"一词的含义容易使人混淆他们所做贡献的性质，也掩盖了其他或许更重要的参与者的价值。讲述起源的故事并不会严格遵照历史，也不会顾及催生、确立、推行标准时间的大环境，对于这类故事来说发明者的人格魅力才是重要的。但同样重要的，还有他们所处世界的社会、政治、文化、技术环境。

新事物诞生时，自然会有关于发明者是谁的争议。至于标准时间，争论早在1904年威廉·艾伦抨击查尔斯·多德的文章中就存在了，文章声称他才是标准时间的发明人，多德的贡献微不足道。[4] 甚至在更早时，有证据显示弗莱明于1878年急切地发表了自己第一篇关于标准时间的文章，以防克利夫兰·阿贝及美国计量协会（American Metrological Society, AMS）先发制人。[5] 但就算可以选出一位"胜出者"，也无济于事。多德无疑是第一个提出标准时间概念的，而他却被忽视了。弗莱明与抱有同样设想的克利夫兰·阿贝合作之后，他的创意经过一些修正，才是最终被采纳的那一个。另一方面，威廉·艾伦在把标准时间概念推广到北美铁路系统上着力最多。欧洲大陆的发明者也不应被忘记，诸如英国的皇家天文学家乔治·艾里（George Airy）帮助创立了19世纪40至50年代英国铁路系统应用的格林尼治时间，俄国天文学家奥托·斯特鲁维（Otto Struve）在19世纪70年代初期对本初子午线的设立做出卓著贡献。[6]

需要注意的是，单个的发明行为并不能说明什么。标准时间传播到世界范围这一缓慢、长期的过程则更饶有趣味。这个过程中，没有什么注定如此、应该如此，实际上有太多的意外和偶然。本章就以弗莱明为例子，展示他的观点如何在提出后迅速地超出了他的控制。首先，本章介绍了弗莱明早期发表的成果，以及他想引起科学权威注意的徒劳努力。接着，梳理他在大西洋两岸寻找同道者，然而再次遭到科学界拒绝，转而投奔边缘团体和名声不好的知识分子的过程。最后，为计时目的设立本初子午线的过程充满政治博弈，弗莱明基本被排除在外了，本章厘清了这个过程的来龙去脉。造成时间乱象的原因是国际上约定俗成的计时方式、英国自身的现实考量以及各专业领域之间的竞争较量，它们是影响着全球所使用时间的松散、粗糙的系统，其中的任何一环，都能左右弗莱明这样的个人计时改革者下场如何。

局外旁观者

对于专业科学研究来说，桑福·弗莱明（1827—1915）或许是一个局外人。19 世纪晚期，科学界的国际交流呈现出爆发的景象。其中，天文学界对引导全球计时改革最为义不容辞。但是，弗莱明不是天文学界的人。他与其他几位热切支持标准时间的改革者，都不太受科学家圈子的欢迎。弗莱明是苏格兰世袭的富绅，在加拿大有说得上话的政治关系，还有工程师的身份背景，他并非缺乏经济实力和专业声望。然而，在他推行标准时间的关键时期，却适逢工作波动——1879 年，他突然从加拿大太平洋铁路主工程师的职位上被开除了，尽管不久他找到了一份安大略省金斯顿皇后大学名誉校长的工作，也随即意识到铁路工程师的背景对于打通科学界的门路无甚助益。在 19 世纪，铁路是商业和政治的工具，而非学术研究的对象，由此专业天文学家并不重视弗莱明。天文学家恰恰是弗莱明为了实现其计时改革理念最需要寻求支持的群体，但他们让弗莱明和他的倡议历尽苛察、否定和奚落。总之，弗莱明想要革新计时方法的行动，从一开始就是艰苦的斗争。

弗莱明第一次受到挫折，是他刚刚产生计时改革的设想并试图分享给一位科学家听众时。1876 年，也就是错过火车的故事发生不久之后，弗莱明从爱尔兰乘船前往家乡苏格兰，去格拉斯哥参加一年一度的英国科学促进协会（British Association for the Advancement of Science, BAAS）会议。他本想就规范时间的问题做个发言，但不知为何，没被给予发言的机会。[7] 1878 年，在都柏林召开的英国科学促进协会会议上弗莱明再次试图发言，但又没成功。考虑到英国科学促进协会这个集中了英国科学界精英的小团体中其他发言人的卓尔不群,一个相对没名气的加拿大人没能受到关注并不稀奇。[8]

桑福·弗莱明,摄于 1895 年

在英国遭到忽视后,弗莱明转而将他的文章用法语打印出来,并安排他在美国的联络人弗雷德里克·巴纳德(Frederick Barnard)——纽约哥伦比亚学院(现为哥伦比亚大学)校长,在巴黎国际博览会(从 1878 年 5 月持续到 1878 年 11 月)上演说。不幸的是,巴纳德未能出席博览会。[9]无论有多少灵感,弗莱明也没法让其他人了解到他的创见了。挫败之下,他于 1878 年秋天回到加拿大。

回到北美后,弗莱明开始时来运转了。通过与弗雷德里克·巴纳德的通信,他了解到美国计量协会也在讨论计时改革一事,而巴纳德就是协会主席。美国计量协会的讨论从1873年就开始了，主导人是克利夫兰·阿贝。阿贝对计时一事的兴趣源于1874年，彼时他希望能确定北极光距离地球的高度。[10] 美国各地的志愿者替阿贝测量数据，但这些数据之间存在冲突，每个观测者用的地方时间各不相同，他们也无从发现所用的计时设备不准确。[11] 阿贝开始考虑如何解决这个问题，而美国计量协会的会议就被他用来讨论科学考察中如何规范时间。

弗莱明乐于见到还有其他人认真看待计时改革。对他来说，美国计量协会对此事的讨论既是一个好兆头，同时也是威胁。此前弗莱明自己印制了一些阐释计时改革的小册子，小范围发行了数册，他担忧美国计量协会会在他的文章被广泛知晓之前，发表同样题材的报告。他急需一个权威的科学团体发表他的文章。

弗莱明的目光又投向加拿大的团体组织，那是一个他曾经帮忙组建、于1849年成立于多伦多的工程师和测量员专业论坛，后来该论坛也推动了更多科学领域的发展。尽管弗莱明有至少20年没参与过论坛事务了，但他仍然凭借早期与论坛的关系，通过这个专业团体发表了成果。现在，原有可能成为弗莱明竞争对手的阿贝和美国计量协会，摇身而变成他的同伴了。[12]

弗莱明早期关于计时的文章，充斥着错误且繁复的计时方法；他的观念随着时间有所改变，而核心诉求始终如一。他提议的关键改革有三。第一，停止各地独立使用地方时间，改为在全世界范围推行24个标准时区，每个时区跨越15个经度，代表一个小时。第二，他倡议确立全球的本初子午线，以它为计算时区的起点。子午线对于海上航行来说至关重要，19世纪70年代，在用的子午线有数十个之多，但被所有人公认的、唯一的本初子午线一直未能确定下来。弗莱明并不特别介意本初子午线定在哪儿，尽管他更倾向于定在距格林尼治180个经度的白令海峡中间，因为那里是天然的好位置，没有陆地穿过。第三，他主张用24小时制的时钟，在时间后面标明上午（a.m.）和下午（p.m.）（正是因为火车时刻表印错了上午和下午，才导致他错过了火车；此外他喜欢一天24小时对应全球24个时区的秩序感）。

弗莱明企图用政治势力来弥补他在学术地位上的弱势，至少在加拿大可以这样。通过加拿大学会（Canadian Institute），他将文章呈交给加拿大总督（governor general of Canada，英国殖民地的总督）——维多利亚女王的女婿罗恩侯爵（Marquess of Lorne），侯爵又将文章转递给英国殖民办事处（colonial secretary in Britain），嘱咐将这篇文章分发给英国及外国的主要科学团体，以供批评讨论。[13]

各方的反响不是很振奋人心。殖民办事处不会做出任何官方表态，它在1879年10月发布消息如下："以下是女王陛下统治的传统，对于社会生活中重要的成规不予干涉。除非出现新形式的大范围的应用，需要获得官方管治的授意，但目前还没有此种情况发生。"[14] 换句话说，英国政府拒绝干涉民众使用时间的方式。这个决议暗含着深刻的政治哲学：政府是否可以事无巨细地管控社会习俗，诸如改变民众计时的方式？在1879年，答案显然是否定的。[15]

和之前一样，科学界对此也同样抱有疑虑。比如，英国皇家天文学会（Britain's Royal Astronomical Society）的成员在理事会会议上诵读了弗莱明的文章，但不准备做出任何反应。[16] 皇家地理学会（The Royal Geographical Society）相比之下更加变通一些，但也顾忌新计时方式的可行性。"没有任何人反对这个倡议，"一位学会成员写道，"唯独对它的可操作性有顾虑；所有科学组织都不愿意用心推进它。"[17] 伦敦皇家学会（The Royal Society of London）声称，尽管愿意支持这个观点，"此种计时机制成功推行的概率渺茫，除非文明开化的国家已经普遍准备好了认真参与这个问题"[18]。也就是说，1879年时，弗莱明关于全球标准时间的设想被一致认为是白日梦：值得赞赏，但不实际。[19]

弗莱明的文章也发到了英国皇家天文学家乔治·艾里和苏格兰皇家天文学家查尔斯·皮亚兹·史密斯手中，以期得到他们的反馈。以上两位是英国天文学界的最高权威，他们的意见举足轻重（艾里比史密斯更重要，后文会详细提到）。两个人都对这篇文章不以为然。史密斯推测，各地的地方时间永远不会被取代，"无论几个象牙塔里的学究写出多好看的新办法来"[20]。他批评弗莱明把本初子午线放在白令海峡的提议，作为一个狂热的英国国家主义者，把本初子午线放在那样一个远离英国文化中心的地方让史密斯觉得受到了冒犯："那地方是个世界上杳无人烟的角落；如果说有人定居在靠近白令海峡的地方，也是少得可怜的粗鄙的堪察加野蛮人，他们是在俄国混乱的治理下，在冰天雪地艰难刨食的人！"[21] 史密斯的措辞不仅是种族歧视，还带有激烈的政治攻击。他说弗莱明的全球阴谋，以及各种国际化的主意，都是"共产主义的一派胡言"。用史密斯的话说，弗莱明"竭力挑战常识"[22]。

史密斯提出了另一个本初子午线的定位：埃及吉萨金字塔。[23] 这个金字塔大体上位于英国和它最重要的帝国财产——印度——的中间。但史密斯中意这个位置的另一个原因是他相信金字塔含有秘密启示，预示着信奉上帝的英国的未来（后面会详细讲述）。弗莱明所提倡的标准时间，和史密斯有点另类的世界观相龃龉，所以史密斯不愿支持他的想法。

艾里的批评虽然更加理智一些，但也同样严苛："首先，我认为弗莱明先生文章最初部分的提议没有任何价值（即取消地方时间，代之以时区，并采用字母而非1—24的数字作为标识的复杂标记系统）。其次，文章中提到需要设立本初子午线，而现实中没人想要这个东西。"[24] 在第二点，即本初子午线没有任何用处上，艾里错了。子午线是任何一条连接地球南极和北极的经线。海上航行时，海员可以任意选择一条子午线作为他们的基准，参照选定的子午线上的时间调校钟表。这样，在航海中通过对比基准子午线上的时间与海员所处位置的当地时间，海员就能算出所在的经度以及在海上的具体位置。作为基准的子午线在哪个位置并不重要，所以海图和航海日历都就便设定了各自的子午线。最佳状况是由观测员确定基准子午线，因为他们有精良的仪器，可以准确测定子午线上的时间；而海员一般只是用能看见的最后一块陆地上的经线当作基准子午线，或者用最终出发的港口上的经线作基准子午线。[25] 没人思考过要设立一个全球通用的计时系统的问题，也就是定下一条本初子午线，以免出现多个"标准时间"并存的现象（即每个基准子午线都有一套时间）。

1878年2月的时候，艾里就曾看过弗莱明的一篇未发表的关于时间改革的文章。[26] 艾里对此不甚热忱，他私下写道，时间的改革必将通过民众习惯而非政府力量推行。[27] 他指出，自从铁路系统在1840年至1850年间改用格林尼治时间后，英国民众已经开始调整时间习惯了，这不是出于法律强制，而仅仅是出于方便使用（直到1880年，格林尼治时间才成为英国法定要求的时间）。[28] 艾里也曾出力设计了时间标识，以便英国铁路和电报系统使用格林尼治时间，但他不在意格林尼治时间能得到世界公认，当然更不认同政府强制下的公认。[29]

弗莱明寻找同盟

被西欧的科学团体再次拒绝之后，弗莱明转变了策略。一方面，他采纳了艾里的意见，目光转向铁路系统。铁路系统属于交通运输的领域，与政府、科学研究不相干，弗莱明计时改革的设想或许能在这里找到第一个落脚点。

1880年至1883年是弗莱明一段异常活跃、四处出击的时期：他频繁进行书信联络，参加社交活动，发起请愿申诉，准备和进行研究，参加会议。在这一连串的活动中，弗莱明是众多时间改革者中的一分子，克利夫兰·阿贝、威廉·艾伦、弗雷德里克·巴纳德和托马斯·埃格尔斯顿（Thomas Egleston，美国工程师）也是主要角色。他们强烈声明标准时间不应该只是发明出来的概念，而应被推广实施。时间改革者的倡议和社会活动把标准时间从默默无闻的理想化设计，推向现实操作。

讨论这些问题的会议多是由专业团体参与。弗莱明倚靠的加拿大学会与阿贝和巴纳德所在的美国计量协会都有关系；弗莱明还寻找了一些其他组织，将他的观点呈给了美国土木工程师学会（American Society of Civil Engineers，ASCE）和美国科学促进会（American Association for the Advancement of Science, AAAS）。[30] 意料之中地，这些团体中都只有个别人留意到了计时改革的倡议。[31] 但是，从个体发出的声音得到了专业团体的默默支持，扩大了声势。

弗莱明说服美国土木工程师学会成立标准时间委员会，他来担任主席。他马上开展工作，运用学会的通信网络，将调查问卷分发到美国、加拿大、墨西哥的工程师和铁路管理人手中，还有一些感兴趣的专业学者也收到了问卷。[32] 在收回的反馈中，赞成铁路系统应该改革计时方法的意见压倒性地胜出，但对于如何改进一事众说纷纭。例如，不少人感到改变本地时间以适应铁路时刻不甚方便。然而，调查结果表明了北美铁路系统强烈需要一个更便于操作的时间系统。[33] 凭借这些调查结果，美国土木工程师学会向美国国会请愿，呼吁召开国际会议建立全球计时系统。无独有偶，美国计量协会也开始游说国会。起初，阿贝认为这样一个国际会议不应该由美国政府召集，他希望加拿大能够出面。[34] 然而，在英国的加拿大总督没能说服英国采取半点行动之后，美国计量协会自己继续推动会议了。

美国计量协会无疑是美国推动时间改革的最权威、政治上影响最大的团体。正如埃格尔斯顿1883年年初对弗莱明所说，光靠美国土木工程师学会无法取得这样的成就，因为工程师群体缺乏势力。而与美国计量协会联手，"让全国最有影响力的人对此事有兴趣和愿意协作就有保障了，只联合各城市的工程师,事情就没那么大把握"[35]。游说过程非常复杂,美国信号总局(U.S. Signal Service)和美国海军天文台(U.S. Naval Observatory)的内部争论左右着最终结果。[36] 同时,也不是所有的时间改革倡议者都同意美国计量协会的观点。计时改革运动所涉广泛,这也使得分歧与斗争大量存在。

通过美国计量协会,尽管花了不少时间,弗莱明逐渐升级为"全国最有影响力的人"。经历过在英国和法国的失败之后,为了寻求联盟,弗莱明广泛撒网,热切地迎合一切对他感兴趣的团体或组织。美国计量协会是他抓住的最佳机遇,除此之外,他也与几个不太知名的团体取得了联络。

其中最有代表性的团体就是国际保存和完善盎格鲁-撒克逊度量衡协会(International Institute for Preserving and Perfecting the Anglo-Saxon Weights and Measures,IPAWM)。[37] 这个组织成立于1879年,发起人是一位叫作查尔斯·拉蒂莫(Charles Latimer)的铁路工程师,协会以俄亥俄州的克利夫兰为据点,是一个倡议坚持守护英制度量系统的组织。这类组织并不少见。在那个时代,人们偏好于为一切事物计数、归类、测量。[38] 度量一个事物,就是了解事物本身:例如将物种分门别类,算出围绕太阳公转的天体的数量,探查土地边界和经度以获得特殊的"知识"。此种事无巨细的测量和描绘地图也并非只是冷冰冰的科学研究,它们也被应用到了实际中,对殖民主义的发展多有推动。[39] 尽管处于边缘位置,IPAWM的存在仍是全球测量运动盛行的体现。

虽然把测量世界称为一场"运动",但它的过程并非一帆风顺:关于测量物理世界的最佳方法的争论和分歧伴随着整个运动。IPAWM最反对的是迅速得到国际认可的、被视为"完美""公允"的法国米制度量系统。在IPAWM眼中,法国的米制度量系统是对完美度量衡的诅咒,是差劲的测算标准;而英制度量系统才是上帝之作。

IPAWM支持英制度量系统一事并不稀奇,但它的逻辑脉络实属异端思想。主席查尔斯·拉蒂莫是查尔斯·皮亚兹·史密斯金字塔学说的狂热信徒。根据这个学说,希伯来奴隶是在上帝的启示下建造了吉萨大金字塔。史密斯及其他金字塔学说的追随者宣称在测量金字塔时发现了证据,证明建造金字塔时用的是英制的尺这一度量单位,由此,英制度量系统必定也是上帝的启示。

史密斯的同僚强调 IPAWM 的"国际性",然而这个协会的大部分成员都是美国人,其活动范围也以克利夫兰一市为主。[40] 尽管如此,1881 年的时候这个组织还是引起了弗莱明的注意。彼时,也隶属于美国土木工程师学会的拉蒂莫呈交了一份关于金字塔、重量和测量的论文。埃格尔斯顿和巴纳德都要求弗莱明不要理会 IPAWM 的荒谬言论。[41] 巴纳德称 IPAWM 是"反动组织",把他写的驳斥史密斯和拉蒂莫的大金字塔理论的论文发给弗莱明看。[42] 埃格尔斯顿在给弗莱明的信中说,IPAWM 是"一个没有声誉的组织,其活动尤其令人咋舌;在其与美国政府的联络中,它提到巴纳德博士时的态度极为不敬,直呼其名。私下里我偶然了解到该组织的行动宗旨,那是一群我们不可能与其结盟的人"[43]。巴纳德和阿贝对 IPAWM 的厌恶程度,已经到了当弗莱明建议让它与美国计量协会和美国土木工程师学会协同活动时,他们都暂停了为召开国际计时改革会议奔走的程度,就是为了避免与 IPAWM 共事。[44] 在计时改革上,巴纳德、埃格尔斯顿和拉蒂莫或许有不少相同的观点,但彼此的敌意更是深重到让他们不能共处一室。巴纳德是米制度量系统的坚定支持者,对拉蒂莫的野蛮指责毫不能容忍。

尽管如此,弗莱明仍旧和 IPAWM 联络,因为拉蒂莫显示出了对标准时间的兴趣,而弗莱明需要同盟。1881 年年底,拉蒂莫邀请弗莱明成为 IPAWM 新标准时间委员会的成员。与此同时,拉蒂莫在写给史密斯的信中提及此事,说虽然弗莱明与巴纳德共事,也并不代表弗莱明认同巴纳德的米制度量系统。拉蒂莫还告诉史密斯,弗莱明并不坚持将本初子午线定在白令海峡;之前史密斯也反对过将本初子午线设置在这里。[45] 然后,1882年 12 月,拉蒂莫单方面宣布弗莱明加入 IPAWM,期待着这位新同伴站在反米制度量系统的阵营。[46]

弗莱明这边，尽管从来没承认过拉蒂莫那些不现实的想法，仍然参与着 IPAWM 的事务，供职于标准时间委员会，解答计时改革的问题，在该组织的出版物上发表文章。[47] 1883 年 11 月 18 日，美国（以及加拿大）同意了从正午开始采用时区制，拉蒂莫向弗莱明表达祝贺，还抱怨道多德和艾伦收获了本来应该属于弗莱明的荣誉。[48]

弗莱明参与 IPAWM 事务的最终收获几乎可以忽略不计。实际上，这些事务还拖缓了他在美国土木工程师学会和美国计量协会方面的进展。但在经历了早期的被拒之后，任何一个赞成他观点的组织他都会参加，哪怕是名声不大的；何况这个组织是愿为他高唱赞歌的 IPAWM。除了有 IPAWM 的支持，计时改革一事仍是处处受阻。

最初在英国和法国遇冷之后，弗莱明把主战场转移到北美。但巴纳德还在继续联络国外的支持力量，1881 年 8 月他对弗莱明说道，想要确保"国家法律编撰修订国际协会中能有支持我们设想的声音"[49]。但回应最多只能算得上不冷不热。有较大希望能获得支持的机会，是 1881 年 9 月在威尼斯召开的国际地理学大会（International Geographical Congress，IGC）。这个会集了专业地理学家的大会此前曾在 1870 年召开过两次，讨论为航海需要设置本初子午线，但最终大会把这个话题搁置了，决定未来再议。[50] 巴纳德和弗莱明希望能再次把大会的视线引向这个话题。

为了准备威尼斯的大会，巴纳德做了最后一次尝试，劝说皇家天文学家史密斯和艾里看看他们的论证。史密斯的回答是不会改变之前的主意。[51] 艾里也同样顽固："一个住在爱尔兰或者土耳其的人干吗要考虑世界通用的时间——海员才需要它，他们的职业需要他们跨越许多条经线……世界通用的时间的用处仅此而已。"[52] 巴纳德很懊恼，抱怨艾里没有充分理解弗莱明文章中的意思（实际上艾里的信中多次写道他对弗莱明观点的解读），巴纳德"不再指望光凭言语能说服一个坚持己见的人。他无疑是个大人物；

他太固执己见，而有时他的意见是错的，比如在亚当斯和海王星的事情上，他的顽固最让人难以忍受"[53]。1840年，艾里宣称剑桥天文学家J. C. 亚当斯（J. C. Adams，1884年成为国际子午线大会代表）发现了海王星。艾里的断言被很多人诟病；实际上，是在亚当斯预估出海王星的存在和位置之后，法国数学家于尔班·勒维耶（Urbain le Verrier）发现了海王星。巴纳德看不惯艾里那属于恶劣老朽老人的顽固，告诉弗莱明"他俩（史密斯和艾里）都让我失望透顶"[54]。

说服不了英国权威的天文学家，弗莱明于1881年9月只身去了威尼斯。阿贝和巴纳德均写了信请弗莱明代为诵读。国际地理学大会对弗莱明的提议略有兴致，但不足以让计时改革具有影响力。[55] 弗莱明说服了意大利的地理学家们，向政府申请另举办一场国际会议，但后续没有落实到执行：另办一场会议的议题在小组委员会这一环节停滞不前，没能上整个大会投票讨论。对计时改革的漠然和公然敌意，击溃了改革者的所有努力。[56] 意大利政府也反馈得非常慢，到1882年3月的时候还没有一点消息。[57] 最后，弗莱明又把目光转向了美国计量协会已经获权筹备的、以国际本初子午线为主题的华盛顿的大会。[58]

1883年10月，意大利罗马承办了国际大地测量协会大会 [International Geodetic Association's (IGA) General Meeting]。本初子午线一事再度成为议题。失望透顶的弗莱明没有参加大会，他写信给他的后来担任加拿大铁路和运河大臣的朋友查尔斯·塔珀（Charles Tupper）："从在欧洲各个城市举办的这么多相似的会议上，我不再期望这个话题能有任何让人满意的结果，或任何无限期搁置之外的结果。只有这个国家（加拿大）的人是最实干的。"[59] 然而，在罗马召开的国际大地测量协会大会上，弗莱明本可以获得一个意料之外的盟友。英国代表中的威廉·克里斯蒂（William Christie），是刚刚取代了艾里的新任皇家天文学家。克里斯蒂对设立本初子午线的提议更有好感，愿意在国际大地测量协会大会及其他场合为其发声。

在克里斯蒂的影响下，国际大地测量协会的罗马大会通过了几项决议，包括将全球本初子午线的位置选在格林尼治，以及正式同意美国申请的1884年在华盛顿召开外交界大会，会上将批准使用新的本初子午线。[60]但是，罗马大会是科学家参与的会议，他们不是外交界的代表，所以会上达成的约定没有约束力。此外，大会上提出了一个争议颇大的交换条件，让事情变得更为复杂：如果其他国家放弃了自己设置的子午线而采用格林尼治本初子午线，英国也应该作为回报修改自己的度量系统，或者至少支付1875年米制公约（Metre Convention）英国部分的费用。米制公约成立了一个规范和核实不同度量系统之间差异的办事处。以克里斯蒂为首的英国代表团，没有直接拒绝以度量系统作为交换条件的提议，甚至对为米制公约做出费用贡献一事也非常大度。[61]

让弗莱明失望的是，克里斯蒂背后的政府不支持他，英国坚决反对向米制公约支付任何费用。[62]比这更糟的是，弗莱明想要的是各国人民统一的通用的时区，而罗马大会为铁路、航海、电报和勘探领域颁布了各不相同的计时系统。[63]大会颁出这些指南，意味着全球通用时间只是科学界自己的一套工具，不能成为日常生活的公共规范。

回到北美后，这些计时改革的倡议者交了一点好运。遭遇了排挤的弗莱明认为他北美大陆的同胞比欧洲人更"务实"，这实际上是他的偏见；同样地，也不能说是保守的旧大陆拖了思想超前的北美人的后腿。[64]北美人中也有时间改革的反对者［比如天文学家西蒙·纽科姆（Simon Newcomb）］，正如欧洲也同样存在时间改革的支持者。[65]俄国天文学家奥托·斯特鲁维就是一个例子，远在弗莱明之前，他就出于航海原因提出了本初子午线的想法；弗莱明坚定的支持者之一是西班牙航海官员胡安·帕斯托林（Juan Pastorin，加入了国际子午线协会）。欧洲大陆的科学家或许是有一些帝国的傲慢——尤其是英国学者，他们轻视像弗莱明这样来自殖民地的时间改革者的声音。但殖民地和宗主国都有科学家，这种情况一直存在，而且有些殖民地的科学家也取得了权威性的地位，只要他们与欧洲学界的观念相符。[66]弗莱明在欧洲受挫不能全归咎于英国根深蒂固的傲慢，主要是他的专业与科学研究不相干。弗莱明是工程师出身，不是科学家；哪怕是在北美，他的研究成果也是最受工程师和铁路官员认可，而非科学家团体。

再来看看威廉·艾伦。艾伦是时间改革的后进者，他是一位美国铁路工程师，也是《旅行者美国和加拿大官方铁路指南》(*Travelers' Official Railway Guide for the United States and Canada*)的编辑。1881年年末，艾伦了解到美国计量协会及其与加拿大学会、美国土木工程师学会之间的通力协作，他加入了美国计量协会。美国计量协会一直在向华盛顿申请举办计时改革的国际会议，而艾伦则转向铁路系统，寻求立竿见影的改变。正是艾伦，这位通用时间大会(General Time Convention)的干事，在美国和加拿大全境的铁路系统推行了时区的使用。通用时间大会每两年召开一次，原本是为了协调铁路公司之间的时刻表，艾伦将大会的重心转为推广通用的时区系统。1883年10月，罗马的国际大地测量协会大会正在召开之时，加拿大和美国的铁路系统在铁路枢纽芝加哥集会，决定采用标准时间，确定了位于格林尼治的本初子午线，从1883年11月18日星期日正午开始实行。

这件事本身也成了迷思。20世纪40年代和50年代，北美铁路联盟(Association of American Railroads，通用时间大会的后身)每年都大肆举办周年庆典，纪念"两个正午之日"即11月18日，这一天整片北美大陆的时钟被重新调校，标准时间诞生了。[67]然而，1883年11月18日这天发生的变化，根本没那么举足轻重。它并不是全球标准时间诞生的时刻，它的时间并未被全球采纳，甚至在美国、加拿大两国之中也没有普及到生活的各个方面。这一天发生的改变仅限于铁路系统，无关地方时间的使用。很多地区的地方时间仍然未变，旅行者到火车站的时候就得调校他们的手表。诚然，不少主要城市根据铁路时间改变了自己的地方时间，但并非所有地方都如此。

在那些改变了地方时间的城市，很快就出现了反对的声音。[68]例如，反对声音之一来自印第安纳波利斯，人们抱怨道："太阳再也不负责它的工作了。人们——5500万美国人——必须按照铁路时间吃饭、睡觉、工作、旅行。这是反常、反叛的。太阳要遵照铁路时间升起落下；未来，行星必须按照铁路巨头安排的时刻表来运行。人们只能按照铁路时间举办婚礼、举办丧礼。牧师必须按照铁路时间布道……我们本想着太阳、月亮和行星能试着无视铁路大会的规定，但它们最终也不得不让步了。"[69]其他反对者包括专家和平民，也表达了反对意见。其中多伦多有一位匿名女士，在1883年11月19日即铁路系统采用标准时间的第二天，给弗莱明写信，提出了她自己的设想。她建议一天分为12个小时，每个小时的时长加倍，变为120分钟一个小时。如她所说，"一日的正中就是第6个小时，和古时候犹太人用的时间一样；如此，流传至今的历史重大事件读起来就又如真实存在一般了"[70]。这位女士的提议是站在信仰角度的，这也可以看出，对一部分人来说时间改革与个体深刻相关——它关乎存在层面的问题，不只是调校手表之不便这么简单。

对于弗莱明来说，"两个正午之日"甚至都没出现在他的日记中。于他而言，事情远未结束。他有更宏大的目标：第一步是让新的铁路系统采用的时区和标准时间进入美国和加拿大的法律条文，永久取代地方时间；第二步是在全球范围推广时区制。这两个目标实现起来都极其困难。

落实时间大会

弗莱明把标准时间写入立法的想法实行得不太顺利。对弗莱明来说最有价值的先例是1880年英国通过的法案，将格林尼治时间确立为英格兰、苏格兰、威尔士的法定时间，以及将都柏林时间确立为爱尔兰全境的法定时间。[71]然而，弗莱明在评论中指出，这个格林尼治时间不是时区制的。对于英国来说，爱尔兰海成为采用两个标准时间的地域的天然分隔带，避免了时间转换时过于生硬。北美洲罕有这种便利的天然地理分隔带。在美国，标准时间的问题还与各州的权利以及当地势力纠缠在一起：法定的时间应该由联邦政府宣布，还是由各州宣布？1882年，康涅狄格州自行宣布以铁路时间为法定时间。弗莱明认为这是一次胜利，但也担忧它成为一个先例，给后续在美国全境推行标准时间大大增加难度。由联邦政府公布法案对统一美国全境的时间来说是更可靠的方式，一个州一个州地各自立法，将是一条漫长艰苦的道路。然而，联邦政府动作迟缓：晚至1892年，它才把标准时间确立为哥伦比亚特区一地的法定时间。[72]

弗莱明将标准时间推广到海外的计划同样进展缓慢。1882年，美国计量协会终于说服美国政府召集大会讨论时间的事宜。大会宣传单送到了与美国有外交关系的所有国家手中，调查是否赞成召开这个大会。得到了各国积极响应之后（反馈的时间比较久，尤其是英国的反馈格外迟），美国国务卿于1883年向各国发送了邀请函。此次大会——后来逐渐被称为国际子午线大会——于第二年秋天即1884年10月在华盛顿召开。

作为计时改革运动的主要活动家，弗莱明显然应该是加拿大的参会代表。但如同他被科学家团体排斥一样，政治界基本上也把他排除在外了。变幻莫测的国际政治形势，加拿大作为宗主国殖民地的身份，英国政府各部门之间的竞争以及缺乏沟通，几近阻断了弗莱明坐上大会谈判桌的机会。尽管在现代，弗莱明有着"标准时间之父"的称号，但在那时他无足轻重。以欧洲人的视角来看，他只是一个富裕的、从殖民地来的、抱有乌托邦式理想的铁路系统人员。他要取得参加国际子午线大会的权利将面临一场艰苦的奋战。

在距离大会召开差不多还有一年的时候，弗莱明就早早开始游说了。

1883 年年初，他向加拿大学会和加拿大皇家学会（Royal Society of Canada）提出给总督罗恩侯爵发送请愿书，要求加拿大派出代表参加会议。总督对此持保留态度。作为英国殖民地的加拿大，与美国没有直接建立外交关系；它能否参加大会取决于英国外交部的意愿。不过，罗恩承诺（于 1883 年 5 月 8 日）只要加拿大能收到邀请，无论是直接邀请还是经由英国的邀请，就会派出代表参会。[73]

弗莱明对此答复并不满意，第二天他又给伦敦的查尔斯·塔珀写信，塔珀是加拿大在伦敦的高级代表（准大使）。"加拿大不在华盛顿举行的国际大会的参会名单上，然而世界上没有一个国家比加拿大更关心计时问题的有效解决了，实际上加拿大也是最先提出计时改革的国家。"[74] 显然，弗莱明是指他早期在加拿大学会发表的文章。他请求塔珀做做工作，保住他代表加拿大参会的席位。

加拿大作为英国的自治领不在被邀请之列，除非美国国会发布特殊法案，并且获得了英国政府同意。最可行的解决办法是加拿大作为英国的一部分参会。1883 年 6 月 9 日，经过"唇枪舌剑"的书信往来，弗莱明被告知如果加拿大可以参会，他将作为加拿大的代表。[75] 弗莱明确保了他有代表席位，但仅是在加拿大能出席会议的情况下。

伦敦方面，塔珀为弗莱明奔走的过程曲折复杂，很大一部分原因在于不知道哪个政府部门拥有裁决权。殖民地部（Colonial Office, CO）与这件事情紧密相关，加拿大和英国之间的所有事情它都管；但同时，外交性质的会议也属于外事政务，也就是说外交部（Foreign Office, FO）在对参会代表的选择上也能插手。另外，科学艺术部（Science and Art Department, SAD）是英国贸易委员会（Board of Trade）的分支机构，所有科学技术方面的事情都归它处理。1883 年秋天，正值科学艺术部负责选派科学家作为英国代表出席罗马大会。鉴于华盛顿大会的议题和罗马大会相似，直觉上科学艺术部仍然会参与最终决定代表人选的流程。上面说到的这三个部门，各有各的议事日程，互相并列，没有清晰的从属关系。这些复杂的官僚机制之上还有个终极问题——钱。没有财政部（the Treasury）的支持，三个部门都无法付诸行动；财政部负责审批和拨放参会代表的旅行费用。

1883年春天，殖民地部收到总督和塔珀发来的希望加拿大能参会的申请后，把它转给了外交部。但是外交部举棋不定，这里面有两个问题。其一，美国还没有下达官方邀请函。1882年的时候，美国只是发函询问若有此议题的大会召开，英国是否有兴趣参会。英国是1882年11月收到询问函的，里面甚至没明确写出大会计划召开的时间。其二，英国财政部内部已经决定不资助代表参加这种国际会议。[76] 结果，外交部给了个备选建议。外交部官员了解到科学艺术部参与了组织召开罗马的国际大会，便问弗莱明是否愿意改为出席罗马大会。[77] 1883年9月，殖民地部给出了否定的答复，声称弗莱明希望能参加的是华盛顿大会，而非罗马大会，并且请求外交部敦促在华盛顿的英国大使莱昂内尔·萨克维尔－韦斯特（Lionel Sackville-West），进一步确认弗莱明参会代表的身份。萨克维尔－韦斯特将弗莱明请求作为代表参会一事告知美国国务卿弗雷德里克·弗里林海森（Frederick Frelinghuysen）。弗里林海森回复他很乐意批准弗莱明，但需要等到英国明确表示参会之后。[78] 换句话说，加拿大并不具备独立身份；弗莱明要么作为英国的代表，要么不能参会。鉴于1882年11月英国财政部已经做出的决定，看起来英国根本不会派任何代表出席大会了。[79]

1883年7月初，弗莱明得知了英国不打算出席华盛顿大会，又通过塔珀给英国去信敦促其参会。他强调，加拿大和美国有意向接受本初子午线定在格林尼治，而只有英国参会，才能保证这个结果达成。弗莱明写道，只有英国代表参会，这个"长期困扰地理学家、天文学家和航海家的难题"才能得以解决。[80]

弗莱明的请愿在1883年的夏天并不受重视。外交部的格兰维尔勋爵（Lord Granville）看到美国那边没有后续具体消息，也就乐得将这件事搁置，在考虑华盛顿大会下一步该如何处理之前，先等等罗马大会的结果。[81] 罗马大会（于 1883 年 10 月召开）一结束，弗莱明一点时间都没浪费，立刻又提出华盛顿大会一事。罗马大会中，确定了美国和加拿大将使用铁路标准时间，弗莱明希望罗马大会的这个成果能激发人们对计时改革更大的关注。他再次求助于查尔斯·塔珀。弗莱明与塔珀是很好的朋友，也共事过，两人从 1864 年就相识了，那时候塔珀是新斯科舍省的省总理，任命弗莱明担任新斯科舍省铁路的总工程师。得益于此，弗莱明也获得了加拿大太平洋铁路的总工程师一职，尽管后来项目超出了预算，1879 年塔珀（作为铁路和运河大臣）又不得不免了他的职。虽然如此，他们仍然保持着友好的关系，还双双将自己的儿子送上了镇压 1885 年西北叛乱的战场。[82] 1885 年秋天，在给弗莱明的信中，塔珀附了一份备忘录，它明显地表达出塔珀对弗莱明的欣赏——备忘录上写着，弗莱明堪被授予骑士身份。1897 年，弗莱明确实获得了这一荣誉。[83]

1883 年 11 月初，塔珀把弗莱明的信呈交给殖民地部。塔珀和弗莱明都强调应该将格林尼治作为本初子午线所在地。他们指出，最近北美铁路系统的事情让美国加入了反对格林尼治的阵营，俄国也在成为反对阵营成员的路上。"我预计华盛顿大会能有定论，"弗莱明在信中说道，"只要英国政府接受参会邀请。"[84] 尽管弗莱明做了最大程度的努力，他的呼吁还是直到新年之前都没人理会。

新年时，美国最终发出了邀请函，大会召开时间定在 1884 年 10 月 1 日。1884 年 1 月，英国科学艺术部发布了罗马大会的情况报告，它在等待反馈，以便下一步成立委员会讨论华盛顿大会的代表人选。[85] 外交部手握科学艺术部关于罗马大会的报告和美国政府的邀请函，必须就英国是否参会做出最终决定了。外交部寻求财政部的建议，但财政部——之前已经不止一次表达过反对——对支持英国参会并不情愿。财政部要求格兰维尔给出参会的"政治出发点"[86]。外交部承认，华盛顿大会没什么政治上的重要性，但是提出财政部也应询问殖民地部和科学艺术部的意见。这两个部门都认为大会议题（本初子午线）非常重要。[87] 殖民地部是支持弗莱明的，它给出的回复是，"显然，应该派代表参会"[88]。

然后，财政部不知为何，略过了科学艺术部，反而去询问皇家学会的意见。这让科学艺术部的秘书约翰·唐纳利（John Donnelly）既费解又恼火，他写道："事情哪有这么办的。他们从来没有告诉过我们——我倒要看看我们的人会不会在这件事上闹出点动静。"[89] 虽然对此不满，但让唐纳利至少有些安慰的是，皇家学会没有浪费掉英国的机会。身为一个严肃的团体，尽管皇家学会1879年时曾经否定了弗莱明关于计时改革的文章，然而这次它在回复财政部的信件中认为华盛顿大会值得参加。皇家学会在一次委员会会议上拟就了该回信，里面写道："如果我们国家出席华盛顿大会的话，格林尼治本初子午线被整个文明世界采纳将得以成为美好愿景。但是，如果一个比他国还要格外关心本初子午线设在哪里的国家，觉得不值得为讨论此事付出任何行动，那最终结论如何就不好说了；而且，不用思索就能知道，如果我们的庞大商船队伍惯用了的子午线改变了，对我们国家来说会是多大的不便。不只是我们国家感到不便，很多已经在使用格林尼治子午线的国家也一样。"[90]

皇家学会这次的态度来了个大逆转。他们现在认为，没有其他国家比英国更关心本初子午线设在哪里，而就在5年前他们还认为讨论此事不切实际。威廉·克里斯蒂，格林尼治天文台新任的皇家天文学家，对他所在的天文台能成为全球的本初子午线所在地特别关切。他曾代表科学艺术部出席罗马大会，也参加了皇家学会委员会给财政部起草答复的会议。[91] 不过，皇家学会将本初子午线的作用限定在航海领域，认为用它来协调生活领域的时间还是没必要。抛开弗莱明的实行24小时制和时区制的倡议，把本初子午线设在英国领土上还是个非常诱人的期待。皇家学会对华盛顿大会的想象，和弗莱明对它的设想大不相同。如果弗莱明作为代表参会的话，他能否与英国其他的代表意见一致呢？

1884年2月时，没人考虑过这个问题。2月13日，财政部最终同意负担两位代表参加国际子午线大会的开销，但是最终选谁为代表仍是待定。[92]也正是在这一点上，各部门之间分歧加深了。科学艺术部认为，他们曾经负责遴选罗马大会的英国代表，这次华盛顿大会代表也应该由他们负责选派。然而，外交部也要参与进来，因为华盛顿大会是外交性质的会议，不像罗马大会只是科学界的会议。科学艺术部要求外交部澄清谁是负责人，意在巩固自身地位。[93]外交部对不用自己负责倒是有些释然。新的分工明确后，外交部唯一要做的只有为代表开具格兰维尔勋爵的介绍信，使他们具有官方的外交身份。[94]

然而，外交部仍然对科学艺术部插手外交事务十分敏感。在外交部职员的私人笔记中，一位公职人员写道，参会代表可以由格林尼治天文台（Greenwich Observatory）、英国皇家海军水文局（Hydrographic Department of the Royal Navy）或者皇家学会指定——普通的外交官员无法胜任专业性质的国际大会代表。但最主要的是，"要把南肯辛顿（科学艺术部）排除在外（选派代表不是他们的事，尽管他们想参与进来）"[95]。但不幸的是，外交部不能推翻先例，而科学艺术部手握选派了罗马大会代表人选这一有力的事例在先。[96] 1884年，财政部做了最终裁决：遵循罗马大会的操作，由科学艺术部负责代表选派。外交部负责给代表开具外交资格证明、支付其开销，而经费来源由财政部提供。[97]

4月至5月间，费用问题落实之后，科学艺术部开始遴选代表。科学艺术部锁定了两个人选：英国皇家学会会员（FRS）、英国皇家天文学会会员（FRAS）、英国皇家地理学会会员（FRGS）、英国皇家海军水文员弗雷德里克·埃文斯爵士上尉（Captain Sir Frederick Evans），以及剑桥大学天文学教授、英国皇家学会会员、爱丁堡皇家学会会员（FRSE）、英国皇家天文学会会员约翰·柯西·亚当斯（John Couch Adams，因发现海王星而知名）。[98]除了这两位之外，科学艺术部向殖民地部提议加拿大和澳大利亚殖民地（包括新西兰和后来在澳大利亚境内的殖民地）也可以派出代表（由各自的政府负担费用）。殖民地部将此提议转达给外交部，但也有所顾虑：到此时为止，还没有一方想到过澳大利亚有代表参会。考虑让加拿大参会，仅仅是因为弗莱明不断地活动。为了公平起见，让澳大利亚也派代表参会是明智之举。但这就增加了外交程序的复杂性。美国最多邀请3位英国代表，已经入选的有弗莱明、埃文斯和亚当斯，没有多余的名额给第四位代表了。澳大利亚对华盛顿大会感兴趣吗？殖民地部一边这样思忖着，一边发函请求外交部询问美国是否能再增加一个代表名额。[99]

一星期后，情况变得更混乱了。科学艺术部宣布印度议会也选派出一位代表——英国皇家学会会员、英国皇家地理学会会员、资深印度行政官和科学权威理查德·斯特雷奇爵士将军（General Sir Richard Strachey）。[100] 科学艺术部可能没有意识到代表名额只有3个，或者是认为殖民地的代表不占用英国的名额。斯特雷奇曾经参加了罗马大会，科学艺术部只是简单地按先例处理了事。然而，这下有了5位代表，面对仅有的3个名额。

外交部例行向华盛顿发函，询问印度、加拿大和澳大利亚殖民地是否可以派出代表。美国国务卿弗里林海森回复了一个合理的折中方案。他说，如果英国和它的殖民地拥有5个名额的话，对其他只有3个名额的国家来说是不公平的。但是，让世界上尽可能多的地区参与到这次大会"会增添大会讨论的兴趣和价值，也让会议结论更有分量"[101]。最终，美国同意英国及其殖民地派出5位代表参会，但只有3位代表能拥有表决权。

在美国看来这种安排是公正的。但是，英国给自己设下了陷阱，只有殖民地部看出了问题所在。弗莱明希望能有表决权，从最开始他就参与着整件事情。然而澳大利亚殖民地会不满自己派出的代表地位比加拿大殖民地代表的地位低。殖民地部异想天开地想出了两套解决办法：或是将其中一个英国代表的表决权转给澳大利亚，或是不告诉澳大利亚殖民地有华盛顿大会这件事——这两个方案好像都根本没意识到印度也有一个代表名额。提出第二种方案是因为到目前为止，还没人通知澳大利亚大会的事，科学艺术部只是提议让他们参会。此外，据一位公职人员说，澳大利亚还没有一条横贯东西的铁路：那儿的人会在乎本初子午线吗？[102] 再说澳大利亚殖民地没有参加过罗马大会，殖民地部大臣德比伯爵（Earl of Derby）建议就不告知澳大利亚此事了。[103] 可是，殖民地部内部有不同的意见，有人注意到"自从新几内亚事件发生之后，殖民地部在澳大利亚众殖民地的声誉更加败坏了，如果这次大会没有与它们通气的话，它们会认为这是英政府的政策又进了一小步"[104]。最终，考虑到瞒着澳大利亚的殖民地并非上策，殖民地部请求南澳大利亚与相邻的殖民地沟通，看看它们是否愿意派出一位共同的代表。

与此同时，科学艺术部毫不顾及殖民地之间的攀比心，自行决定3位拥有表决权的代表是亚当斯、埃文斯和斯特雷奇。[105] 它的理由是，这3位代表直接行使的是英国政府的指令，而弗莱明不一样，他代表的是渥太华的指令。[106]

殖民地部对此不满。它向外交部埋怨道，科学艺术部的决定对弗莱明不公平，弗莱明甫一开始就参与此事，不让他拥有表决权恐怕会引起加拿大方面的愤慨。[107] 外交部在回复中把自己撇清了干系，说这个决定完全是科学艺术部做出的。[108]

殖民地部气坏了。在一系列备忘录中可以看到殖民地部官员对科学艺术部所做决定的指责。其中一份备忘录上说道："科学艺术部在没有与我们商量的情况下，无权分派表决权。显然桑福·弗莱明先生没有表决权会造成不愉快的后果，科学艺术部应该为此受到谴责。不能给他们施加点个人压力吗？"[109] 另一个殖民地部官员的备忘录更进一步："科学艺术部应该把加拿大当成母国，它也确实是；我忍不住在想它应该给美国政府施加点压力，然后美国就会撤回（只给3个表决权名额的）决定，再增加一个表决权名额。"[110] 还有一份写给科学艺术部的信件旨在点明"没有与殖民地部事先沟通就定下拥有表决权的人选的不幸结果就是，华盛顿大会的发起人桑福·弗莱明被排除在外了，信中提出弗莱明应该拥有表决权"[111]。

由于需要确凿的证据证明，它替弗莱明没有表决权鸣不平是有理有据的，殖民地部在做出任何行动之前，先去查证了当初是弗莱明最早鼓动各部门参会这一事实。科学艺术部的秘书唐纳利倾向于认为英国同意参加华盛顿大会是受了美国的影响。"说不准的是，"科学艺术部的一位官员写道，"印度是否愿意把表决权让给加拿大，所以我们必须先坚定我们的立场。"[112] 作为回应，殖民地部整理了一份文件，梳理了弗莱明所做的所有工作。早在1879年，弗莱明就是第一个向英国政府提出计时改革议题的人，尽管那时"英国的饱学之士基本上对这个提议不感兴趣——这说明那个时候计时改革的想法还没能吸引我们的科学家的注意……英国对华盛顿大会最早的印象是加拿大请求让弗莱明先生作为其代表参会"[113]。文件中还写道："但是对弗莱明先生来说（仅据我个人判断），这件事可能从来没得到过官方的重视。若没有弗莱明先生的推动，很有可能就没有华盛顿大会一事了，我们有可能根本就不会派任何人代表英国参会。"[114]

远在加拿大的弗莱明并不知道其中发生的纠葛。到1884年6月时，自从12个月前收到英国殖民地总督的临时任命之后，弗莱明还没有收到任何官方的有关华盛顿大会的消息。他给塔珀和加拿大副国务卿 G. 鲍威尔（G. Powell）写信询问事情进展，想要确认一下他应有的委派。[115] 鲍威尔回复他，过一两周他们部门将会把弗莱明作为加拿大官方代表的名单呈送给英国政府。[116] 鲍威尔没向弗莱明解释整件事的细节。塔珀告诉弗莱明，尽管基本上已经确定他是加拿大代表，但是否有表决权还没落定。"殖民地部正在为你据理力争，不仅仅是为了加拿大，而是看在你是整件事的推动者的分上。"[117]

与此同时，殖民地部收到了澳大利亚殖民地的回复。由于没有表决权，除了西澳大利亚之外的所有殖民地都没有参会意向，各个殖民地政府的回信显示出了相比于要一个共享的且没有表决权的代表名额，他们更重视本初子午线一事的立场。[118]殖民地部松了一口气，问题的一部分解决了。（殖民地部用尽一切办法避免再冒犯到澳大利亚人，但私下里说澳大利亚政府中的是一帮"脸皮薄"的官员或"爱哭鬼"，他们时刻搜集探测着莫须有的"轻慢"。澳大利亚对国际子午线大会不感兴趣让殖民地部很高兴。）[119]最终，只剩下加拿大的表决权这一个难题了。

面对殖民地部提出的一箩筐的抱怨，最后科学艺术部决定不理睬任何加拿大参会的要求了。[120]科学艺术部给取消加拿大的表决权找了这样一个合理说法，"加拿大的目的和英国参加华盛顿大会的目的不一致"[121]。最终，它提议再次向美国提出申请，给加拿大一个单独的代表名额，和英国完全分开。[122]殖民地部也认为这是一个解决方案，敦促外交部向美国提交申请。

这又是一个漫长的过程。这意味着要承认一个殖民地领土和独立国家拥有同等地位。它的争议在于，大部分国家会认为这是英国想多要一个表决权的手段，认为加拿大无疑会和英国的表决一致。这将成为一个"危险"的外交先例。

美国又一次做出了妥协的折中方案。"殖民地不能独立行动。"美国回复得直截了当。[123]但是，每一个参会国的表决权名额现在是 5 个了，不再是只有 3 个。[124]这个折中方案很令人满意。英国派驻到华盛顿的外使洛厄尔先生（Mr Lowell）写道，新的表决权数额"让不同地区的诉求都能表达出来，各个殖民地领土都会有自己的诉求……英国政府得以确保既不伤害各殖民地享有同等权利的原则，又让英国范围内多种多样的诉求都能被展现"[125]。由此，英国选派弗莱明、斯特雷奇以及一名澳大利亚的代表，代表 3 个殖民地，他们同样拥有表决权；另外还有亚当斯和埃文斯作为英国自身的代表。

尘埃落定，殖民地部迅速夯实了弗莱明的身份。它担心来不及"阻止科学艺术部不与自己商量，就把多出来的两个表决权名额抢过去"[126]。殖民地部的一位官员立刻写信告知科学艺术部以防此种事情发生。[127] 挫折却一波高过一波。科学艺术部发来了一份关于加拿大表决权的废话连篇的文书，让殖民地部的办事员挥笔批阅："太愚蠢了！"[128] 另一位官员则写道，"能在如此短的回函中塞进这么多谬误也真是不容易"[129]。他们因此轻蔑科学艺术部的无能，但他们并没有看到事情的全貌。科学艺术部主要代表的是科学界人士的立场，他们一直以来都忽略和否定弗莱明对全球时间进行改革的提议。从殖民地部的视角来看，科学艺术部对弗莱明的选任不作为是其无能的表现；然而从另一个角度看，科学艺术部的态度一直都如此。科学艺术部觉得弗莱明的设想有意义，所以才应该让英国自己的专业科学家代表本国参会，而不是一个殖民地的工程师。

整个事件的记载中，科学艺术部的视角是缺失的，对它失职、无能的指控主要都来自其他部门。由于科学艺术部的档案记载大部分都损毁丢失了，所以在这件事中它的作为无法被全面窥见。但是通过收集记载了1884年有关事件的私人信件、记录，足以部分重现科学艺术部当时的做法。在与其他部门共同选派国际子午线大会代表的同时，科学艺术部还在尽力阻止一场有关度量系统的国际性事件的发生。

这场国际"事故"始于1883年1月。度量局秘书、瑞士人阿道夫·赫希博士（Dr Adolphe Hirsch）听闻了华盛顿大会即将召开一事，心中生出一个想法。[130] 他给几位英国权威的科学家写信，说道：如果英国不参加大会的话，估计全球公用的本初子午线也无法确定。但是，要是英国参加了，并且做出一些让步，基本上毫无疑问本初子午线会定在英国。因此，他提议这几位科学家向英国政府提一个条件——同意采用米制度量系统，以换取法国接纳以格林尼治为本初子午线所在地。赫希提出一个计划："改革重量计量方式时的经验切实地告诉我们，对于即将在华盛顿召开的那种外交性会议，只有在之前有一个为它做准备的、由科学团体参与的、具有官方身份的基础,才能成功,大会涉及的科学议题也才能有结论。也就是说,1875年召开的国际大会,它要依托的基础是1872年国际米制委员会的成果。"[131]

赫希认为应把罗马大会看成是华盛顿大会的基础,罗马大会的经验显示出国际子午线大会上各国的表决都应以科学为前提。赫希认为这个先决条件是必要的,因为欧洲国家在国际子午线大会上必须团结起来,否则美国有可能会强行将本初子午线设在华盛顿(几个月后,在威廉·艾伦的主导下,美国铁路系统采用了以格林尼治子午线为基准的标准时间系统)。华盛顿也有自己的主天文台,像格林尼治和巴黎一样,都在争取将本初子午线设在自己那里。

赫希的计划开展得非常顺利。罗马大会曾经促成英法达成了米制度量系统上的协议,在格林尼治本初子午线一事上也为英法联合打下了基础;虽然英国的参会让罗马大会的作用不那么起眼了。克里斯蒂、斯特雷奇和科学艺术部选派参加罗马大会的代表都希望英国加入米制公约并支付会费,但是不必采用米制度量系统。他们认为加入公约能确保在英制度量系统和米制度量系统之间进行精准的换算,所以英国有必要为这项服务支付会费。

但即使是这种无关痛痒的提议,达成一致的过程也是困难重重。在英国,史密斯一派英制度量系统的忠实支持者认为上面提到的折中策略像一个湿滑的斜坡,它能把任何关于度量系统的协议的效力拖垮。H. J. 钱尼(H. J. Chaney),英国各类标准的监督人,坚决反对这种折中办法,反对财政部支付任何费用给米制公约。然而,国际上的压力也在不断增加:英国没有尽到应承担的义务,它享受了米制公约的计量单位转换工具,却不交会费。

1884年年初为华盛顿大会选派代表这件事,让科学艺术部夹在中间犯难。它必须确保每一个选出来的代表都对米制公约持中立态度。在这一点上,弗莱明就像一张万能牌,放在哪里都适用。米制公约则希望华盛顿大会的代表中有支持他们的人。

英国在米制公约一事上面对着非常多的争议。鉴于钱尼愤愤不平的反对，财政部拒绝向米制公约支付会费，只愿意象征性地拿出一点点经费。米制公约的德国籍成员威廉·弗尔斯特（Wilhelm Foerster）对格林尼治的皇家天文学家克里斯蒂说，财政部的姿态简直是侮辱："你们把付的这一点点经费当作'尝试性的一步'，对此我无可辩驳；你们国家用交这点钱作为完全加入米制公约前的过渡，但是在我们看来，你们这过渡性的一步简直就是冒犯和挑衅。"[132] 大卫·吉尔（David Gill）是位于南非的开普殖民地的苏格兰裔总天文学家，他说："在听到如此付费的说法时，我们感到非常愤怒。"[133] 其他国家要享受同样的权利，都支付了远远高于英国的费用；有些国家已经对英国产生了不满情绪。米制公约要求英国支付和土耳其相同的会费——比美国交的会费少很多；而且土耳其和美国都不采用米制度量系统，但都照常支付会费。英国表示拒绝。对此克里斯蒂在信中也写道："看来此举会引发众怒，让我们（英国）置于科学研究界的孤岛。"[134]

克里斯蒂着手说服财政部支付费用。他先是请求自由党成员彼得·麦基弗（Peter MacLiver）将此事提交到议会上，希望以此能"督促财政部采取行动"[135]。麦基弗帮助安排了一次代表团和财政大臣之间的会面。但是会面进行得很不顺利。钱尼反对这种安排，克里斯蒂也担心代表团不能获得"理解"[136]。但是，财政部方面的回复却是积极的。财政部解释道，在与代表团会面之前，它本不愿为英国改用米制度量系统支付任何费用，因为这种改变会"引起公众感情上的反感"[137]。然而，在做过详细周到的调查之后，财政部了解了国际子午线大会对本初子午线是否设置在格林尼治的决定，会受到在米制度量问题上"英国会做出什么样的举动"的影响。[138] 此前，国际子午线大会和米制公约这两件事在财政部看来不相干，是因为国际子午线大会上英国能得到的利益不值得要付给米制公约的钱。直到代表团指出加入1875年的米制公约不代表英国要使用米制度量系统，并且会费比财政部想象的低时，财政部才更愿意考虑代表团的请求。

与此同时（1884年春天），科学艺术部为了华盛顿大会代表的事，正陷在与殖民地部和财政部的棘手争论中。科学艺术部的秘书唐纳利设法要保住科学艺术部选拔代表的权利，科学艺术部将会选择支持米制公约的代表，以此换取本初子午线设在格林尼治。斯特雷奇在这方面与科学艺术部的想法是一致的，所以克里斯蒂建议唐纳利提议印度事务部选斯特雷奇作为印度殖民地的代表。[139] 亚当斯和埃文斯也是克里斯蒂提名的。[140]

科学艺术部期望华盛顿大会能解决科学领域的冲突和分歧，也就是说整体上遵循米制计量系统。弗莱明提倡的计时改革并不重要，科学艺术部也不重视他。尽管科学艺术部知道弗莱明希望能参加华盛顿大会，他对米制度量系统的复杂态度也让科学艺术部对他冷眼相待（弗莱明和米制度量系统的赞成派与反对派都有关联，比如赞成派的巴纳德，以及反对派的IPAWM）。所以，要不是因为殖民地部的支持，弗莱明几乎已经被排除在外了。对国际子午线大会的期待不同，导致英国选拔代表时是考虑他们对米制度量系统的立场，而不是对子午线的态度。讽刺的是，这两个事项之间微弱的联系，随着大会开始迅速减弱乃至最终完全消弭了。国际子午线大会上仅仅敷衍了事地讨论了米制度量系统。用格林尼治本初子午线做米制度量系统的交换，这种做交易的想法，在英吉利海峡两岸都失去了吸引力。

法国的政客决定，无论英国做出什么样的让步，他们都不会同意本初子午线设在格林尼治。据赫希所说，即便是私下里赞成确立一个通用的本初子午线的政客，也不敢公开表露支持格林尼治而非巴黎。1884年，法国民众间的反英情绪高涨，主要是因为英国前一阵对埃及的军事入侵。[141] 英国这边，为了本初子午线而对米制度量系统的让步同样没有落实。尽管这时财政部开始考虑向米制公约支付英国应承担的费用了，但它来得太晚了；现在本初子午线和米制公约这两件事明显是被当作两个不相干的事情。大卫·吉尔告诉克里斯蒂，这两件事日后也只会是各自单独讨论。吉尔说，尽管现在法国接受不了格林尼治本初子午线，逐渐地国际上也大概率会迫使它接受。[142] 克里斯蒂满怀歉意地给赫希写信说:"英国的公务流程花费了太多时间,因为它牵涉到好多个政府部门,事情不得不由这些部门通过信函往来讨论……在我看来,英国会完全基于自身利益的角度来考虑遵循米制公约,而不会为了本初子午线设在哪儿而考虑。就我个人的判断,英国让我感觉到坚决不会因法国或其他国家承认格林尼治本初子午线,就作为交换,采用米制度量系统。"[143]

1884年7月,财政部终于下决心做了决定——加入米制公约,但不付已经拖欠下的欠款。[144] 克里斯蒂谴责这个漫长、混乱的过程:"我们的政府同意迈出这众望所归的一步,花了太长时间,这非常遗憾;而原本它能给本初子午线位置的设定带来的好处,也已经丢失了。"[145] 到了华盛顿大会召开时的10月初,本初子午线和米制度量系统这两个话题已经毫无关系了。当初极力选拔支持米制度量系统的参会代表的科学艺术部,现在不得不嘱咐代表在华盛顿大会上不要再提及米制度量的事。科学艺术部在给参会代表的官方参会指南上反复强调了这一点。[146]

在选派代表的关键阶段,对米制度量系统的态度曾是科学艺术部关注的重点,导致它忽略了其他因素,差点让弗莱明失去参会的机会。最终,是殖民地部做的工作,保住了弗莱明的代表席位,使得他与亚当斯、埃文斯和斯特雷奇共同出席华盛顿大会。然而,这是大会临近才确定下来的。

科学艺术部的种种举动、皇家学会(以克里斯蒂为代表)的态度,以及他们所提名的代表,都彰显出封闭的科学团体对自身利益和目标的关注,他们与弗莱明的目标完全不同。哪怕他们最终放弃了用采纳米制度量系统来换取本初子午线设在格林尼治的计划,他们对计时改革的兴趣也仅仅在于把它当作航海和天文学的工具,而非在于改变公众生活层面上的计时。弗莱明和与他同行的代表虽然共同坐在华盛顿大会的谈判桌上,但他们参会的目的却属"同床异梦"。

难测的结局和最后一刻的决议

1884年9月25日,弗莱明收到了参加华盛顿大会的官方指派,这时距离大会召开只有6天了。[147] 9月,大洋洲参会的事情重新被提上日程。尽管之前这些殖民地并不愿意派出代表,也已经被获准只用信函向大会传达意见就可以,但此时情况有所改变了。此前,澳大拉西亚殖民地认为它不会有表决权。现在有了一个名额,参会这件事就显得更有吸引力了。离大会开始还有不到一个月时间,代表来得及从南太平洋赶去华盛顿吗?另外,殖民地是否有素养合格的澳大利亚或新西兰人能代表它出席?昆士兰前首席法官、数学家詹姆斯·科克尔(James Cockle)被选为代表;他那时在英国,更便于去华盛顿参会。[148] 除了西澳大利亚之外,所有大洋洲的殖民地都同意按比例支付科克尔参会的费用。[149] 然而,科克尔收到这个消息的时候已经太晚了,他不想接受任命。[150] 直到10月2日,美国才发现会上没有大洋洲的代表,而这时大会已经开始进行了。[151]

国际子午线大会上,弗莱明的头衔是"代表加拿大的英国代表"。根据约定好的规则,弗莱明与亚当斯、埃文斯一样,都享有表决权。但是,一个小意外破坏了规则。尽管之前为了表决权一事经历了数月不间断的信函往来和争论,华盛顿大会10月份擅自当场决定,投票以国家为单位计算,不按代表人数计算。由于弗莱明是英国的代表,不能代表加拿大独立发声,他的意见的影响力被大幅削弱了。

弗莱明的美国朋友的境遇也同样糟糕。一开始,一切看上去都很顺利。弗莱明的盟友、美国计量协会的主席巴纳德,是最先被确定为美国代表的。威廉·桑普森中校(Commander William Sampson),供职于华盛顿的海军天文台,是第二位被选定的美国代表。然而,美国的科学期刊上登文谴责选择他们作为代表,这些科学期刊认为巴纳德已经年迈(巴纳德那时75岁),还有耳聋的疾患(出于先天原因,他年轻时就失聪了,并且曾做过听障人士的教师）；而桑普森则没有科学研究资质。[152] 弗莱明是因为身处殖民地以及他的工程师身份，险些被排除在外，桑普森则是因为在科学界缺乏威信。然而，巴纳德既有名望又受人尊敬，对他的批评在于他年迈又耳聋，在争辩和以年轻力量为主导的科学和外交界中已无法发挥作用。巴纳德还有其他不太知名的论敌。弗莱明的一位处境不顺、反对米制度量系统的熟人查尔斯·拉蒂莫，尤其对巴纳德出任代表愤怒不已。1884 年 7 月，IPAWM 给时任美国总统切斯特·艾伦·阿瑟（Chester A. Arthur）写了一封长信，旨在揭开掩藏在华盛顿大会外衣之下的推广米制度量系统的阴谋。信中说，参加大会的 30 个国家中，有 20 个是米制度量系统的支持者；信中指出就连美国代表的领队巴纳德博士，也青睐米制度量系统。信中接着说道，应该让 IPAWM 的成员也能参会，以此和走入歧途的米制度量系统倡导者抗衡。[153]

IPAWM 的努力没有起到作用。拉蒂莫 8 月时给弗莱明写信说："希望加拿大政府能选你参会，但愿你能在华盛顿大会上对度量衡问题表达坚定的立场，别让大会提到这个话题是最好的。等你参会的时候，你会发现巴纳德先生的所有目的都在于引导大会讨论这个问题。"[154] 虽然拉蒂莫有这种顾虑，但巴纳德对米制度量系统的认同并不会妨碍他对计时改革的兴趣。9 月下旬，拉蒂莫再次写信给弗莱明，提到华盛顿大会"在巴纳德博士的引导下完全在讨论米制度量系统的事……我认为这是在诱导美国和英国采纳法国的米制度量系统，你会发现他们所说、所做的一切都指向这个目的。拜托你对此事多加注意"[155]。拉蒂莫的忧虑并非空穴来风，正如前面我们已经了解到的，之前的罗马大会上，显然是讨论过用格林尼治本初子午线交换米制度量系统的事情，但拉蒂莫高估了这一风险。华盛顿大会召开时，这种做交易的想法显然已被放弃了。

美国土木工程师学会的工程师也想作为代表参加华盛顿大会。曾经与弗莱明一起在美国土木工程师学会共事过的约翰·博加特（John Bogart），对美国没有人为"工程和运输系统的利益"发言一事不满。[156] 他心仪的代表人选铁路工程师惠特莫尔先生（Mr. Whittemore）并未入选，所以当弗莱明保住了自己的代表名额时（虽然他不是美国人），博加特也很欣慰；当威廉·艾伦——北美铁路标准时间的缔造者，也被选为第三位美国代表的时候，博加特更是备感喜悦。[157]

最后两位美国代表是克利夫兰·阿贝，以及律师、业余天文学家刘易斯·拉瑟福德（Lewis Rutherfurd）。大会筹备初期，看起来计时改革者的阵营非常强大，弗莱明、阿贝、巴纳德全都在代表名单上。但就在大会开始前的几天，作为美国代表团负责人的巴纳德，迫于对他能力的质疑，选择了退出。在给弗莱明的信中，巴纳德说由于丧失听力，他决定放弃代表身份，让位给西蒙·纽科姆或尤金·希尔加德（Eugene Hilgard），两位都是出色的科学家。[158] 尽管巴纳德是主动放弃了代表名额，科学期刊上关于他听力缺陷的谴责仍然对他产生了影响。成为华盛顿大会代表一事，原本会是他职业生涯的顶峰，现在却成了一个无伤大雅的丑闻。

法国的参会代表朱尔·让森（Jules Janssen）在9月即大会开始前拜访了巴纳德。让森在信中表达了他对巴纳德不能参会不无遗憾，他称巴纳德为"一位听不见的充满智慧的长者（我们只能通过助听器与他说话），但他内心祥和宁静，为科学事业做出了长久且有意义的贡献"[159]。这位法国人为这位科学耆宿退出、让位于一个"平庸的海军官员"感到遗憾，他好像是在暗指如果巴纳德出席，会更倾向于支持法国的观点（这种猜测也有据可循，考虑到巴纳德对米制度量系统的支持）。[160] 巴纳德的继任者是海军上将C. R. P. 罗杰斯（Admiral C. R. P. Rodgers），他是海军学院已退休的院长，是个无名之辈。巴纳德推荐的接替他的人选希尔加德和纽科姆则未得到邀请。在拉瑟福德当选代表之时，他曾写信给纽科姆，"我不知道为什么选我当代表……（让我困惑的是）不明白为什么（总统）没有选你和希尔加德两个人，显然你们两个更适合受任为代表"[161]。然而，美国的最后一个位置给了罗杰斯。罗杰斯此前对于计时改革的态度模棱两可,现在他作为一个中立派替代巴纳德成为美国代表团的首领。大会开始的时候,罗杰斯被选为大会的主席。

各个方面都安排妥当之后,华盛顿大会召开了。但正如我们已经了解到的,大会召开前的数月甚至数年所发生的事,已经展现了科学和外交决策达成的过程。有时,与计时改革联系不大、但与之存在利益冲突的问题,都影响着事情的走向。弗莱明的主要反对者,在世界各地的科学团体有所响应之前就对让全球共用一种计时方式的想法表明了态度;弗莱明只有靠百折不挠的游说,和抓住随着事情发展出现的机会,才能将他的理念推行下去。他只是局外人,工程师的身份加上殖民地出身的地位,严重限制了他施展的空间。他早期写的论文和文章不被重视、被嗤之以鼻,他努力地寻找有合法地位的同盟,而找到的同盟同样处于科学界的边缘地位,比如IPAWM。同时,英国政府各个部门的竞争和国际上约定俗成的规矩,几乎从政治层面把他排除在外了。通过不懈的努力,他终于使他的理念为世人所知,但仍然没有被人接纳,除了他那些铁路行业的同行,例如威廉·艾伦。而在科学的世界里,他无足轻重。

这个结果需要我们注意的是,把科学的发展看作是邪恶的霸权主义、是弗莱明悲剧英雄主义的阻挠,也是不准确的。事实并非欧洲科学家都是顽固保守的精英团体,阻止时代发展的浪潮,而弗莱明是带来启蒙的、奋战到底的英雄。如果是抱有这样的看法,就又制造出了新的迷思。

更真实的图景是当计时改革进入人们视野的时候,有多种不同的、相互竞争的意见共存。弗莱明的计时改革并非历史进程的唯一选项。他主张的时区制逐渐被采纳,但也存在被另一套完全不同的系统取代的可能性,事实上他也确实是多年来都在边缘阵营。以克里斯蒂和艾里等人为代表的主流阵营的意见,是通用时间只是科学研究的工具,与公众生活不相干。华盛顿大会的绝大部分参会代表,都不是去讨论公众所用的计时系统的,而只是去讨论为航海和天文学设立一条本初子午线而已。换句话说，通用时间只会是某个专业领域的特殊工具，而不会是像弗莱明所想，是一场社会时间和公众行为的变革。对计时改革的态度，各方都坚持己见。这些不同的态度决定了这场讨论的样貌。甚至在华盛顿大会开始之前，不同的参会动机已经暗中影响着各方的决策，左右着最终什么人、什么观点能在大会上合法地出现。争论和探讨才能产生结果。计时改革正是讨论之下的结果，而非凭空出世的事物。

第二章 业余爱好者、专业人士和怪才

1876年至1884年间，在桑福·弗莱明和威廉·艾伦这样的铁路工程师提出一套全新的世界通用计时系统的想法的时候，天文学领域里还出现了一种与之非常不同的通用时间观念。天文学家并不像铁路工程师那样怀揣让公众改变计时方式的强烈愿望，他们想做的是建立一个作为天文观测专属工具的通用时间，这样一来，两个处于地球上不同地区的天文学家在观察天空的时候，就能用同一套时间系统了。对于普通民众来说，他们不需要使用甚至不需要知道通用时间系统这回事。

在1884年秋天于华盛顿特区召开的国际子午线大会上，这两种相去甚远的通用时间观念发生了正面碰撞。双方的争议在于时间应被看作特殊领域的工具还是应与公共生活相关，这将影响大会最终做出的决定。显然，这次大会对世界计时系统的未来发展影响重大。而历史事件和生活一样，其过程中存在的情况总是比单纯的两方对立更加复杂。前面说到的这两种不同的计时改革观念，应该是那时的主流，然而也一直都有其他观点出现来挑战它们的地位。第一章里，我们梳理了铁路标准时间的缘起。这一章将讲述另一种主流计时改革观念即天文学的通用时间的来龙去脉。本章还会谈及其他各方力量对这两种主流计时系统的挑战和修正。影响到计时改革的，不仅仅是科学和技术，还有宗教、社会、阶级利益和文化。参与讨论计时改革的人，从各种不同的背景、信仰和技术基础出发来看待这个问题。不同的视角拓展了计时改革争论的广度和深度，19世纪末，计时改革的过程与诸多其他的运动、发明、审视之下的争议交织进行，也受到了它们的影响。

关于计时改革的种种声音和意见，经过不同程度的筛选过滤后，最终集中到参加国际子午线大会的专业天文学家、工程师和航海系统官员那里。通过前文我们已经了解到，米制度量系统上的争议如何左右着英国科学艺术部对华盛顿大会的处理方式。同时，我们还看到了弗莱明为了新的全球时区系统联合铁路界权威人士在北美的活动，虽然这并没有打动天文学家。

然而，当时还有宗教上的、国际政治上的甚至考古学上的争端，都干涉着华盛顿大会的走势。计时改革的实施确实是社会、文化、政治和科学共同的产物，牵涉到方方面面。

其他的影响因素还有业余爱好者和专业人士之间不断变化的关系。他们之间关系的状态决定着哪一方的声音能被听到，哪一方的被忽略；进而决定着各种错综复杂的考量中，哪些因素最能主导计时改革的进程。背靠学术机构力量的专业学者相比于没有背景的人来说，更具有统治性的话语权。19世纪晚期的专业科学领域都如孤岛一般，尤其是天文学，基本不与非专业人士和爱好者对话交流。这导致了专业科学界在时间标准化一事上视野格外狭窄，也说明了他们为何接纳不了弗莱明为公众生活领域计时改革所做的方方面面的努力。

诚然，把人分为内行和外行过于简单。实际上，科学圈子的边界是灵活变化的。天文学圈子里的人进进出出，外部环境和人际关系对一个人在圈子里的地位有根本性的影响。天文学界的边界不是铁板一块，但仍然实实在在存在。在计时改革的问题上，天文学的阵营更多是按专业性高低划分，而不是国别。

本章将用四个小节来描述上述图景。第一节讲述天文学界主流的通用时间观点，以及它形成的原因——主要缘于19世纪最瞩目的天文学成就，即观测到金星凌日。另外三节讲述边缘天文学团体的与主流相悖的，或者说是与之并存的计时改革观点。每一节将详细介绍一位与计时改革有关的、提出系统性理念或论点的人的事迹，他们包括一位享有盛名的学者、一位"专业歧视"的受害者，还有一位东方神秘主义的忠实信徒。每个人的经历都反映出维多利亚时代专业科学研究的文化背景，计时改革就是根植在这样的环境中；这个文化背景也影响了国际子午线大会（及以后）关于时间问题的提案和决定。

在第一位学者的事迹中，通过爱尔兰裔英国天文学家安妮·拉塞尔

（Annie Russell）与她的搭档即她丈夫的合著作品，我们探讨促生了计时改革之争的维多利亚时代信仰。在第二个"专业歧视"受害者的案例中，我们将看到英国航海员威廉·帕克·斯诺（William Parker Snow）想把航海安全问题纳入计时改革讨论的失败经历。在最后的承包商的事迹中，我们通过苏格兰皇家天文学家查尔斯·皮亚兹·史密斯的职业生涯，来观察计时改革问题与非主流宗教信仰、考古学、国家主义思想以及维多利亚时代"埃及热"之间的互动。这三个事例的共同点是专业人士和业余人员之间有着根本的矛盾。它们一起描画出当时的社会文化背景，处在其中的计时改革也充满了混乱和瑕疵，还有待专业研究者和业余爱好者的重塑和再讨论。

19 世纪的天文学

19 世纪的专业天文学繁荣发展，全球各地的科学家都建立了联络。然而，天文学界仍然是一个小众的、紧密的、独立的圈子，人们对天文学作用的固有印象就是测量时间。在所有的科学人士中，与计时改革联系最直接的就是天文学家，因为他们的研究工作既要依靠精确的计时，也反过来为其他人提供精准的时间。地理学家也同样关注时间的问题，将时间校准可以帮助确定经线，便于做地形考察。地图绘制和航海也与计时改革息息相关（英国对外征战、管理、收税也与计时改革相关）。实际上，各个需要研究大地域跨度的自然世界的科学学科，一定程度上都需要一个通用时间。另外，研究对象不涉及大地域跨度的学科，像化学或植物学，即便可能需要精准的时间，科学家们也并不要求他们做研究所用的时间在全世界都一致。因此，天文学家和地理学家，以及他们的同伴航海家顺理成章地成为计时改革科学界的主要参与者。

19世纪70年代和80年代，天文学世界的注意力都被一个罕见现象占据了，这也影响了他们对时间及其测量问题的理解。整个19世纪，金星凌日的现象仅仅发生了两次，一次是在1874年，另一次是在1882年。下一次凌日要到2004年才发生。所以，这一稀有的现象激发出当时最重大的天文学实践：全球通力协作观测金星凌日，通过收集到的数据，测量出太阳系的大小。通过观测金星凌日，天文学家期望能计算出从太阳到地球有多少个天文单位，也就是太阳与地球的距离。全球建立了几十个观测点位，天文学家穿梭在全球各地观测这一天文现象。要测出太阳与地球之间天文学单位的数量，需要从地球的不同位置上观测，以便能用三角点测量法进行比对。为了能在比对不同观测点观测数据时得到更准确的结论，全球范围的精确的、标准化的计时系统非常重要。除此之外，各个观测点相对于格林尼治天文台（或者其他国家级的天文台）的准确经度必须确定下来，这个细致又艰辛的工作需要价格昂贵的、高精确度的精密计时表，复杂的天文仪器，以及每个观测点持续数月的观测。[1]

对于观测金星凌日来说，设立标准时间是天文学界特别内部性的事情，所以当天文学家在19世纪80年代考虑计时改革的时候，他们脑子里想的都是为这些伟大的观测事业服务。对于他们来说，时间标准化与金星凌日数据的准确密不可分，为天文学设定精准的标准化时间比协调不需要太精确的公众生活时间意义重大得多。很大程度上，这就是弗莱明提议的公众生活领域计时改革在天文学家看来没有必要的原因。对于天文学家来说，标准化的时间是用来服务于科学事业的，是一种专门的工具，和普通百姓无关。

观测金星凌日是一个全球性事件。欧洲主要引领了这起事件，其他各大洲的天文学家也都参与进来。拉丁美洲的天文学家，诸如巴西的路易斯·克鲁斯（Luis Cruls）和墨西哥的安吉尔·安吉亚诺（Angel Anguiano），把观测数据分享给欧洲和日本的同人，也收获了欧洲、日本天文学家的观测数据。不幸的是，1874年和1882年都有恶劣天气把全球几处观测点毁坏了，对观测结果造成了影响。但是，为观测付出的努力和协作，体现出了全世界各地对此事的广泛参与。

观测金星凌日要求国际合作，其中充满挑战。国籍把天文学家按国别划分开来，但这促成的是竞争而非封闭。这场观测中合作是必需的，数据、技术也跨越了国境线而被共享。[2] 尽管语言不通会妨碍协作，天文学家也没有固守在英语、法语、德语等语言的孤岛上。当然，语言问题限制了一部分人参与会两种甚至三种语言的人（通常是法国人）的国际性对话。维多利亚时代的英国，大部分孩童都不会学习法语。1870年颁布的基础教育法案要求小学教授阅读、写作和算术（女孩子学女红），但并未要求教授外语。[3] 只有中产阶级和上层社会的孩子才有可能继续读更高等的学校，这部分孩子也同样又被细分为不同群体。1868年的陶顿报告（Taunton Report）将初级中学划分成三个层级：第一级进行文科教育，对应要读大学的学生；第二级教授两种现代语言和拉丁语，对应要进入政府公职和军队的学生；第三级教授基本法语和拉丁语，对应将来可能会经商的学生。[4] 学校提供的教育是根据学生的阶层和性别来设置的，限制了工人阶级能得到的机会。[5] 在这种情况下，语言不仅是不同国家的人之间的门槛，还是不同阶级之间的门槛。科学家一般来自中产或上层阶级，形成了跨国界的知识分子特权关系网。皇家学会和英国科学促进协会这样的团体（及它们各地的分会），靠大型的国际集会维持凝聚力，大型集会犹如保持它们关系网络的生机血液。具有灵活机动性和参与这种集会的资源，几乎是作为一个活跃成员的必备因素。[6]

在这些关系网中，一些组织和个人是更有影响力的。就像历史学家弗雷德里克·库珀（Frederick Cooper）的生动阐释："关系网遍布着'结点'，权势都聚集在一起，没权势的人围绕在它们周围；与关系网其他地方稀疏松散的联结相比，'结点'部位的社会联结特别稠密。"[7] 这正是19世纪70

年代和 80 年代全世界天文学界的真实样貌：私人关系、种族、阶层、性别等因素造成一些人被系统性边缘化，造就了那时天文学界的形态。[8] 天文学界在全球扩散着影响，但它自身却是封闭的。

维系着这个势力分布并不均匀的全球性关系网的，是就思想、发现、质疑进行的对话，以及各机构之间的联络渠道。那么哪些思想和个人能被专业科学领域采纳和接纳呢？这也分为不同情况。有一种情况会遭到专业人士排挤是显而易见的——教育程度不足或者不通晓多种语言，所以所处的阶层将大部分人排除在专业之外。属于什么种族也排除了一大部分人。例如在英国，种族观念将人分三六九等，阶层是固化的，社会达尔文主义让这种观念合情合理。骨相学和其他存在争议的人类学研究，引导公众对殖民地的人形成"另一种人"的认知。殖民地的人来到英国会遭受很多挑战，但是随着殖民地情况的不同，他们的经历也大不相同。例如，从印度来的拜访者，贫苦的工人和尊贵的王室贵宾，地位不同，境遇也不同。[9] 贵族中的一些人从事医学、法律和科学工作，或在印度接受教育，或在英国接受教育。19 世纪的英国对印度贵族来说甚至是"快乐和先进之地"[10]。但贵族只是一小部分人，绝大部分殖民地民众来到处于中心地位的宗主国后，会觉得遭到排斥。

除了英国划出的宗主国、殖民地的界限之外，民族也同样把人分成不同类别。不列颠人自认为与其他民族一直处在激烈竞争之中，这种观念煽动起英德、英俄、英法之间的敌意，加剧了与世界其他民族例如爱尔兰民族主义者之间的紧张关系。[11] 然而，即便在这种民族竞争的大框架之中，也偶有超越民族界限的情况发生。1884 年国际子午线大会上的日本代表菊地大麓（Kikuchi Dairoku），不是英国人，其国家也不属于英国殖民地，他是在英国接受的教育。他是剑桥大学的第一位日本毕业生，又在美国师从著名物理学家凯尔文勋爵（Lord Kelvin），后来成为东京帝国大学的主席。作为其他地区的国际科学组织的一员，菊地大麓证明了在恰当的环境下，民族偏见是可以被克服的。正如朱迪斯·巴特勒（Judith Butler，女权主义批评家）断言，"主体的性别性是行为化的"，同样，主体的民族性也是行为化的。[12] 科学家菊地大麓不是欧洲人，他用穿西式服装的方式更容易地获得了欧洲世界的接纳。很多日本精英人士都全身换上西式服装，这也是1868年日本明治维新之后采取的"现代化"政策的一部分。[13] 效仿西方，通常是进入国际团体的手段。

性别也是进入科学团体的阻碍。19世纪欧洲的中产阶级会把男性和女性分别归类为在社会上发挥影响力和在私人生活领域发挥影响力，女性要在科学界的关系网中占有社会地位是非常难的。[14] 然而，这一规则也不是牢不可破，总有突破限制的人。首先，将社会领域和私人生活领域完全区分开只是一种理想愿景，而不是现实情况。[15] 出于自主选择或必要情况，女性也经常参与社会活动，并且很多人都参与到科学领域中。女性如此辩护她们对科学的兴趣："自然神学和道德教育都是被科学语境接受的。"[16] 例如，女植物学家要"扮演"女性被期待的宗教性的以及道德范本的角色，研究自然界是为了研究上帝的造物。女性通过这种方式，获得科学从业者身份的认同。[17] 女性也进军其他领域，而且在19世纪后半叶，上层社会和中产阶级的女性逐渐能获得更多接受高等教育的机会，虽然这仍然"极具争议"[18]。

这样一来，19世纪只有很小一部分人能成为天文学家。种族、阶级、性别这些因素都起到了把外行排除在外的作用，尽管个别人通过他们的行为表现突破了藩篱。虽然"主流"天文学家分布在全球各地，但他们仍然是一个很小的且同质化的群体。然而，天文学圈子的边缘地带显现出了多种可能性，一系列观点和思潮穿过界限渗透进天文学界，撼动了天文学界对计时改革的认知。如果说毫发无差的精确计时只是观测金星凌日所需代表着主流天文学界对计时改革用途的态度，那么边缘地带存在的各种观点，为这种狭窄视野大大增添了复杂性和多样性。

第二章　业余爱好者、专业人士和怪才

安妮·拉塞尔

要了解计时改革和维多利亚时代文化之间的互动，就不能不提到宗教的问题。宗教信仰是维多利亚时代生活的重心，本节会通过天文学家安妮·拉塞尔（1868—1947）的视角讲述计时改革和宗教生活之间的关系。19世纪90年代，拉塞尔任职于格林尼治的皇家天文台，她的工作是协助研究、计算以及将格林尼治时间发送到英国各地。她在天文台的工作经验，连同她在历史天文学和《圣经》之科学阐释领域发表的著作，显示出她对计时改革务实且理智、带有些许神学含义的研究路径。尽管拉塞尔的大部分著作都写于1884年华盛顿国际子午线大会之后，她的观点仍然可以作为观察19世纪晚期英国天文学界、计时改革以及基督教信仰三者互动关系的代表。

维多利亚时代，宗教信仰影响着生活的方方面面。例如在国际子午线大会上，基于宗教而非科学原理的考量，提议将本初子午线设在罗马或耶路撒冷的呼声与设在格林尼治的一样高。拉塞尔的职业经历是反映宗教和科学紧密联系的典型。天文台工作的经验和对宗教经典的体认让拉塞尔认识到，所有人为的计时方式都是武断的。从《圣经》时代到现代，世界各地的计时方法各不相同，所以并没有哪一个是"正确的"。而以自然天文节律为基础的计时方法则不同。不依靠机械计时器的话，人们能确认的最小时间单位是"一天"，依靠的是地球自转。[19] 更小的时间单位诸如小时、分钟，在拉塞尔看来，是对上帝创造的天然真理的粗浅粉饰。

拉塞尔不仅仅是一位弗莱明式的计时改革运动家，她还能够以长时段的视野，将计时改革运动看作历史进程中一个平平无奇的节点。在她看来，如何计时已经由天文星相决定好了（上帝的创造），无论那些做表面功夫的改革者想在计时上面做什么花样，这个核心都不可改变。拉塞尔同时通过望远镜和《圣经》两个途径仰望她的天堂。对于维多利亚时代的英国来说，

将科学和宗教混同并不罕见；二者都左右着这个时代的计时改革讨论，无论是在国际子午线大会上还是在其他场合。

科学和宗教之间的关系是颇具争议的话题。对于很多人来说，二者可以毫无障碍地共存。18 世纪的自然哲学衍生出了科学，它被当作是更好地理解上帝造物的手段，因此人们认为科学本身就是虔信上帝的表达。然而，也有部分人认为宗教训导与科学是相违背的，例如约翰·威廉·德雷珀（John William Draper）在他的书《宗教和科学冲突史》（*History of the Conflict between Religion and Science*，1874 年出版）中，使二者的矛盾为世人所知。[20] 大多数科学家的态度处于两者中间，他们认为宗教信仰和科学是可以兼容的，除了教条的宗派主义。[21]

欧洲大陆上，从"宗教还是科学"之辩衍生出的附带问题，是《圣经》文本是如实记载还是运用了比喻。如果天文观测或科学发现与《圣经》中的内容相悖，该以谁为准呢？在这个问题上，最著名的争论围绕着达尔文的《物种起源》（*On the Origin of Species*，1859 年出版）展开，但它只是大范围的争论中的一个代表，还有些争论则发展得非常极端。依文字意义解读《圣经》文本的大学讲师塞缪尔·罗博瑟姆（Samuel Rowbotham）认为，地球是静止的平面，只有几千年的历史。1881 年，他以假名"视差"（Parallax）写作并发表了《天文学探究：地球非球体》（*Zetetic Astronomy: The Earth Not a Globe*），为《圣经》文本辩护，并谴责现代天文学对天堂实质的误解。罗博瑟姆和他的追随者做了几场高调的公开实验，期望验证他们的理论。这些实验失败后，他们迅速改口转而质疑实验的合理性，即便这样也留住了相当数量的信徒。[22] 1870 年发生了这样一件事，《天文学探究》的追随者约翰·汉普登（John Hampden）赌 500 英镑给能证明地球是球体的人。自然学家阿尔弗雷德·华莱士（Alfred Wallace），和达尔文一样也独立得出了自然选择理论，接受了汉普登的打赌挑战并赢得了 500 英镑。

这些争论对计时改革也有明显的影响。制定历法要根据天体运行规律，所以天体运行的本质是什么是计时改革者们确实要关心的问题。例如，弗莱明提出的时区制度的先决条件是把地球当作球体。如果地球是一个平面的话，将会推翻他的整个设想。

安妮·拉塞尔的整个职业生涯，同样伴随着如何兼顾科学计时方法和宗教计时方法的问题。拉塞尔在既是实际意义上的也是象征意义上的全球计时中心——格林尼治天文台工作，对《圣经》文本和现代天文学之间的联系非常痴迷。作为一个爱尔兰长老会牧师的女儿，拉塞尔于1886年完成了剑桥大学格顿学院（Girton College）三年学制的学习，该学院是英国最早接收女学生的学院。格顿学院创立于1869年，开设数学、科学和古典学课程，但不提供学位。尽管如此，读完格顿学院的课程，拉塞尔就得以在1891年进入格林尼治天文台并获得一席之地。

格林尼治天文台雇用几位女性担任计算员，拉塞尔是其中之一。另外几位女性中有爱丽丝·埃弗雷特（Alice Everett），她是格顿学院的校友，后来成为物理学家和工程师；还有三位女性毕业于纽纳姆学院（Newnham College），她们是伊莎贝拉·克莱米斯（Isabella Clemes）、哈里特·弗尼斯（Harriet Furniss）和伊迪丝·里克斯（Edith Rix）。[23] 当时，哈佛天文台也雇用女性工作者，但女性担任计算员这样的职位实属罕见。[24] 格林尼治天文台提供的职位，虽然是高技术含量的，但也不是特别有威望。作为计算员，这些女性为天文学做着繁重而低报酬的工作，大部分是数学计算以及用天文学仪器做有限的观测。[25] 一般来说，天文台的大部分计算工作由十几岁的男孩子做短期工完成，这个经历是他们日后成为公职人员的铺路石。[26] 男孩只需要参加入门考试就可以得到这个职位，而女性则需要读完大学的女子学院。[27] 然而，这些女性证明了她们比年轻男孩子更能胜任这份工作，也凭借着更精细的运算和责任心得到信任。[28] 一个例子是，埃弗雷特、里克斯和拉塞尔都用测径仪进行观测，为全英国确定格林尼治时间。格林尼治天文台每日两次发布时间，就在这些女性完成观测的当下，那时的时间信号是最精准的。时间通过电线发送到邮政总局（位于伦敦城的圣马丁大教堂），再由此向全国各地分发。这些女性为航海、天文学、公众生活等所有领域提供标准的时间。当使用测径仪工作时，她们是真真正正地在为全世界提供精准的科学时间。

安妮·拉塞尔观察日食

但是，拉塞尔在为世界提供时间这个职位上只做了 4 年。总会有各种限制让女性不能长期从事观测工作。最开始，拉塞尔每个月的工资只有 4 英镑[29]，只是她当女教师时工资的一半[30]。对拉塞尔来说，工作经历和机遇比工资数额更为重要，但对于其他对意义看得不那么重的女性来说，微薄的工资就是一个难以忽略的阻碍。包括天文学家艾格尼丝·克拉克（Agnes Clerke）在内的几位女性，就因为工资低而换了工作。[31]

即便在担任观测员期间，拉塞尔也没有被专业科学界全然接纳。尽管早在19世纪90年代她就被任命为皇家天文学会的一员，性别仍然让她被排斥在专业天文学家的圈子之外。20多年后，第一次世界大战开始之际，她再次得到皇家天文学会的任命，但这次她自己不愿加入，以此作为对它的抗议。她写道，皇家天文学会曾经把她排挤出去，"只因为我是女性。然而，我现在仍然是女性；我从不为作为女性后悔，直到基奇纳征兵时只要男性"[32]。拉塞尔的职业历程是通过走一条维多利亚时代晚期英国能接受的路而追求科学的最好例证，她开创了自己在天文学上的事业。

但是，拉塞尔还面临着男性同僚不必面对的挑战。格林尼治天文台只雇用单身女性，一旦结婚，女性工作者就得离开。[33] 所以，当拉塞尔1895年与天文台的同事沃尔特·蒙德（Walter Maunder）结婚时，就不得不面临离职。[34] 但她的事业并没有就此结束。拉塞尔成为她丈夫观测工作的伙伴，与他共同完成了几部著作。处于这种情况的不仅仅是拉塞尔一个人，女性经常作为她们丈夫学术工作的背后的伙伴，担负编辑或者作者的工作，尽管著作有时以她们丈夫的名字出版。还有一些女性扮演学术知己的角色。[35] 比如法国天文学家朱尔·让森的妻子亨瑞特·让森（Henriette Janssen），就一直是她丈夫天文学研究上和1884年参加华盛顿大会时的交流对象。[36] 由此可见，科学界并非全然将女性排除在外，中产阶级和上层社会的女性通常用迂回的方式积极参与其中。

在拉塞尔的著作中，宗教、天文学和计时方法的内容非常明显地交融在一起。就像前面提到的，女性的著作讨论伦理和宗教内容，更容易被专业科学界接纳。女性更容易被轻视为业余水平的研究者，无法加入官方组织，也没有专业身份。由于不能加入专业团体，拉塞尔的研究一直带有业余性和宗教性。[37]

面对大众和业余爱好者读者群，拉塞尔的志趣是研究《圣经》天文学。大部分她与丈夫合作的著作（通常只署了拉塞尔丈夫的名，但内容是二人合著）都或涉及大众天文学，例如1908年拉塞尔写作的《天空诸神的故事》（*The Heavens and Their Story*）；或涉及用当时的天文学观念解读古代文献，例如他们合著的《〈圣经〉中的天文学》（*The Astronomy of the Bible*）。[38]

这些著作中都探讨了人类创造的计时方法，但是，书中未提及的内容透露出更多信息。拉塞尔夫妇很少提到本初子午线、标准时间或者时区，也不去分析国际子午线大会的决议和国际日。这些对于拉塞尔来说，只是事情的表面，是一层叫作现代计时的外衣而已。对拉塞尔著作中的两个主要维度（业余性和宗教性）来说，以上那些都无关紧要。《圣经》中计时依靠天体而非钟表；而对于业余天文学家来说，钟表只是用来更好地测量圆的角度［例如，拉塞尔绘图展示47度角（其原著中为48度）相当于一只12小时制的钟表指针移动8分钟所形成的夹角］。[39]

拉塞尔把《天空诸神的故事》定位为天文学入门书。书中讲到没有电子望远镜的业余爱好者可以把"丘陵地"（刘易舍姆区的公园，最高海拔达到175英尺，约合53米，该公园位于格林尼治西南3千米处）当作露天观测台，用附近的教堂尖顶作为子午线和参照点。[40] 但是，拉塞尔在书中谈论天体的目的是讲述地球上的事物。书中只有很少一部分内容描写天文学实操，例如用中天测量仪确定经度和时间；更多的是讲述如何测定火星日的长度。[41] 她的目的是通过这本书传递"伟大星系的广阔和神奇，我们太阳系只是星系中微不足道的一个小角落"[42]。

在《〈圣经〉中的天文学》里，拉塞尔和蒙德用了同样的写法，用金星日的长度作为计时的篇章之始，而没有直接用地球时间。[43] 然后，他们快速地把内容拉回到自己的领域，通过对比《圣经》的记载和当时的天体观测发现，讨论地球古时的计时系统。这本书中写道："在所有国家，制定历法都是一个天文学问题：是多个不同天体的运行轨迹，让我们能天然地划分时间……但是由于天体数目众多，出现了几种不同的天然划分时间的方式，所以不同人群用的历法也各不相同。"[44]

第二章　业余爱好者、专业人士和怪才

拉塞尔和蒙德的书中虽然涉及古代史和迷思的内容，但他们也谈论当时的计时系统。他们认为，争论谁的时间是最正确的将毫无成果。除了由天体运行划分出的时间，任何对"一天"的界定都是主观人为的。比如，拉塞尔和蒙德解释道，古代犹太人宗教意义上的一天以落日为起始（现代犹太人也遵循这个惯例），日常生活意义上的一天则始于清晨。与之类似的，"在日常生活领域和天文学领域，人们对一天的应用也有差异。在日常生活中，一天始于午夜，在天文学领域中，一天始于正午；这是因为白天是进行日常事务工作的时间，而夜晚属于天文学家"[45]。这种差异只是习俗的产物，不值得争论。当然，在下一章，我们将会看到弗莱明和其他计时改革者希望统一时间标准，想让天文学界放弃天文学意义上的一天伊始，与日常生活领域一样用午夜作为一天之始。但是对于拉塞尔和蒙德来说，这种争执毫无必要，甚至是目光短浅的。

在计时的争论上，测量时间的方式要具有宗教上的正当性是普遍观念。一些批评者指责某种计时观念的方式，是把它与对立教派或者某些罪恶行为联系在一起。但在拉塞尔看来，宗教为她提供了更具有多样性的观点。经过长年累月的对《圣经》和天体的研究，拉塞尔认为天然的或者说上帝赋予的时间单位只有少数几个（太阳日、月亮周期、年），其他的时间单位要么是肤浅的装饰物，要么是为方便使用而人为创造的。所以，讨论"最适宜的计时方式"没有意义。她认为所有人为的计时方式都不是最适宜的，这让激烈的计时讨论看起来都意义甚微。

拉塞尔并非《圣经》文本学家：她也会厌弃罗博瑟姆和汉普登的观点。《〈圣经〉中的天文学》的最后一章试图解释圣诞星，但得出了《圣经》文本的描述缺乏充足证据的结论："从天文学的角度上来说，（《圣经》的）叙述在我看来过于不完备，无法推导出任何天文学的结论。除了直接描写了主耶稣本人之外，经文并未提及其他任何方面，这正是经文给我们的说明，即它并不是启示天文学或者任何其他物理科学的著作，而是让我们追求永

恒生活的经典。"[46] 这是对诸如罗博瑟姆和汉普登的文义派的直面回应。拉塞尔接纳任何便于使用的计时方式，因为上帝在太阳日、月亮周期、地球公转年之外，没有留下其他的天然时间单位，而《圣经》中的天文学内容又并不可信。

但是，宗教团体内部却没有这么包容，它所允许的计时方法讨论范围更窄。不同教派之间的竞争使它们都有自己支持的计时系统，并攻击其他教派败坏了上帝之真理的时间。通过研究《圣经》文本和天文学，拉塞尔得到的是更开放的思想；而其他人则用宗教义理让计时方式退回到更僵硬的教条上。本章后面谈到的查尔斯·皮亚兹·史密斯就属于这一类。

威廉·帕克·斯诺

宗教信仰塑造了一部分人研究计时改革的路径，而另一部分人则从现实角度出发，尤其是从事航海事业的人。航海和计时系统一直以来联系紧密，可以追溯到1714年英国的经线法案（Longitude Act）为在海洋上确立经度颁发奖金之时。纬度的确定要简单得多，但确定经度一直是个难题。确定经度有几种可行的办法，其中一种是观测月亮的运动，再与判断经度用的历书比对，但是这种方法对于一直在行进中的船只来说，既烦琐又难以操作。唯一具有操作性的方法是用当地时间（船所在的当地）对比已知经度的陆地上的时间。知道船所在地的时间很容易，但知道其他陆地上的时间很难，除非带一块那个陆地上的表来。然而，18世纪初期的钟表都不能在经过长途颠簸的航行后，还保持精确可信的计时。

钟表匠约翰·哈里森（John Harrison）制造出了一块足够精确的表，能够让海员在海上计算出经度，不需要进行复杂的月亮观测。在19世纪80年代，哈里森的钟表经过很多次改进，在世界范围内广泛应用。然而，海员还想更进一步地规范时间。威廉·帕克·斯诺（1817—1895）就是典型例子，他一生都从事海员工作，19世纪80年代他对计时改革产生兴趣。斯诺相信，标准化的计时以及一条唯一的本初子午线能够加强航海的安全性，减少生命损失。

出于海员职业需要，斯诺具备工作所需的航海和天文学知识。他的生活经历很坎坷，以致一位学者推测他有精神上的问题。[47]但他仍然是一位睿智的作者和经验丰富的海员。19世纪50年代斯诺受雇于简·富兰克林夫人（Lady Jane Franklin），参加了几次寻找其丈夫约翰·富兰克林爵士（Sir John Franklin）失踪船只的远航，富兰克林爵士的船1845年在西北航道失联了。这场尽人皆知的搜寻工作给斯诺带来一笔意外之财。但好景不长，19世纪80年代，斯诺陷入了瓶颈，他的生活文雅但穷苦，靠写作和亲戚接济过活。

斯诺一直希望能找到新办法减少航海的死亡率。1880年11月，他在《钱伯斯通俗文学、科学和艺术期刊》（*Chambers's Journal of Popular Literature, Science, and Art*）上发表文章介绍了几种救生技巧。[48]例如，他设想在大西洋上设置漂浮电报线，用于紧急联络。他还设想将废弃的小船当作漂浮灯塔，作为船只在危险港口入港时的导航。斯诺最大胆的设计恐怕是一系列的"海洋休整仓"——一个小型的房屋或小仓库，里面存放着食物、水和其他供给，将它放置在人迹罕至的位置，为因偏航或迷失方向到此的船员提供生存补给。他提出在一些最荒远的地方，像是大西洋中心的圣保罗礁石（St Paul's Rocks），或是特别危险的地区比如南非的好望角，每年都失踪很多船只。评论家回应说这些小仓库太过昂贵而且难以维护。《钱伯斯通俗文学、科学和艺术期刊》的编辑则认为这些小仓库"很有独创性，但恐怕不太实用"[49]。皇家学会对弗莱明计时改革的评价也大致如此：聪明的想法，但过于理想化。和弗莱明的设想一样，斯诺的倡议并非真的那么不切实际，如果将它付诸实践的政治意愿存在的话。

威廉·帕克·斯诺展示他的北极奖章

当一条通用的、为航海和计时使用的本初子午线在 19 世纪 80 年代早期成为重点议题的时候，斯诺希望也能参与讨论。他立即把它看成海上救援的工具，他本人也对没有通用本初子午线带来的困扰深有感触。1832 年，他在海上遭遇了一场风暴，他的船与另一艘正在风暴中挣扎的船相遇了。两艘船交换了彼此的经度（船员们经常通过这种操作来确认自己的计算是否准确），发现他们算出来的经度"相差甚大"[50]。在能见度低下的风暴中算错经度，通常是致命的错误。显然，经线法案本身就是应对锡利群岛周围发生的海难而生的。锡利群岛位于康沃尔郡西南边，有四艘船遇到风暴，由于无法算出所在经度而在此处沉没。斯诺推测，1832 年那场风暴中两艘船的计算可能都正确，但两艘船用了不同的本初子午线。由此斯诺相信，一条国际通用的本初子午线将避免同样的错误再次发生。

第二章 业余爱好者、专业人士和怪才

为此，斯诺在1883年时印刷了一份宣传单，寄给皇家地理学会和其他感兴趣的团体，大力宣扬通用本初子午线具有减少海上伤亡的功能。同时，斯诺谴责劳埃德（Lloyds）这样的保险公司，它们反对设立通用的本初子午线和海洋休整仓，因为这些都有损保险公司的利益。斯诺暗指，如果航海变得安全了，保险公司就无钱可赚，所以它们才反对斯诺的提议。[51]斯诺请求科学家无视这些不道德的保险公司，支持他的意见，这样可以挽救无数的生命。

斯诺建议本初子午线设在圣保罗礁石。[52]这里是一块中立区域，不牵扯到任何国家，是他心中的理想之地。除此之外，他还想让这片礁石除了成为一条抽象的线所在地之外还具有更多价值，即把他长久以来推行的海洋休整仓放置在这里。他回应《钱伯斯通俗文学、科学和艺术期刊》对他的批评："提到它不具备实用性，现在我不作任何辩解。人类有着克服一切困难的最强大精神；由此我认为，就像老阿基米德所说——给我一个支点（在这里支点是金钱），我将撬起地球。"[53]这段话显露出斯诺的真实意图。他想为他的写作事业寻求赞助者。宣传单最后斯诺总结道："如何利用这些礁石，在此建立一个基站，就像在北极、南极和其他地方一样的那种基站——我很乐意详细阐释，如果有人愿意出资赞助的话。我个人的财力远不足以让我靠个人力量做这些事。"[54]

斯诺的计划没有得到任何关注。虽然相比于女性，科学领域对男性的限制更少，但是进入专业科学研究对任何外行人来说都非常困难。专业领域里推崇的男性气质使他们拥有独特的处事方式和行为风格，以此来保持"专业人士"的身份，并使其他的男性特质边缘化。[55]为了确保精英身份，专业团体中的人盛行使用仪式和象征符号，以把自己和其他普通男性区分开。[56]专业能力强还不足以单独成为被这个圈子接纳的因素，如果没有金钱、地位或者人脉，即便是学识丰富的人也会被排除在外。

斯诺就失败了。尽管他有丰富的航海经验，还有对本初子午线必要性

的第一手切身的体会，也没有获得什么关注。他提到航海安全，这是一个很好的参与计时改革讨论的角度；但华盛顿大会不会理会提升海上存活率的声音。斯诺不被重视不仅仅因为不够专业，也不是因为他的阶级、种族或性别，而是由于他没有地位和金钱支持。正如弗莱明早期的文章直到被一个专业团体发表之前都没人认可，斯诺若在专业领域没有正式身份地位，也只是一个局外人。他只是一位业余爱好者。

后面会继续介绍维多利亚时代的业余爱好者。到 19 世纪末期的时候，有收入的专业人士和进行无偿研究的业余爱好者之间的差距越来越大，双方也处于矛盾对立的关系。很多领域都是专业化的，公众服务、历史研究和法律都是如此。[57] 在英国，大部分天文学家是业余人士。只有很小一部分人靠天文学能获得收入，除了大学教职人员和格林尼治、剑桥等官方天文台的工作人员之外，还有《航海历》(Nautical Almanac)的工作人员和位于南肯辛顿由科学艺术部资助的诺曼·洛克（Norman Locker）研究团队。[58] 数十年来，业余人士都是天文学研究的引路灯，与专业人士紧密协作。但在 19 世纪的后半叶，这两者渐行渐远。

在自然史等领域，业余人士仍然广被接纳。[59] 但在其他领域，专业和业余之间的裂痕越来越大。正如历史学家约翰·兰克福德（John Lankford）所说，"专业需要的是细分专精，只能通过高等教育培育的技能知识，以及获得大规模研究设备才能达到。此外，专业研究者往往寻求政府对他们的资助，很多业余人士则极力抗拒这一行为"[60]。那些没有进入主要科研天文台的业余天文学家争辩道，他们的小型、个人用望远镜比专业同人所用的各式昂贵的大型望远镜更得力。

价格便宜又便携的天文观测工具拥有庞大市场。19 世纪 80 年代，电气工程师和业余天文学家约西亚·拉蒂莫·克拉克（Josiah Latimer Clark）制作并向大众售卖价格相当低廉的（对工人阶级家庭来说还是贵不可及）中天望远镜。[61] 对它的好评显示出时人对天文学研究和计时系统的强烈兴趣。

来自爱尔兰帕勒斯格伦（Pallasgrean）的一位买家写道："使用它（中天望远镜）非常容易，而且在这个国家偏僻的角落里，用它来校正时间最好用。"[62] 和这款望远镜一同存在的，是年复一年印发的中天图表，它是官方发行的《航海历》的简化版。中天图表上包含中天望远镜的用法说明，以及在地球上任意一个地方、在一年中任意一天确定格林尼治时间、计算准确时间的方法。[63] 普通民众有了这些设备和工具，格林尼治就不能在计时上独霸一方，在大众天文学领域也无法独领风骚了。

无论如何，专业和业余人士之间的鸿沟逐渐变大了。业余人士更喜欢常规、稳定的观测，收集对于专业用途来说是第一手资料的数据，再用它做进一步研究。[64] 而专业人士追求的是观测要有更高的精度和技术含量，以及比基础观测更高级的职业形象认同。他们创造出把自己和业余爱好者区分开的各种新方法，通过仪式、集会、誓约和组织等形式来确保他们"专业性"的身份。[65] 19 世纪末，并不是业余人士时代的结束，业余研究只是从专业研究中分离出来，二者各自发展。专业与业余之间的关系有时是友好合作，但并不总是如此。下一节的主角就对业余人士抱有歧视态度。

查尔斯·皮亚兹·史密斯

查尔斯·皮亚兹·史密斯（1819—1900），是爱丁堡皇家学会会员、英国皇家学会会员、英国皇家天文学会会员和苏格兰皇家艺术学会会员（FRSSA）。他于 1846 至 1888 年任苏格兰皇家天文学家。史密斯出生于意大利，他的中间名是纪念其教父——天主教神父和天文学家朱塞佩·皮亚兹（Giuseppe Piazzi）在巴勒莫建立了天文台。在史密斯 1884 年的日记中，记载了一位参观者到访他位于卡尔顿山的爱丁堡天文台：

傍晚时分，一位陌生的绅士（大学医学教授）带着一个六七岁大的男孩与我搭话……"我什么时候可以带我的小男孩去你的卡尔顿山的天文台呢？"这个场景是大学里的人士对皇家天文台的性质抱有超乎寻常的蔑视和无知的最佳说明。我告诉他，天文台不允许参观，而我们要开始工作了；所以他必须自己找一个望远镜……但就像……麦克拉伦勋爵，他想在冬天的时候使用天文台，这样就省去他自己在爱丁堡设置望远镜的费用了——所以这位富裕的大学医学教授，根本就没有自己出钱为自己哪怕是为孩子买个望远镜的意识。[66]

查尔斯·皮亚兹·史密斯

第二章　业余爱好者、专业人士和怪才

史密斯确信这位教授工作的领域是公众事务和教育。尽管并非所有专业人士都这么认为（诺曼·洛克就定期为公众甚至儿童举办讲座），但普通爱好者甚至知识分子爱好者与专业人士之间的分野越来越明显了。

史密斯对外行的敌意有可能一部分来源于他在专业天文学领域的地位不稳固。他自己就是踩在专业和业余的分界线上的人，尽管他符合进入专业人士圈子的标准。他家境富裕，既有社会地位，也有专业知识；他是一个能力优越的天文学家，还是公众计时系统革新的领军人物。他在爱丁堡创立的"时间－信号"系统处于世界领先地位，外国科学家经常向他寻求建议。[67] 他被专业人士圈子排斥，并不是因为他的天赋和身份，而是他离经叛道的观点。

正如第一章中提到的，史密斯是一位极端的国家主义者，宗教热忱让他痴迷于吉萨大金字塔，抱着让吉萨大金字塔成为世界本初子午线所在地的热情，他反对桑福·弗莱明标准时间的提议。由于他是苏格兰皇家天文学家，他的意见尽管有些超乎常理，也还是有分量的。通过安妮·拉塞尔的著述，我们已经对计时改革在科学和宗教之间的处境有所了解，也通过威廉·帕克·斯诺促进航海安全的活动了解到了计时问题与航海领域的关联。对史密斯的事迹的考察，将增添更多描述当时的社会背景的事例。如果说安妮·拉塞尔表现出来的是对融合科学与宗教的包容和尊重，史密斯展现的则是宗教与科学的分裂。他在计时问题上的作为也显现出考古学、度量学、帝国主义和国际政治如何干涉着计时改革。

史密斯秉承的金字塔学是《圣经》直译主义的一种，至少从这一点可以验证：对照古埃及的实物遗存——比如金字塔，他坚信《圣经》对古埃及希伯来人的记载完全正确。在阅读约翰·泰勒（John Taylor）的著作《大金字塔：为何建造，谁人建造？》（*The Great Pyramid: Why Was It Built, and Who Built It*，1859年出版）时，史密斯偶然接触到了这个话题。这本书中声称这些庞大建筑物是上帝对盎格鲁－撒克逊人的引导，所以英制的

度量系统是具有神启的。而泰勒的第二本书《标准之争》(*The Battle of the Standards*, 1864 年出版) 则使史密斯的思想发生了转变。[68] 在法国米制度量系统日益流行的现实情况下, 这本书用金字塔学建构出捍卫英制度量系统的方法。

史密斯迅速以此为事业, 于 1864 年出版了自己的著作《大金字塔给我们的遗产》(*Our Inheritance in the Great Pyramid*)。和泰勒不同, 史密斯更加严谨地把这本书写成一本科学论著, 用图表、测量和引用资料充实其内容。但他并没有实地测量金字塔。所以在 1865 年, 他决意检测他和泰勒的理论, 和妻子杰西卡·邓肯·史密斯 (Jessica Duncan Smyth) 一同去了埃及, 亲自测量金字塔。或许是巧合, 也或许是事先抱有证明自我的预期, 史密斯测量的结果证实了他的理论完全正确。

史密斯认为他的发现是: 当用古埃及腕尺 (计量长度的工具, 据说是建造金字塔时所用的计量单位) "丈量无论是大金字塔的底边, 还是底边对角线, 或是垂直高度, 或者轴心线, 抑或任何能测量的大金字塔自身的长度"时, 没有一个能被十整除的数值。[69] 然而, 若用 25 英寸为一个长度单位来测量金字塔, 将会得出 "诸多至关重要的巧合"[70]。通过这一惊人的发现, 史密斯得出古代建造师必然使用了英寸作为建造金字塔的计量单位; 某种程度上存在着 "大金字塔古代建造师和盎格鲁-撒克逊先民之间在思想和知识上的交流"[71]。大金字塔的建造师有可能是希伯来人后裔, 从诺亚的长子闪那里继承了相当于 25 英寸的 "神圣腕尺"。史密斯的论断将希伯来《圣经》和现代英国直接联系起来, 给当时英国的度量系统灌入了神圣意味和古典的庄重色彩。在史密斯看来, 金字塔的作用在于向后世传达消息——它仿佛是一个时空胶囊, 为人类指示上帝赋予人类的更为合适的度量系统。

史密斯的著作中提到, 金字塔测量的结果不仅仅显示出它完全可以套用英国的长度计量单位, 还可以套用英国的容积、质量、温度乃至时间计量单位。例如他写道: "当英国的农夫想要度量上帝因为他土地增加而奖赏给他的小麦时，他要如何度量呢？用'夸特（quarter）'。夸特，四分之一！什么的四分之一？现在的英国农夫并不了解……只是遵循古老的习俗，他把度量粮食的最大单位叫夸特。"[72] 近代英国的容积单位夸特代表的容量，确实是大金字塔法老墓室中每一个凹陷处容积的四分之一。夸特这个计量单位已经存在了四千年之久，这回史密斯重新发掘出它神圣的起源。

  同样地，史密斯还认为金字塔为人们指示了用星星确定时间的正确方法："仅仅对于现代科学中的天文学来说，我们可以从金字塔中找到实用时间测量法的合理、可靠的指导。"[73] 在现代科学中，测定时间一般要用到中星仪，而史密斯声称金字塔自身蕴藏着古代版的中星仪。"对我来说——一个将大部分时间都奉献给天文学中天观测的人，大金字塔入口的狭长通道径直指向北方，它一瞬间就让我想起，这和子午线指向地球的极点非常相似。"[74] 所以，这个受到神启的古代建筑已经应用了"不为人知的，直到最近才被最顶尖的《欧洲天文学》（*European Astronomy*）杂志认可"的天文学方法。[75] 史密斯其他的观点就有些令人费解了，他认为金字塔依托建造时的天文学观测形成的布局，甚至具有预言意义，预示着现在这个时代会发生的事。当下的英国应该从金字塔中得到智慧，并接受他这些发现的引导：拒绝米制度量系统，坚持英制度量系统，以及将大金字塔作为全球本初子午线之地，给予它应得的地位。

  另一方面，金字塔也是一个宗教意义上的标志建筑。"在文字书写极不普及的时代"，金字塔担负着记载神圣仪式以传递给后世子孙的使命。[76] 蒙受上帝启迪的古希伯来建造师们，预见到了未来会有一个科技时代，那时的人们可以通过精细的研究揭开金字塔的秘密。史密斯亲自于 1865 年到埃及做了这个研究。找到上述那些发现后，他彻底对金字塔的秘密深信不疑，返回苏格兰。让金字塔学广为人知的，是史密斯和他的著作，而非泰勒。当 19 世纪 80 年代早期，筹备国际子午线大会使计时改革成为讨论焦点之时，史密斯意料之中地提出将大金字塔作为本初子午线之地。

后世历史学家和研究者恐怕会嘲笑史密斯突发奇想的观点，称呼他为"金字塔痴"。但是，若认为当时人对史密斯的金字塔研究成果嗤之以鼻，就不符合历史实情了。直到 19 世纪 80 年代为止，史密斯对金字塔的研究都被认为是最全面细致的工作，不仅得到专业领域认可，也被大众追捧。[77] 后来他的研究才暴露出不足。有一段时期，金字塔学大为流行，它不可思议的普及程度显然可以作为洞悉维多利亚时代文化的独特视角。金字塔热又恰逢英国对埃及广泛痴迷的时期，这种痴迷与彼时英国的国际政策不无关联，但也是受到了考古学、天文学、宗教信仰以及时间改革等因素的影响，这一切都以难以预见的方式牵涉在一起。

早在史密斯发表他关于金字塔的研究发现之前，英国大众的心目中，埃及和它瞩目的历史遗迹已经拥有了举足轻重的地位。如果说计时改革让许多维多利亚时代的人为之着迷，那么埃及则让他们对计时改革的热情冷却。"埃及热"由 18 世纪 90 年代拿破仑在埃及的战役以及 19 世纪 20 年代"罗塞塔石碑"的破译推起，在拿破仑战争后从法国传到英国，直至传遍美国。1922 年图坦卡蒙法老墓的发现让埃及热再度点燃。

19 世纪 70 年代到 80 年代，正是埃及热盛行时期。[78] 英国博物馆和私人藏家囤积了（往往都是非法的）大量埃及古董收藏，而且，还有源源不断的工艺品流入英国。"各个阶级的伦敦人……都能有一下午的时间，在展馆或展会凝神欣赏国外的奇珍异宝。"[79] 古埃及的建筑形式在英国开始有了市场，具有埃及特色的图案出现在宗教和商业建筑上，还被用在纪念性建筑和仪式性建筑上。[80] 大量的从埃及传入的艺术品成为公共史迹，例如叫法并不准确的"克娄巴特拉方尖碑"（Cleopatra's Needle）。1878 年，这座方尖碑被从亚历山大城搬到了泰晤士河岸。尽管方尖碑自身带有古老的铭文，但它此刻被用作纪念英国对埃及的军事征服。伦敦立起的这座方尖碑，和史密斯的金字塔学一样，将古老埃及的强盛和近代英国的国家主义联结在一起。

看似源源不断的新发现激发了人们对埃及的痴迷。考古成果引发了媒体关注,精美的文物好像印证了《圣经》的内容,比如比东石碑,引发了公众强烈的兴趣。[81] 与安妮·拉塞尔企图用天文学解释《圣经》篇章一样,也有人想用建筑学做同样的尝试。历史学家大卫·甘奇(David Gange)指出,"19世纪80年代,认同《圣经》启示说的人占据了埃及学读者的大部分:他们痴迷于考古学家每年'发掘'出来的、能证明和解释《圣经》中记载内容的证据"[82]。史密斯对金字塔的勘测也带有同样的宗教诉求:金字塔似乎印证了《圣经·旧约》,或是增补了对《旧约》的阐释。

英国"东方学"对古埃及的想象,随着时间的变化而变化。[83] 19世纪中期,诸多英国基督徒贬斥古埃及及其建筑,认为它们代表着被上帝遗弃的残忍的、异教徒的文化。彼时的一位埃及学家表示,古埃及后期的建筑物是"盲目偶像崇拜的王朝"建立的。[84] 史密斯本人也赞成这种观点。他谨慎地把大金字塔和埃及其他建筑物区分开,大金字塔被看作上帝选民建造的神圣建筑。史密斯记录道:"尽管大金字塔在埃及,但是,它并不而且永远不属于埃及。"[85] 那个国家的其他建筑物不值得同样的称颂。《圣经·旧约》里把埃及统治者形容为上帝选民的敌人,他们崇拜供奉陌生神灵的神秘的万神殿,难以引起英国基督徒对他们文明的好感。但是,他们作为充满异域风情的"外来者"在遭到诋毁之余,也吸引了同样多的兴趣。想象中的崇拜偶像、实施暴政的埃及,也让一部分英国大众着迷。史密斯所描述的神圣金字塔具有双重魅力:激发了人们对"外来者"的迷恋,同时消除了对偶像崇拜的负面印象。这是非常有意思的结合。

19世纪80年代时,维多利亚时代的人对埃及文化的看法积极了很多。[86] 这种转变不仅出于文化因素,还有政治原因。1882年,崇尚古埃及历史、建筑,收藏埃及文物突然成了政治风气,英国需要让它对埃及的统治正当化。这在英国19世纪80年代的外交政策上有巨大的重要性。早在占领埃及之前,英国就希望扮演解决"东方问题"的角色,解决庞大奥斯曼帝国日益衰落带来的问题。埃及是独立国家，但名义上受奥斯曼帝国统治。埃及的稳定是对奥斯曼巴尔干半岛正在崛起的力量和各种冲突的极其宝贵的制衡。长久以来，英国都是通过埃及进入印度，然而，1869年开通的苏伊士运河打开了一条更短、更容易的道路。[87]

英国统治埃及让埃及学家和金字塔学家都欣喜若狂。史密斯写道，能够独自研究金字塔就证明了英国应该统治埃及，其他人也感受到了他的热情。[88]史密斯的一位追随者在写给他的信中说道："我们买下了埃及，这难道不是个绝妙的消息吗？金字塔是我们的了，简直像做梦！有可能的话我想去那里。"[89]另一些人则更审慎地看待这个事情："如果我们对埃及事务的介入取得成功，并且以征服者身份进入开罗，这股势力中的科学家就能再次测量金字塔四边，一次性地为全人类解决悬而未决的问题。"[90]一位女士告诉史密斯的妻子杰西卡·邓肯说，研究金字塔和"伟大的东方问题"本身一样重要。[91]一个属于英国的埃及，这种思想让人们十分亢奋。普通民众对英国在埃及事务上的动作抱有极大热忱，包括接下来的苏丹危机。查尔斯·戈登将军（General Charles Gordon）的功绩和他在喀土穆（Khartoum，苏丹首府）注定失败的最终抵抗，成了诗歌和艺术作品的灵感，引发了英国人民发自内心的迷恋。[92]这一切也让另一些人感到愤怒。天文学家J.C.亚当斯是国际子午线大会的英国代表，他是个顽固的保守派，就格外憎恶威廉·尤尔特·格莱斯顿（William Ewart Gladstone）的未能延续先前功绩的自由政府。[93]无论怎样，19世纪80年代早期，埃及是英国外交事务的中心，这是众所周知的事实。

埃及在维多利亚时代英国人心中位置之重要，得以解释金字塔学这种牵强附会的理论为什么能让如此多的人痴迷。伟恩曼·狄克森（Waynman Dixon）是史密斯的一个正直的信徒，他是工程师，同时也是业余埃及学家，把克娄巴特拉方尖碑从亚历山大城运到伦敦的船只正是他设计的。1877年年初，狄克森给史密斯的信中写道：

第二章　业余爱好者、专业人士和怪才

虽然我承认，我也认为（克娄巴特拉方尖碑）有伟大的历史意义，而且把它转移以避免损坏遗失是一件好事，但坦率说，1万英镑本应有更好的花法，尤其是花在未来研究和开放大金字塔上——没人为了这个理由支付同样多的钱吗？……我无法不相信，我们正处在由东方问题而引出的重大政治危机的前夜，而埃及是突出的问题。正像我一直都预计的那样——由英国统治或监管埃及，成为第一个瞩目的事件，也一点都不意外。这将是对埃及人民所受奴役的伟大解救，对这个被压抑的国家的祝福的预言将就此开始。如果情况如此的话，在政府有所作为之前，不应该为解决围绕大金字塔起源和意义的难题做些卓著的工作吗？[94]

信件的结尾处，狄克森质问对大金字塔的研究有没有新的进展："运送维纳斯像的时候，要不要也和测量大金字塔时一样？"[95] 这封信印证了埃及在英国外交政策和文化上的中心地位，也以非凡的预见性预言了即将到来的危机，还幻想了未来考古研究的机会。相对于运输维纳斯像，狄克森的信中把金字塔学描述成科学事业。史密斯的信徒们把金字塔看成是宇宙信息和运行规律的可靠来源，包括如何测定时间和空间。从这种角度来看，史密斯的金字塔学便是可信的科学理论，它既顺应了大众的文化狂热，又符合政治机器需要，还顺应了宗教和国家主义的观念，由此它被广泛接纳了。金字塔学的思想迷人又有说服力，所以当史密斯提议以金字塔的位置作为本初子午线时，人们都认可了。

为了对金字塔学的流行程度有所了解，在此展示历史学家埃里克·雷斯努尔（Eric Reisenauer）一个著名的统计数据。在1883年至1886年之间，在巴罗因弗内斯和坎布里亚郡（位于英格兰西北部），有147人从免费公共图书馆（Free Public Library）借阅了史密斯的书《大金字塔给我们的遗

产》，平均每周都有一位借阅者借出。读者群体的主要构成，显然是工薪阶层。[96] 史密斯收到了大量读者信件，征求他同意以他的书为内容做公众演讲，或者把他的著作改编成周末学校课程，或是把他的书做成售价便宜的、缩编版的小册子，面向更多大众读者。[97]

然而，史密斯的理论最受少数特殊的国家主义者和宗教亚文化群体的欢迎。[98] 这部分受众中首先要提到的就是反对米制度量运动的人，反对运动由查尔斯·拉蒂莫（IPAWM 在美国的领导人）等人参与，他们信任、接纳了史密斯书中的观点，作为 IPAWM 存在意义的新依据。对于英国的计量单位来说，还有什么是比"上帝赋予"更有力的支持呢？拉蒂莫对史密斯说，"你为我们提供了彻底打败宣扬法国米制度量系统者的武器……我们会坚持到底，直到把法国米制度量系统从它的本土推翻"[99]。1864 年和 1878 年，英国议会曾经讨论过改革度量系统，之后甚至颁布了法案合法施行米制度量系统。一系列事件让反对米制度量运动的人感到事态紧迫，而史密斯的观点则是现成的驳斥论据。[100] 如拉蒂莫所说，"唯一能压倒法国米制度量系统的武器就是《圣经》文本和大金字塔"[101]。

同时，另一个带有国家主义色彩但更多是基于宗教因素形成的团体也对金字塔学抱有同样的热情：不列颠以色列派。[102] 他们的信徒认为，盎格鲁-撒克逊人是以色列人一个分支的直属后裔，同样是上帝的选民。他们这种自圆其说的理论，既让英国的扩张是上帝之旨意合情合理，又让他们的英国优越论得以成立。[103] 这一派别的兴起和流行，是因为恰好赶上英国正在完成新的帝国身份认同，并不让人意外。[104] 史密斯的理论表明，古老的金字塔呈现出来的内容，说明英国直接从古以色列继承了受到神启的度量系统。这太便于被不列颠以色列派直接运用到宣教中了。

金字塔学在美国和英国渗入到意料之外的领域，计时改革中也有它的身影。受到史密斯理论的影响，IPAWM 加入了美国的计时改革运动，目的在于确保大金字塔成为本初子午线所在地。查尔斯·拉蒂莫把桑福·弗莱明吸收进 IPAWM，以此形成联结，以便密切关注他在计时改革上的种种行动。IPAWM 与大西洋两岸进行联络，希望能确保任何与本初子午线有关系的决策至少能考虑到大金字塔（以及承载了神圣意志的英制度量系统）。国际子午线大会召开前的几年，IPAWM 游说美国政府和大会组织者，希望在全球计时系统逐渐成形的过程中加入对大金字塔的考量。IPAWM 不是唯一这么做的组织。世界各地的信件雪片一般涌进国际子午线大会组织方，都请求将吉萨大金字塔作为本初子午线所在地。

金字塔学如此盛行，它的支持者也表现出影响计时改革的强大能量。金字塔学在科学团体中受到的拥护，与它在普通大众中的流行不相上下，至少在一段时期内如此。维多利亚时代的科学界，对宗教、神圣事物和对其他自然现象一样，都会用科学手段来观测检验。《伦敦季度评论》（*London Quarterly Review*）就在史密斯的第一部金字塔学著作出版之后，表现出善意的不置可否的态度，决定在他完成埃及的测量之前，先不做评论。[105] 有测量结果在手，史密斯看上去有了证明他理论的有利材料，在接下来的 10 年甚至更久，至少说服了一部分科学家。结束了 1865 年的埃及之旅后，史密斯把他的发现呈交给爱丁堡皇家学会，由此被授予基斯奖章（Keith Medal），这个奖章针对皇家学会会刊上最重要的文章每两年颁发一次。[106]

随着时间推延，史密斯不再受追捧了。对金字塔进一步研究得出的结果与他的发现相悖。1874 年，苏格兰裔天文学家大卫·吉尔在去往毛里求斯观测金星凌日之后，也去埃及做了测量。他用业余时间测量了一部分金字塔，他与同事已经在金字塔顶端架起了木杆，显然是为了测算金字塔在其大理石遭受侵蚀之前的最初高度。但他并没有完成所有工作。吉尔这次未完成的测量，激发了弗林德斯·皮特里（Flinders Petrie）主导的第二次埃及远征，他希望能证实史密斯的发现。皮特里的父亲与史密斯是朋友，父子二人都支持史密斯的观点。[107] 然而，弗林德斯·皮特里却发现用普通的埃及腕尺作为单位就可以测出金字塔的尺寸，他指出了史密斯的几处谬误，使以 25 英寸为单位长度的"神圣腕尺"的隐喻不再神秘。[108]

皮特里的勘测结果、巴纳德之前在美国对米制度量系统的宣传，以及另一位著名天文学家理查德·普罗科特（Richard Proctor）的批评，让史密斯的名声扫地。史密斯本可以承认自己的错误，根据新发现的证据修正他的理论。然而，他越发地执着于金字塔学，对同时代其他重要人物的观点充耳不闻。这种行为使他失去了主流科学界的尊重，只得在不列颠以色列派极端国家主义的神学言论和反对米制度量运动中寻得认同。[109] 让他与天文学圈子渐行渐远的，是他任由幽深莫测的神秘主义取代了科学原则，而非金字塔学本身。如果国际子午线大会提早召开 15 年，赶在金字塔学的最新发现问世之前，史密斯把本初子午线设置在大金字塔的提议会受到更多重视。

如上所述，天文学界对金字塔学的驳斥成为史密斯人生的转折点。亨利·詹姆斯爵士（Sir Henry James）在皇家学会的《学会议程》（*Proceedings*）上发表批判史密斯的观点，他认为史密斯的理论是"披着滑稽的科学外衣的一派胡言"[110]。史密斯想予以回应，但是学会秘书给他的回信中写道，史密斯的反击"在学会审核通过之前，不适宜面向大众发表"[111]。这一回绝让史密斯深感羞辱，写了一封愤愤不平的辞职信。[112] 这是历史上首位提出辞职的皇家学会会员。[113] 历史学家玛丽·布吕克（Mary Brück）和 H.A. 布吕克（H. A. Brück）认为，辞职让史密斯成为笑柄，更重要的是，"他在自己和有影响力的'当权派'科学家之间立起一道屏障"[114]。史密斯栖身在虽然对他更友好，但无名无势的小型组织中，例如拉蒂莫的 IPAWM。

史密斯并没有断绝与皇家学会成员的所有来往。除了专业上的交流往来，科学界的联络也出于私人交情。其中一个例子就是，天文学家 J. C. 亚当斯就仍然时不时地与史密斯一起用餐，为他的辞职感到惋惜。詹姆斯·R. 内皮尔（James R. Napier）在 1876 年年初写给亚当斯的信中说："自从在您家与我们的朋友皮亚兹·史密斯、您和您的夫人共进晚餐后，我就再没见到过他。真希望他没有用辞职的方式离开皇家学会，真希望他放下那些金字塔，我觉得您用射电望远镜和金星稍微地'友好交流'一下，就能比史密斯在埃及遗址上大费力气更能说明太阳到地球的距离。"[115] 内皮尔和亚当斯与史密斯的往来，让史密斯与皇家学会不至于完全决裂，只是，在金星凌日这样前景更清晰的科学事业面前，史密斯的观点就被抛到脑后了。

而史密斯的声誉、地位完全被取代，还要十余年之久。他仍然是一位举足轻重的天文学家，也是民用时间信号领域的领头人，给各地发布时间的时候仍然要经常咨询他的意见。在他作为苏格兰皇家天文学家的最后几年，他愈发感到自己被孤立了。1888年的赤道日志中，他以皇家天文学家身份记下的最后的记录中透露着忧郁——但仍然充满着不屑和反抗精神，里面写下了傍晚他在回家路上被"心思败坏的后生小辈"用石块投击的故事，写下了对被爱丁堡大学教授奚落的怨言，还写下了给后辈的要小心任何"难以预料的不幸"的忠告。[116]

然而，在史密斯退出科学界之前，他对于金字塔的传道般的狂热为天文学界拒绝弗莱明的计时改革方案助了一臂之力。1879年的时候，他借着所剩无几的皇家天文学家的影响力，和乔治·艾里一起让英国的天文学家对弗莱明的提议置之不理。实际上，弗莱明在提出计时改革一事时，给了史密斯一个机会让他借着这个话题来力争将本初子午线设在金字塔所在的位置。之后的5年中，金字塔经常作为默认的本初子午线所在地在官方论坛中出现。这并非只凭史密斯一己之力。埃及在维多利亚时代英国人认知中的位置，让金字塔学说渗透到各种有关计时改革的讨论中，也影响到华盛顿大会。金字塔热最终趋于冷却，但它对政治、宗教、社会和科学领域的争论仍然产生着影响——这种景象正是计时改革讨论和国际子午线大会召开时的社会文化背景。

结论

　　计时改革并不是发生在真空中的单一事件，它受到各种各样彼此竞争的利益的影响。例如，大部分的专业天文学家将时间标准化视为高度专业化的工作。1874 年和 1882 年观测金星凌日的经验，让他们明白精确计时的价值，也让他们认识到建立全球统一的计时系统的必要。对于天文学家来说，标准化计时是复杂天文学观测的有力工具，也便于应用到航海领域，但在这两个专业之外用途不大。在 1884 年华盛顿大会上，专业天文学家发现自己和弗莱明这样的计时改革者格格不入，后者希望改变的是普罗大众应用时间的方式。对于天文学家来说，让普通民众在日常生活中采用新的计时标准，既没有必要也不太可能实现。

　　科学研究用的通用时间和日常所用的通用时间，这一对对立关系是计时改革大讨论的核心。然而，本章中拉塞尔、斯诺和史密斯的事迹，为我们揭示了这个核心争论之余的更丰富、更复杂的内容——建筑学、度量学、神学，它们和天文学一样，也塑造着计时改革的观念。同样地，航海安全、《圣经》文本解读等各个领域的观点都自然而然地加入了这场讨论。专业人士和业余爱好者的关于时间的多样的争论，也显示出国际性，轻松跨越了国界的界限。诚然，殖民主义以及偏见渗透到各个方面。比如在专业天文学界，当英国天文学家询问开普殖民地天文学界的意见时，他们并非真想知道当地专家的看法，而只是想与苏格兰裔的科学家大卫·吉尔交流，他于 1879 至 1906 年在开普镇任皇家天文学家。无独有偶，社会阶级或许是比种族、性别更加严格的进入科学研究领域的限制。出身富贵之家的女性和殖民地居民，尽管面对着多方面的歧视，但只要他们尽力，某些情况下仍能在科学界谋得一席之地。而工薪阶级的人则完全没有机会。即便是成为业余的天文爱好者，也需要让人望而却步的昂贵花费。这些使天文学的圈子相当狭小而且封闭。

但是，天文学圈子的边缘处，是一个生机勃勃、富有活力的地带，那些既有技艺又有着不同寻常人格魅力的人，诸如拉塞尔、斯诺和史密斯，能够像"圈内人"一样输出知识。只是，由于专业研究和日常社会准则都将他们排除在外，他们要找到一个展现成果的平台非常困难。他们得出的知识往往被看作"不专业"，在政策决策上也没有分量，但是是计时改革的有趣拓展。这些业余爱好者的故事告诉我们，从航海到天文学到宗教再到建筑学，影响着计时改革的因素是多么多样。宗教信仰既可以造就像拉塞尔那样对人类计时方法毫无顾虑地漠视的态度，也可以使人像史密斯一样抱有极端、顽固的观点。实操领域的知识，如斯诺的航海技术和安全意识，则为计时改革提供了独特的视角。这一切都包含在一场从现代科学和古典文献中追问意义的文化大探索中。人们以各种方式尝试解读世界。信念和思想碰撞形成的汹涌波涛到1884年时达到顶峰，在国际子午线大会上，计时改革必须面对各路思想的交汇。国际子午线大会的结果格外地体现出业余人士和专业科学家之间竞争激烈（专业科学家内部的竞争也同样激烈），也体现出封闭的专业团体对势单力薄群体的打压。专业科学团体的崛起通常让业余人士的计时改革观点被忽略，不过，他们的观点也仍然在一定程度上传播，通过细小的缝隙渗透进国际子午线大会。没有业余人士的观点来增添色彩，这场争论就单调到只有铁路工程师的标准时间与天文学家的科研专用通用时间这两种声音。下一章，我们将看到这些不同的观点和立场，如何在1884年华盛顿大会的国际外交舞台轮番登场。

第三章

国际子午线大会

1884年的华盛顿是一个身处变迁的城市。它建成于1865年，美国正处于内战，当时城内满是肮脏的街道和简陋的基础设施。贫穷和犯罪是这座城市的标签，这与它的设计者皮埃尔·查尔斯·勒范提（Pierre Charles L'Enfant）对它的壮丽首都的设想大相径庭。[1] 华盛顿兴建在一片时常受洪水侵扰的湿地上，并且饱受政治不稳定的困扰，它仍然在不断改进——这也是它建成一个世纪后人们能想到的最值得称道的事。

无论如何，这座城市中有了新发展的迹象，尽管这种发展的代价是让城市深陷债务。1873至1874年任州长的亚历山大·罗贝·谢泼德（Alexander Robey Shepherd）开始兴建一系列大型公共工程，包括铺设道路、开通有轨电车、建造公共建筑以及纪念碑。由于内战的尘嚣而长期未能完成的华盛顿纪念碑，最终于1884年年末完工。作为这个国家最著名的抄袭埃及建筑的事例，华盛顿的方尖碑成为当时世界上最高的建筑，它是国家主义者对文化传承的主张与现代主义者对进取和力量的推崇的结合体。

华盛顿另一个"新面貌"的象征是国家、战争和海军大厦（现在称作艾森豪威尔行政办公楼，Eisenhower Executive Office Building），它位于白宫对面，建造于1871至1888年，采用了法国第二帝国时期风格，多年来一直是世界上最大的办公楼（拥有566个房间）。1884年时，它还是一个不断完善中的工程。大厦南翼是国务院（State Department）的办公地，是最先完工的部分，1875年投入使用。再晚一些，海军部搬进了大厦的东翼。大厦剩余部分仍然在建造中。大厦南翼建有一个宽阔、金碧辉煌的外交官接待室，它的设计初衷是成为美国向外国外交家展示的窗口。置身于这个壮丽的大厅，能让人忘掉大厦外面泥泞潮湿的道路，专心于国家间大事的谈判和磋商。1884年10月谈判的大事，就是确立一条全球通用的本初子午线。

那一年，对华盛顿举办的国际子午线大会的评价可谓毁誉参半。历史学家有时将它轻视为一个"大体上没有影响"的会议，他们的观点并非完全错误。[2] 通过国际子午线大会设立标准时间的想法，悲观地说是幻想，乐观地说是将事情看得过分简单。最终，每个国家仍然采用各自的计时方式长达 50 多年，国际子午线大会并未能规范各个国家的计时政策。为什么国际的努力失败了？1884 年，有 25 个国家坐到谈判桌旁，讨论本初子午线及其用途，只有在计时改革一事上未能达成一致。到底发生了什么？

华盛顿特区的行政办公楼

历史学家们把这归于法国和英国之间的矛盾。[3] 这两个国家无疑是华盛顿大会上观点最为对立的两方，双方在本初子午线设在何处上有着不可调和的主张。不过，仔细研读大会事项就能发现，不管是哪个国家的代表，都罕有主张制定标准时间的。[4] 少数几个提倡标准时间的代表，例如桑福·弗莱明和威廉·艾伦，在大会上势单力薄。这两位北美商业和工程师利益的代表，没能成功打消天文学家、航海家和外交家的顾虑，他们相比于民用领域的计时改革,更关注天文研究、航海事业和本初子午线的位置。

工程师和天文学家之间的矛盾在国际子午线大会的历史讨论中是被忽略的,主要是由于它并不明显——只是大会众多条线索中的一个。国际子午线大会是各种利益冲突大碰撞的时刻:计时与航海,天文学家与工程师,业余爱好者和专业研究者,法国和英国,科学和宗教,基督教和伊斯兰教,米制度量和英制度量,等等。这些利益冲突影响了当时计时改革的大讨论,也原封不动地被带到国际子午线大会这个微观场域中。当时社会的文化氛围中暗流涌动的各种争论、摩擦,在华盛顿大会上全都露出水面,使大会的议题变得十分复杂。

厘清大会上发生的事情是让人望而生畏的工作。大会的会议议程协议(1884)(*Protocols of the Proceedings*, 1884)是个不错的入手点,这份两百页的文件记录了代表们的诸多言论,他们通过的解决方案,以及哪些国家为他们投了赞成票。会议议程协议尽管称不上是准确无误的史料,但它全面广泛的记载让我们得知大会上发生了什么,只是并不能告诉我们它们发生的必然原因。如果想了解它们为什么会发生,关键要了解社会背景——第一章和第二章已经帮我们厘清了一些头绪,使我们能找到问题的重点。我们已经得知一些参会代表的动机。对某些人来说,例如弗莱明,国际子午线大会是他6年来向民众推广计时改革的努力的巅峰。对另一些人来说,例如J. C. 亚当斯,他在国际子午线大会上基本不关注计时改革运动,英国科学艺术部选他参会的目的只是抵制米制度量系统。还有一些身为外交官的非专业人士,在会上只为代表他们本国的利益,并不了解大会上讨论的具体事项。比如驻美国的英国大使莱昂内尔·萨克维尔-韦斯特(Lionel Sackville-West),职责是接待和协调英国的代表,对大会的议题知之甚少。英国印度殖民地代表理查德·斯特雷奇爵士的哥哥曾告诫他说:"韦斯特是个很好的同事,但他要是不查阅资料的话,他基本不懂'大地测量学'是什么。"[5]

另一个现象是，按照他们所关注的事项内容分类，大会代表的数量分布极不均衡。只有非常少的代表在国际子午线大会上主张计时改革，这也解释了为什么弗莱明和天文学家之间的冲突被历史学家忽略了。英国和法国基于米制度量系统的争论最为引人注目，因为它看上去是大会上最主要的冲突。但回到我们的核心问题上来——全球通用的标准时间何以成为如此面貌，我们需要把视线从英国和法国的冲突上移开，放到把民用计时改革引入大会讨论的努力上，不然大会上另一个突出的争论主题就是航海了。同样，我们还需要考察那些更鲜为人知的与"天文日"的改变相关的大会决策。大会对这一话题的讨论在当时乃至以后，都再次显示出天文学家认为精确的标准化计时只限于专业领域使用，与民用计时系统无关。

为了能深入了解这些如暗流般涌动的利益冲突，本章参考大会会议议程协议的同时，还借助于个人的书信、文章，由此我们得以了解到大会的"氛围"（"culture"）。官方会议议程之余都发生了什么？谁和谁、在哪里曾交谈过？国际子午线大会是一个国际天文学界的大集会，它也带来了这个圈子的偏见、传统和圈内规矩，但大会也因为还有外交官、工程师、法律制定者参与其中而变得复杂。关注决策制定者在大会期间的个人经历和交往经历，我们便可以避免任何"国家利益"这样的抽象概念的影响，抓住他们决策背后的动机。将种种头绪分别梳理之后所描绘出的国际子午线大会，与简单地将它描述成英法相争所呈现出的样貌非常不同。大会结论基于专业知识，而非国家背景。

数据里的国际子午线大会

国际子午线大会持续开了整一个月，从 1884 年 10 月 1 日开始到 11 月 1 日结束。会议期间进行了 8 个议程，其中第 1 个和第 8 个主要是仪式性的和组织性的。实质性的工作由中间6个议程解决。来自25个国家的41名代表参加了会议。丹麦原本应该作为第26个国家参会，但丹麦总领事卡尔·斯蒂恩·安德森·德比勒（Carl Steen Anderson de Bille）一直没有露面。参会的国家中，有11个欧洲国家，10个南美洲国家，2个北美洲国家，1个亚洲国家，1个非洲国家，以及2个分列在英国名牌之下的"殖民地"（加拿大和印度）——它们都是与美国有外交往来的国家。美国长期秉承的门罗主义主张，西半球应该是有独立影响力的半球，这也部分地解释了为何参会国家中南美洲国家有这么大的比例。但是参加华盛顿大会的这些西半球国家的代表，各自都有不同的野心，结成不同的联盟，并没有全都和美国站在一条战线上。其中一些国家，比如巴西和圣多明各（即之后的多米尼加共和国），就反而经常站在法国一边。

有一些国家并不像其他国家那样遵循会议议程。部分国家缺席了一些会议：土耳其的代表直到第3个议程时才出现，智利、荷兰和利比里亚的代表在第4个议程开始时才出席，萨尔瓦多的代表缺席了第4个、第6个和第7个议程。每个国家派出的参会代表数量也大不相同。路程费用使得一些小国只能派出少量代表，它们更多地是依赖它们在华盛顿的常驻大使来出席会议。造成这一情况的另一个重要因素是，在最后一刻美国向英国妥协，允许后者由有3个代表席位变成有5个。这一改变临时发生在距大会开始只月余的时候，留给选择新代表的时间非常仓促。最后，25个参会国之中，只有9个国家的代表数量超过一位，它们大部分是欧洲国家，其中又只有英国和美国的代表超过了3位。

华盛顿大会议程协议有助于我们分析参会代表以及他们在会上的行为。代表来自五大领域：20位外交官，8位有航海领域背景，7位科学家，4位工程师，还有2位是大地测量员（见表3.1）。[6] 5位无表决权的专家也被邀请在会上发言，除了1位之外，4位都是科学家。[7]

表 3.1 华盛顿大会代表的职业领域

职业	参会人数	所占比例 /%
外交官	20	48.7
海军官员	8	19.5
科学家	7	17.1
工程师	4	9.8
大地测量员	2	4.9

注：此表只是对代表所属的职业领域进行了简化区分，因为有些代表的职业领域有重叠：部分海军官员的代表同时也是天文学家，S.R. 富兰克林和理查德·斯特雷奇就是两个例子。

科学家是大会讨论中的先锋队伍。从会议议程协议我们可以得知每位代表发言的次数。"发言次数"不是一个完美的参考项：一段长发言和一个议程的暂停提议都被记作一次发言。这个数值的偏差性还在于作为美国代表的海军上将 C. R. P. 罗杰斯，身为大会主席发言了 107 次，但他的发言主要是为主持讨论。然而，"发言次数"仍然是一个观察大会最活跃人员的有力数据。例如，参会代表发言了 5 次以上的国家（见表 3.2）是英国、法国、俄国、西班牙、瑞典和美国，数据显示出华盛顿大会明显的欧洲中心性。

表 3.2 华盛顿大会上参会代表发言 5 次以上的国家

国家	参会代表
英国	亚当斯、埃文斯、弗莱明、斯特雷奇
法国	让森、勒费弗尔
俄国	斯特鲁维
西班牙	阿尔波尔、帕斯托林、巴莱拉
瑞典	莱文豪普特
美国	阿贝、罗杰斯、拉瑟福德、桑普森、艾伦

如果我们把发言按照职业领域划分，外交官发言 98 次，科学家（不包括无表决权的专家）发言 79 次，属于航海领域的海军官员发言 36 次（包括罗杰斯主席的发言），工程师发言 13 次，大地测量员发言 1 次（见表

3.3）。尽管科学家占据参会代表人数的17%左右，他们的发言占了发言总数的近35%——从发言数量上来说是唯一比重超过参会人数占比的职业领域（见表3.4）。而外交官的发言次数多于科学家，也只是因为外交官的人数更多。从数据统计上看，最有话语权的代表当数科学家。

表 3.3 华盛顿大会上每位代表发言次数

姓名 / 国家	领域	发言次数
舍费尔 / 奥地利	外交官	3
克鲁尔斯 / 巴西	科学家	2
亚当斯 / 英国	科学家	19
埃文斯 / 英国	海军官员	6
弗莱明 / 英国(加拿大)	工程师	9
斯特雷奇 / 英国(印度)	外交官(也涉猎其他领域)	22
戈玛斯 / 智利	海军官员	0
塔珀 / 智利	海军官员	1
富兰克林 / 哥伦比亚	海军官员	1
爱切维里亚 / 哥斯达黎加	工程师	0
比勒 / 丹麦	外交官	未出席
让森 / 法国	科学家	21
勒费弗尔 / 法国	外交官	19
阿尔文斯莱本 / 德国	外交官	4
辛克莱迪恩 / 德国	外交官	0
洛克 / 危地马拉	大地测量员	1
阿何罗 / 夏威夷	外交官	0
亚历山大 / 夏威夷	大地测量员	0
福雷斯塔 / 意大利	外交官	1
菊地 / 日本	科学家	0
科平杰 / 利比里亚	外交官	0
安吉亚诺 / 墨西哥	科学家	0
费尔南德斯 / 墨西哥	工程师	1
韦克赫林 / 荷兰	外交官	0

（续表）

姓名 / 国家	领域	发言次数
斯图尔特 / 葡萄牙	外交官	1
德·斯特鲁维 / 俄国	外交官	9
克罗格利沃夫 / 俄国	外交官	0
斯特布尼茨基 / 俄国	外交官	0
加尔文 / 圣多明各	外交官	1
贝茨 / 萨尔瓦多	外交官	1
阿尔波尔 / 西班牙	海军官员	8
帕斯托林 / 西班牙	海军官员	5
巴莱拉 / 西班牙	外交官	14
莱文豪普特 / 瑞典	外交官	15
弗雷 / 瑞士	外交官	2
赫希 / 瑞士	科学家	是否出席未知
鲁斯泰姆 / 土耳其	外交官	4
阿贝 / 美国	科学家	8
艾伦 / 美国	工程师	3
罗杰斯 / 美国	海军官员	107（主席 / 调解人）
拉瑟福德 / 美国	科学家	29
桑普森 / 美国	海军官员	15
索特尔多 / 委内瑞拉	外交官	2

表 3.4　华盛顿大会上代表发言次数（按职业领域分类）

领域	代表发言次数	占总发言数量的比例 /%
外交官	98	43.2
科学家	79	34.8
海军官员	36（包含主席罗杰斯发言的次数）	15.9
工程师	13	5.7
大地测量员	1	0.4

数据之外

以上是数据告诉我们的。历史背景为这次大会提供了更进一步的信息。1884 年的国际子午线大会召开之时，还有众多当时存在的、未被邀请的国家、王国以及其他形态的政体。它们之中的大部分在欧洲和美国眼中算不上主权实体。实际上完全相反，同在 1884 年召开的另一个重大外交性会议柏林会议（the Berlin Conference）就是例证。柏林会议于 11 月召开，恰好在国际子午线大会闭幕后的几天，这个秘密会议见证了欧洲势力在非洲随心所欲地施加影响力范围。一场有组织的"争夺非洲"显示出欧洲人如何不把非洲政体放在眼里，也解释了非洲政权在国际子午线大会上的缺席。只有一个例外是利比里亚，它既是美国殖民地，同时本身也是一个对外殖民的国家，尽管它采取的殖民形式较为奇特。利比里亚是 19 世纪 40 年代时美国创立的国家，美国创建它的目的是将获得自由的奴隶"遣返"回西非。利比里亚直到独立之后，仍然与美国维持着紧密的关系。这使得它在美国的外交政策中占有重要地位，也为它争得了相当可观的资助。非洲本土的政权没有受到这种偏爱，更遑论被承认为主权政体。

由于国际子午线大会和柏林会议在时间上临近，一些学者便将它们并列研究。[8] 柏林会议提出了西方扩张的话题，而华盛顿大会则是将它付诸了实践。[9] 设置标准时间，在当时强化了核心半球的联结，在这个联结中伦敦同时是时间层面和物质层面的中心。[10] "将全球用小时、分钟、秒这种范式协同起来的计划，"历史学家焦尔达诺·南尼（Giordano Nanni）写道，"应将它视作是欧洲企图统治全球的最重要宣言之一……征服空间和征服时间二者密不可分。"[11] 历史学家瓦内萨·奥格尔（Vanessa Ogle）赞同这一观点，她警示全球化进程比如标准时间的设立并非中性，而是具有意识形态的："当欧洲人和美国人阐述时间和空间上的矛盾现象，以及要统一时间以建立全球化世界秩序时，他们意在建立一个符合他们自己的规划并且处于他们自己统治之下的世界。"[12] 这个世界是阶级性的,并不是平等的。

　　国际子午线大会的代表所属的地理区域,证实了以上观点。南美洲的小国家,尽管它们比非洲政体的出席待遇要好,面对强大邻国的恣意妄为也同样不堪一击,尤其是面对美国的时候。一个例子是,大会宣称哥伦比亚有一位代表参会就是谎言。代表哥伦比亚的是一位美国海军天文学家——海军准将 S. R. 富兰克林（S. R. Franklin）,他从 1884 年 2 月以来担任华盛顿特区海军天文台负责人。1883 年 2 月,波哥大天文观测台的负责人给美国海军天文台写信,请求后者的负责人选择一个代表哥伦比亚的人出席大会。他推测,"鉴于波哥大和华盛顿处在相近的经度上,（哥伦比亚的利益）定是和美国利益天然地吻合"[13]。美国海军天文台并没有纠正哥伦比亚方面抱有的此种推测,实际上从收到哥伦比亚的请求以来,海军天文台已经用格林尼治的经度来代替华盛顿的经度了。直到 10 月 14 日,哥伦比亚才被告知他们的代表为何人,这时国际子午线大会已经开始了。[14] 在大会期间,富兰克林几乎没有发言,在每一个主要决策上都和美国保持一致。在他给哥伦比亚政府的报告上,只陈述事实,汇报了国际子午线大会的结果,没有对他的决策做出任何解释。[15]

　　无独有偶,危地马拉的代表是在美国出生的大地测量员迈尔斯·洛克（Miles Rock）。洛克是于 1883 年建立了墨西哥-危地马拉边境的边境委员会（Boundary Commission）主席,在墨西哥人的勃勃野心之下,他帮助危地马拉保住了部分有争议的边境领土。他的贡献使他获得了危地马拉政府的尊敬,也为任命他为代表做了解释。另一个类似的案例是夏威夷,尽管它并不在南美洲。夏威夷的代表之一是耶鲁大学毕业生,也是这个岛国上的美国、欧洲精英之一。国际子午线大会后不久,在这个精英阶层的鼓动下夏威夷爆发了一场政变,推翻了夏威夷王室,使得直至 19 世纪结束前夕夏威夷岛成了美国的附属。哥伦比亚、危地马拉和夏威夷的例子,显示出了大国在国际子午线大会上如何夺占或削弱小国的权利,尽管其中不全然是出于恶意的。

这些对本书的阐释意味着什么？它们有助于调整我们观察这次大会的视角。科学事业在政治语境中从来不是中性的、不偏不倚的。本初子午线的选定也不例外。国际子午线大会和柏林会议的相似之处远大于不同之处，它们都是西方主导全球计划的组成部分，其底层逻辑都是殖民主义。我们必须把1884年秋天出席华盛顿大会的人们放在这个语境中来考察。

抵达

对很多国际子午线大会的代表而言，去往华盛顿参会路程上需要数月之久，行程中华盛顿的大会只是众多事项中的一站。大部分代表还肩负着其他专业使命。例如，菊地大麓（国际子午线大会的日本代表）1884年去往美国的行程中就有进行科学界联络和外交的任务。菊地大麓是东京帝国大学的数学系教授，曾在剑桥大学求学。这次去美国让他能够参加巴尔的摩的约翰斯·霍普金斯大学举办的物理学家凯尔文男爵（Lord Kelvin）的分子动力学大师讲座。讨论本初子午线的议题只是菊地大麓美国行程中的一小部分内容。

菊地的情况并非少数。很多代表都与同事进行简短的电话联络，然后参加其他的专业集会。英国科学促进协会1884年的8月和9月在蒙特利尔举办了年会，这也是它第一次在英伦三岛之外的地点举办年会。英国代表J.C.亚当斯教授出席了年会，同去的还有桑福·弗莱明，他在这届年会中担任G板块——"工程科学"的副主席。[16]据说，理查德·斯特雷奇爵士也参加了年会。[17]

亚当斯和夫人为了英国科学促进协会年会而早早地抵达北美，他们匆忙地游览了一下，行程中既有娱乐活动也参加了学术会面。他们参观魁北克省未经开发的蛮荒之地,并且敬畏地凝望尼亚加拉大瀑布,亚当斯说它是"无法用言语形容的壮丽"[18]。然后,他们到费城参加一场科学会面,在"数学领域的女教授"坎宁安女士(Mrs Cunningham)的邀请下,下榻在女子大学,此前他们曾在剑桥大学结识了这位女教授。[19] 亚当斯夫妇沿着阿利根尼山脉游览,在尚普兰湖(Lake Champlain)中泛舟,而后才去往华盛顿。返程后,亚当斯给朋友写信说,尽管他很享受这次旅程,但是报纸首版上报道的美国总统选举进程(11月4日选举)让他非常反感,里面充斥着"恶意满满的人身攻击"。[20]

桑福·弗莱明也与妻子珍妮一同前往华盛顿。他们途经纽约,在9月30日到达华盛顿。[21] 在丈夫参加大会期间,珍妮去芒特弗农(Mount Vernon)进行了一次短途旅行。芒特弗农是乔治·华盛顿曾经居住过的地方,是手头富裕的华盛顿旅客最喜欢的目的地。弗莱明已经去过芒特弗农了,那是在1882年的5月,与国会议员讨论完国际子午线大会的筹办后,他乘坐游船顺波托马克河(Potomac)而下来到芒特弗农。那时,他曾经写道希望珍妮也能同行。[22] 现在珍妮终于有机会来了。

其他代表的行程中旅行游览和社交活动也是接连不断。法国代表朱尔斯·让森一到达美国就开始进行自己的社交联络工作。他与纽约记者约见(抱怨他的妻子没能一起来为他做翻译,而他只会说法语),和电话发明者亚历山大·格雷厄姆·贝尔(Alexander Graham Bell)共同进餐。他还与美国计量协会的主席弗雷德里克·巴纳德见面。正如前面我们所知的,巴纳德本该成为国际子午线大会代表,结果由于丧失听力而辞任。[23] 这些见面既有休闲性质的,也有正式的社交拜访,但两种情况的会面基本上都不会讨论计时改革和本初子午线的话题。

从前面这些代表的行程我们可以得知,国际子午线大会并不是孤立的一个事项。国际子午线大会是搭建科学界社交关系网的实践之一,当时这个关系网还处于要借助个人关系建成、要巩固专业组织的地位的阶段。由此，国际子午线大会看上去是专业的科学会议，但同时也是一个外交和政治的活动。大会持续了32天，是个重量级的会议，然而正式的会议议程只在8个晚上。代表在准备、翻译和阅读要讨论的提案上花费了大量时间，同时也把时间花在了社交和建立关系上。

很多参加国际子午线大会的代表（见集体照片）是外交官身份，他们都专注于建立自己的关系网和会谈商议。以圣多明各公使曼纽尔·德·赫苏斯·加尔文（Manuel de Jesús Galvan）为例，他在大会期间商谈了一笔与美国之间的生意。在会议议程之间的间歇，他与美国国务卿弗雷德里克·弗里林海森（只参加了部分议程）进行谈判。[24] 当时美国正在经历一场备受争议的总统竞选，在加尔文和包括英国公使萨克维尔-韦斯特在内的外交官眼中，这场竞选提供了引人注目的丰富的信息。为了他们自己国家和美国的关系，竞选中每一个有可能出现的枝节都有太多可以向国内汇报的内容。[25]

1884年10月16日，在受美国总统切斯特·阿瑟（Chester Arthur）于一街之隔的白宫接待之后，国际子午线大会代表在行政办公楼（大会举办地）前台阶上拍摄照片。前排（从左至右）：阿尔文斯莱本（Alvensleben）（德国），加尔文（Galvan）（圣多明各），勒费弗

尔（Lefaivre）（法国），以及隔开很远、在最右侧的谢弗（Shaeffer）（奥地利）；第二排（从左至右）：欣克尔迪因（Hinkeldeyn）（德国），巴莱拉（Valera）（西班牙），索特尔多（Soteldo）（委内瑞拉），斯特雷奇（英国，印度殖民地），让森（法国，摆出夸张的姿势背对着亚当斯和罗杰斯），罗杰斯（美国），克鲁尔斯（Cruls）（巴西），韦克赫林（Weckherlin）（荷兰）；第三排（从左至右）：弗雷（Frey）（瑞士），菊地（日本），拉瑟福德（美国），富兰克林（哥伦比亚），埃文斯（英国），亚当斯（英国），W. F. 佩德里克（W. F. Peddrick）（美国，汇报秘书），鲁斯泰姆·艾芬迪（Rustem Effendi）（土耳其，比佩德里克站得更靠前一些），福雷斯塔（Foresta）（意大利）；第四排（从左至右）：帕斯托林（西班牙），阿贝（美国，被拉瑟福德的头挡住了一部分），一个小空当之后是科洛格里戈夫（Kologrigoff）（俄国）和德·斯特鲁维（de Struve）（俄国，两个人都蓄有倒 V 字形的胡须），斯特布尼茨基（Stebnitzki）（俄国），费尔南德斯（Fernandez）（墨西哥，在斯特布尼茨基的前右侧一点），桑普森（美国），安吉亚诺（墨西哥），A. A. 阿迪（A.A. Adee）（美国愚蠢的国务卿，脸朝左对着安吉亚诺）；最后一排（从左至右）：戈玛斯（Gormas）（智利），塔珀（智利），一点小空当之后是莱文豪普特（Lewenhaupt）（瑞典），贝茨（Batres）（萨尔瓦多），爱切维里亚（Echeverria）（哥斯达黎加，在贝茨右后方一点），迈尔斯·洛克（危地马拉），亚历山大（Alexander）（夏威夷，在洛克右后方一点），阿何罗（Aholo）（夏威夷），斯图尔特（Stewart）（巴拉圭），F. R. 马尔索（F.R. Marceau）（法国，法语速记员）；拍照缺席者：艾伦（美国），阿尔波尔（Arbol）（西班牙），科平杰（Coppinger）（利比里亚），弗莱明（英国，加拿大殖民地），赫希（瑞士）。

  多数参加国际子午线大会的外交官都是已经被派驻华盛顿多年的，建立了刚到华盛顿的代表不能比拟的人际关系。他们与当地精英保持联络，是让人羡慕的对象和谈资的主角。调侃、展示华盛顿上流社会的图书《尊敬的山姆大叔》（*Hon. Uncle Sam*）曾描述过不同外交官的社交等级。萨克维尔－韦斯特（后来称作萨克维尔男爵，Baron Sackville）处于最高一级。"我倾向于相信美国人非常喜爱贵族——当他来自英国的时候。"[26]书中批评道。法国外交使节地位略逊一筹。"是因为他没有头衔吗？是因为他是共和派吗？"作者推测。[27]同时，"德·斯特鲁维男爵（Baron de Struve），俄国外交官，在社交界很受欢迎。美国人更喜欢俄国人。"这本书给了代表俄国参加国际子午线大会的德·斯特鲁维颇高的评价。尽管他会说几种亚洲语言和斯拉夫语，但他并不精通英语。[28]美国天文学家西蒙·纽科姆在一封写给俄国大使的兄弟、俄国天文学家奥托·斯特鲁维的信中说："你的兄弟为俄国所做的一切会让你感到高兴的。在我看来他是华盛顿最受欢迎的外国使节，而且在所有场合都备受欢迎。"[29]

《尊敬的山姆大叔》还夸赞了意大利的国际子午线大会代表，阿尔伯特·德·福雷斯塔（Albert de Foresta）。对于能和他跳舞，书中说："是每一个女孩一生中都会铭记的荣誉。"[30] 显然，社交界和专业圈子的交往规则是一样的。美国名流玛丽安·奥佩尔·亚当斯（Marian Hooper Adams）与瑞典公使、国际子午线大会代表莱文豪普特伯爵（Count Lewenhaupt）的妻子结交为朋友。[31] 这些代表的言行受到报纸和更小众出版物的追踪。例如《颅相杂志和科学与健康》根据代表们的头骨形状，推论出代表们的性格，当然结论值得怀疑。萨克维尔-韦斯特"举止得体"且"思想务实"，而德国的参会代表 H. 冯·阿尔文斯莱本男爵（Baron H. von Alvensleben）则是"瞬间给人心里留下印象，但不那么真挚和情感充沛"。[32]

并不是所有参会代表都热切地投入到这些社交活动上。弗莱明就是个例子。他更愿意专注自己的事业而非外交或者与科学界社交。在国际子午线大会期间，他数次离开华盛顿。第 3 个议程和第 4 个议程中间的一个星期，弗莱明去了纽约，与"加拿大太平洋铁路"（Canadian Pacific Railway）的主要倡导人唐纳德·史密斯（Donald Smith）和乔治·史蒂芬（George Stephen）会面，一同见面的还有保守党首相约翰·A. 麦克唐纳爵士（Sir John A. Macdonald），他当时正在去英国的旅程中。[33] 这四个人讨论了在蒙特利尔修建圣劳伦斯大桥（St Lawrence Bridge）的事。弗莱明的妻子珍妮和唐纳德·史密斯一道回到蒙特利尔，乘坐的是史密斯的私人专车"萨斯喀彻温"（Saskatchewan），弗莱明独自一人返回华盛顿。

在大会的第 5 个议程之后，弗莱明又离开了华盛顿一个星期，这回他是去蒙特利尔处理哈得孙湾公司（Hudson's Bay Company）的事务（他是公司董事之一），还讨论了更多关于圣劳伦斯大桥的事情。[34] 同一时间，其他的国际子午线大会代表筹划了一场总统接待。10 月 16 日，代表相聚在白宫，与总统切斯特·A. 阿瑟见面。在简单交谈和一圈握手之后，大会代表被邀请参观白宫，然后来到室外拍集体照。[35] 之后，英国代表 J. C. 亚当斯和弗雷德里克·埃文斯爵士与海军准将 S. R. 富兰克林在宇宙俱乐部（Cosmos Club）共同进餐，富兰克林是美国海军的天文学家，在国际子午线大会上作为哥伦比亚的代表。不巧的是，没有关于他们谈论内容的记载。第二天即 10 月 17 日，大会代表仍然和政界精英密切交往，这次是伴随美国国务卿弗里林海森乘游船顺波托马克河而下到芒特弗农。[36] 正在蒙特利尔为事务忙碌的弗莱明不在其中。诚然，他此前已游览过芒特弗农，但那次并没有和其他代表同行。

接待、聚餐、旅行是为国际子午线大会的代表专门设计的，便于他们在正式和非正式场合进行社交活动。这些代表开创出一种相当新奇的社交融合，即华盛顿上流社会与国际天文学家的融合。科学家、外交官、商人等有了在国际子午线大会精致华丽的会议大厅之外交流的机会。然而，他们各自都是先顾及自己领域内的关系网。弗莱明与他铁路系统的朋友见面，亚当斯和菊地大麓出席学术聚会，加尔文则研究他的贸易协议。

很明显，国际子午线大会的代表都是带着各不相同的观念来参会的。外交官以国家利益的视角看待大会，天文学家和海军官员把大会看成威尼斯大会和罗马大会的延续，是为航海解决本初子午线的问题；而商人和弗莱明、艾伦这样的工程师，基于他们的商业和铁路行业背景，则抱着进行民用计时改革的想法。这座处理国家、战争和海军事务的大楼里的进展，很大程度上是大厦之外发生的一切的展现。大会议程上代表分成不同阵营，与一直以来专业领域之间互不相融的形势完全相符。

大会代表的设想

各位代表参加国际子午线大会之初都抱着什么期待呢？（见"官方座

位图"）如我们所了解的，弗莱明认为大会为了建立世界范围内的标准时间，要确定一条新的通用的本初子午线。他会如此认为是因为他觉得这是由他发起的大会。如果不是他的游走奔波，国际子午线大会不会召开。更何况，航海领域并不需要一条通用的本初子午线，用任何一条经线都可以（当时有十数条经线充当子午线使用），这可能会造成一点误差，但不成大碍，除非在一些极端情况下，诸如威廉·帕克·斯诺阐释的那样。相反，全球通用的计时系统则需要一条本初子午线。所以，国际子午线大会的重点放在计时改革上，而不是经线上，是合乎常礼的。

并不是所有人都把本初子午线的议题放在首位。其他几位英国代表带着完全不同的设想来参加大会。亚当斯教授、弗雷德里克·埃文斯爵士和军官理查德·斯特雷奇爵士收到的官方会议指导上主要写了两个参会注意事项。第一，英国不参与做任何决定，尤其是在将本初子午线设在格林尼治之外的事项上。第二，英国代表应尽其所能地避免任何关于米制度量系统的讨论。这三位代表并没有收到如何应对讨论计时改革问题的指导。对于选派他们担任代表的科学艺术部来说，这个问题无足轻重。[37]

1884年7月，亚当斯在给美国天文学家西蒙·纽科姆的信中描述了自己的设想："我希望大会议题能严格限制在本初子午线的位置选择上，以及能计算出天文日的时间上。不要以任何方式让其他问题参与进来。"[38] 尽管亚当斯没有特别指出"其他问题"是什么，但是根据信件的上下文我们可以看出他指的是两件事：标准时间的设立以及——可能对他来说更重要的——采用米制度量系统。亚当斯确实对计时改革有些兴趣，但他感兴趣的只限于确立天文学家所用的天文日，而不是规范普通民众每天所用的时间。他无意改变普通人记录时间的方式。亚当斯参加国际子午线大会所秉持的观点和视野是非常单一、狭窄的。

国际子午线大会官方座位图

			主席 海军上将 C. R. P. 罗杰斯			
美国	克利夫兰·阿贝教授	41	1	2	卡尔·莱文豪普特伯爵	瑞典
	威廉·桑普森中校	40		3	伊格纳茨·冯·谢弗男爵	奥地利
	威廉·艾伦	39		4	L.克鲁尔斯博士	巴西
	刘易斯·拉瑟福德	38		5	F.V.戈玛斯	智利
委内瑞拉	A.M.索特尔多博士	37		6	A.B.塔珀	
土耳其	鲁斯泰姆·艾芬迪	36		7	S.R.富兰克林准将	哥伦比亚
瑞士	赫希教授	35		8	J.F.爱切维里亚	哥斯达黎加
	埃米尔·弗雷上校	34		9	A.勒费弗尔	法国
西班牙	胡安·帕斯托林	33		10	让森	
	埃米利奥·鲁伊斯·德·阿尔波尔	32	会议桌	11	H.冯·阿尔文斯莱本男爵	德国
	胡安·巴莱拉	31		12	欣克尔迪因	
萨尔瓦多	安东尼奥·贝茨	30		13	F.J.O.埃文斯爵士上尉	
圣多明各	M.德·J.加尔文	29		14	J.C.亚当斯教授	英国
俄国	J.德·科洛格里戈夫	28		15	斯特雷奇中将	
	斯特布尼茨基少将	27		16	桑福·弗莱明	
	查尔斯·德·斯特鲁维	26		17	迈尔斯·洛克	危地马拉
巴拉圭	约翰·斯图尔上校	25		18	亚历山大阁下	夏威夷
荷兰	G.德·韦克赫林	24		19	卢瑟·阿何罗阁下	
日本	菊地大麓教授	23	22	21 20	阿尔伯特·德·福雷斯塔伯爵	意大利
			安赫尔·安吉亚诺	莱安德罗·费尔南德斯		
			墨西哥			

弗莱明的同道意识到了这种观念上的不同，试图告诫他。9月下旬巴纳

德曾给弗莱明写信。巴纳德刚从代表席位上引退下来，他希望他缺席后一切仍能顺利进行。他最主要的考虑是收敛弗莱明的野心。信中巴纳德建议工程师弗莱明从大会的视角来考虑。"我的意见是，"巴纳德写道，"召开大会最显而易见的目的即商定本初子午线的位置，最好不要讨论之外的东西。由本初子午线衍生的附属问题应该先搁置一旁。"[39] 尽管巴纳德认同设立标准时间是最终的目的，但大会上的讨论恐怕不会如他们所想。对标准时间的任何异议都是"使他们的主要目的失败的威胁"[40]。他还告诫弗莱明，在大会上提出将一天划分为 24 小时的观点，以及其他改革历法的观点，都会招致同样灾难性的后果。

弗莱明没有领会巴纳德的暗示。巴纳德于 10 月 2 日再次写信劝告他："我担心……你倾向于借这次大会讨论本初子午线的作用，并把它置于比唯一真正重要的问题——本初子午线的地点更重要的位置。"[41] 如果弗莱明提起本初子午线的作用比如帮助制定标准时间的话题，"各种声音将会出现，难以调和；在不成熟的时机引发出反对的声音，也会损害到你的主要的目标"[42]。巴纳德请求他的同僚弗莱明把计时改革的事暂放一边，直到本初子午线的位置尘埃落定。但是下面我们会看到，这个建议被忽略了。

大部分研究国际子午线大会的历史学家，都把焦点放在法国和英国之间关于本初子午线位置的矛盾上，实际上大会上拉扯最多的是关于子午线的用途。本初子午线是唯一一条起决定作用的经线，还是如亚当斯所希望的，只为天文学计时而存在，又或是如弗莱明所想，应该用在民用计时的全球改革上？分歧不仅仅发生在国家之间，还发生在存在竞争关系的专业领域之间。

第一日

　　大会第一天（1884年10月1日，星期三）的事项并无特殊之处。显然，这一天基本上没发生什么事情，只是例行介绍大会程序，以及选举出大会主席（海军上将罗杰斯）。第一天还讨论了大会上所用的语言（一致同意用法语和英语），以及是否可以让公众参加大会，但后者被推迟到第2个议程再做决定。

　　从大会的第2个议程（10月2日，星期四）起，不同领域之间的分野开始显现。比如职业外交官，像法国代表 A. 勒费弗尔，看上去对某些科学家在进行外交性会谈时表现出的单纯懵懂感到心烦意乱。英国和美国的代表提议邀请其他科学家参与大会协商。但是这些邀请来的专家并没有权利代表政府发表言论。勒费弗尔提出反对："这些受邀的专家只是独立个体，没有政府授权，不应该让他们影响大会成员的决策，这不符合本次大会的宗旨。"[43] 最终，还是有科学家被邀请参会，但是不能完全参与讨论，只能在大会点名要求的时候才能发言。相同性质的提议是允许公众参与大会，但是也被勒费弗尔否决了。最终大会做了更严格的决定，拒绝答复任何公众邮寄给大会的信件或提议。华盛顿大会是一个有门槛的不对外会议，而不是一个开放论坛。

　　国际子午线大会设立了委员会，专门负责审阅、记录收到的信件，并对是否要遵循信件中的提议给出建议。英国代表 J. C. 亚当斯是委员会的主席，他警示说："大会应该对采纳与会议无关的人们给出的建议和设计持谨慎态度；显然，很多发明家和群众都有他们的设想和计划希望大会能听取。"[44] 当然，他对于某些公众信件的看法是正确的。有一部分人在信件中提出计时改革的设想，因为他们手握新发明或新表盘的专利，希望计时改革能给自己带来收益。还有部分信件建议将本初子午线设在格林尼治，或者与它相隔180度的地方。从宗教角度考虑，有人提议将伯利恒或耶路撒冷作为设置本初子午线的地点，信中还特别指出西方历法的基准就是耶稣出生的日期。提倡将本初子午线设在伯利恒的写信者提到了威廉·帕克·斯诺的选择，即圣保罗礁石，他认同斯诺把本初子午线设在中立地区、避开任何国家争夺的设想；但相比于选择大西洋中的一块孤零零的礁石，他更倾向于将本初子午线设在具有神圣象征意义的伯利恒。其他写信者还想缓解英国和法国之间可能会出现的紧张态势。一位法国的写信者支持将本初子午线设在中立的地区，还有人建议把本初子午线设在格林尼治，但把它的名称叫作勒阿弗尔（与格林尼治经度相同的法国城镇）子午线。

苏格兰皇家天文学家查尔斯·皮亚兹·史密斯的心愿呈现在由 IPAWM 写给大会的信件中。IPAWM 的成员写了大量信件和小册子，建议将吉萨大金字塔作为本初子午线所在地，并表达了他们对于巴纳德和法国代表会强制在世界上推行米制度量系统的担忧。这些内容多姿多彩的提议信件中，还有一封来自一位美国的爱国主义者，他提出用即将落成的"无染之柱"华盛顿纪念碑作为本初子午线的所在地，在他看来方尖碑象征着人类成就的顶峰。[45]

部分信件的提议肯定是完全不被考虑的，尤其是出于让自己的专利能赢利的目的而提出的提议；也有部分信件的建议具有参考价值。不幸的是，委员会直到第 6 个议程之前，都没有向大会汇报这些提议。10 月 20 日，星期一，这时本初子午线所在地已经选定，公众呈送的大部分信件都毫无用途了。外交性活动的封闭性使得大会为了参会代表的利益，压盖了外界的声音。这导致史密斯和斯诺在大会上提出的设想收到的只有驳斥和反对。

华盛顿大会的第 2 个议程（10 月 2 日，星期四）相对较短。有关如何处理公众信件的决议达成之后，代表就转而讨论其他议题了。预料中的英国和法国之间的争论开始上演。法国外交官勒费弗尔宣称国际子午线大会无权限制他的国家，只能仅仅提出建议。他还极力否定罗马大会的决议（将本初子午线的位置定在格林尼治），声称现在这个大会与之前的不一样：

这次大会要考虑对政治的影响，而不仅仅是对技术的影响。[46] 他代表了坚决反对格林尼治为本初子午线所在地的立场。

在第 2 个议程之中，还通过了投票不再以个人为单位，改为以国家为单位的决议，这剥夺了弗莱明在英国其他代表之外做出独立表决的权利。第二天，大会休会了。10 月 2 日这天仅仅达成了一项共识：唯一的本初子午线，比现存的多条子午线更符合需要。

第三日和第四日：划出界限

大会的第 3 个议程之前休息了几天，让代表有机会去筹备和联络潜在的同伴。10 月 3 日是星期五，弗莱明与西班牙代表胡安·帕斯托林共同进餐。[47] 他们曾经就计时改革问题有过信件往来，胡安也支持弗莱明改革民用计时的理念。现在他们能碰面并有机会完善他们的设想了。但是，两人都面临着同样的挑战：他们在计时改革上的意见与本国其他代表相左。弗莱明和其他英国代表，尤其是亚当斯，在国际子午线大会上观点相悖，帕斯托林也意识到他的西班牙同僚都不愿意支持标准时间。显然，弗莱明、帕斯托林和铁路系统的威廉·艾伦是大会上仅有的对计时改革感兴趣的代表（奇怪的是，克利夫兰·阿贝几乎没为计时改革说任何话，或许他把巴纳德的只关注最重要的主题即选定本初子午线所在地的建议放在了心上，这也是弗莱明忽视了的建议）。其他的代表关注的焦点是为航海设立本初子午线，或者是为天文学研究确定国际日（universal day），很少关注其他提议。

和帕斯托林见面之后，弗莱明把剩下的休会时间用在给他的英国代表起草便笺上，并于 10 月 4 日（星期六）送达给他们。他在便笺上劝说他们在考虑本初子午线问题的时候，也把计时改革问题包括进来，而不是把这两个看成不相干的事。他还给每位英国代表发放了一本讲述标准时间用法的小册子，以期能引起讨论，至少能让他本国的其他代表认识到本初子午线也关系到计时改革。[48]

10月6日，星期日，大会第3个议程开始时，很明显地显示出弗莱明的请求被视而不见了。进入这一议程后，英国和法国之间的争论正式开始。两国就本初子午线设在什么位置都做了长篇大论的发言，各有辩才，进退攻守相当激烈。法国一方从科学中立性的原则出发，宣称本初子午线不应该设置在任何一国的国境内，甚至不应与"任何广袤的大洲——美国和欧洲都包括在内"有交集。[49]白令海峡或者大西洋上的小岛最符合这一条件。另一边，英国和美国强调两个关键点：便利性和科学精确性。世界上大部分船只已经在使用格林尼治子午线了，对于航海领域来说它是最方便的选择。除此之外，经度测算所需的精确性只有顶尖的天文台才能达到，例如巴黎、格林尼治、柏林和华盛顿的天文台。英国和美国坚持认为，位于大洋中的一条需要人们去想象的、不属于任何大洲或国家的经线对测算经度来说毫无用处。[50]双方的分歧太大，第3个议程当天没有进行投票表决，大会在没有得出结果的情况下休会了。

在其他研究中，已有英国和法国之间辩论的详细记载，在此不做赘述。[51]但是，大会第三天一早出现了一个小插曲，很容易在各国的争论中被忽略过去，它显示了计时改革在这场争论中的位置。事情要回溯到大会第二天，美国天文学家刘易斯·拉瑟福德提交了以格林尼治为本初子午线位置的提案，这一举动开启了英法之间的争辩。实际上，在大会第三天将要讨论这个议题时，拉瑟福德宣读他的提案时做了些许改动："大会倾向于这样的国家，它们是支持用穿过格林尼治天文台中星仪中心的经线作为测定经度用的本初子午线的一方。"[52]实质的修改只是增加了几个字——"作为测定经度用的"。原来他的提案中没有提及新确立的本初子午线的具体用途。现在，修改后的提案澄清了这一点，本初子午线是用来测定经度的工具，它可以应用于航海、测量或者绘制地图领域。新提案对本初子午线用途的定义不包括规范计时。

　　大会的会议议程协议显示"作为测定经度用的"这一修改得到了全体一致的认可，但很难想象弗莱明会轻易默许这个新提法——这对于他此前5年为了召集国际子午线大会所做的全部努力来说都是个威胁，它还让他两天之前给代表分发便笺成了无用功。由于投票表决规则的改变，对于弗莱明来说不幸的是他要遵从英国其他代表的意见，和他们保持一致，而他们没有一个人对计时改革感兴趣。

　　这是让弗莱明计划落空的第一个阻碍。如果我们只以国家之间的分歧来解读大会上的各种竞争的话，不会有所收获。我们更应该从专业领域角度来观察这些代表。铁路工程师和帕斯托林是大会上仅有的主张计时改革的代表。到会的天文学家和海军官员（除了帕斯托林）则只关心经线的确定。未来几周的大会进展将会更加清晰地显出这种专业上的分野。

　　争论激烈的第3议程之后，有一段为期6天（10月7日星期二至10月12日星期日）的休会。休会的这一周是报刊报道最密集的时期，媒体痴迷于英法之间的对立态度。"无法达成共识的可能性极大。"《纽约时报》（New York Times）10月8日的头版头条上如是写道。[53]"国际子午线大会看来会以失败告终，"接下来的文章继续写道，"法国代表对采用英国度量系统的抗拒仍然坚挺，尽管这种抗拒更多是出于爱国心和情感上的，不只是支持哪种度量方式的问题。"[54] 英美媒体毫无悬念地对法国的立场抱有偏见。"如果在作为大会召开的首要目的的议题上没有任何成果，所有的责任都应该归咎于法国。"《新闻日报》（Daily News）如是说。[55] 当然，英国代表和法国代表一样固执，但盎格鲁－撒克逊人的报纸上对此一概不提。

　　大会僵持不前的消息传遍天下。理查德·斯特雷奇爵士的一位美国熟人于10月11日给他写信，邀请他大会结束之后去新奥尔良。他希望"我们脾气暴躁的法国兄妹在他们的诉求上能理性一点，同意选格林尼治作为唯一且合适的本初子午线所在地，这样也能让你在回英国之前，有心情看看我们国家的景物"[56]。

在所有代表之中，法国天文学家朱尔·让森在休会的那一周受到了媒体的最严密的审视。媒体的纠缠以及华盛顿闷热难耐的高温天气，让他处于筋疲力尽之中。那一年的10月一开始就伴随着不合常理的高温。10月4日星期六，弗莱明的日记中记载那一天的温度超过90华氏度（约32.2摄氏度）。[57] 国务院金碧辉煌的外交大厅里密不透风、很不舒适，没有比室外的高温舒服多少。10月底，气温急转直下，来到另一个极端：10月22日星期三，即大会第7个议程的时候，根据弗莱明的记载，那时"非常冷"[58]。

在让人筋疲力尽的第一周里，让森努力表现得积极。每个议程上，他都面临着猛烈的语言攻击，讲英语的代表们一个接一个地企图驳倒他的将本初子午线设在中立地区的提议（让森是唯一一位说法语的代表，勒费弗尔用便笺向他传递、解释讲英语的代表们的驳斥）。热浪更是火上浇油，让森跟他的妻子这样诉说："我争辩了4个小时，累得不行。离开那个蒸笼一样的房间后，我的衬衣湿得能拧出水来，花两天时间衣服才干……由于这边所有事的进展都快得让人喘不过气，所以我有两天都没有换过衣服……除了这个，美国的所有媒体每天都对我们穷追不舍。你能想象得出来这里是不是一个安乐乡了吧。"[59]

其他没有受到媒体如此重点关注的代表，找到各种方式来打发无聊。星期日是休息的时候，不过也能进行宗教之旅。弗莱明10月5日星期日的日记中记载着，那一天他走访了一个黑人的长老会教堂，然后下午又到另一个地方参加宗教活动。[60] 同样地，一周之后他又邀请胡安·帕斯托林与他一起参加长老会的活动，这个信奉天主教的西班牙人还是第一次来到长老会教堂。[61]

同时，弗莱明也没有荒废时间，他做了更多准备工作。他要再次尝试把大会的焦点从由国家自豪感引发的争斗拉回到计时改革。在长达一周的休会之后，代表们于10月13日星期日再次聚在一起。第4个议程开始时需要做一些整理会场的工作，整理完毕后，弗莱明第一个发言。为了挽救看上去要毫无成果的大会，弗莱明准备了一篇长篇演讲。他希望能建立全球的民用计时系统，像之前他已经向美国和加拿大介绍过的那样。这样的计时系统需要有一条唯一的本初子午线。航海领域则不需要：待到大会结束后，只要其他派出代表参会的国家愿意，它们就可以抛弃大会的决定，重新用回各自的子午线来为航海服务，这也不会引发什么问题。但对弗莱明的计时改革来说，这将是个灾难。所以，他需要修复英国和法国之间的裂痕，确保大会能选出一条唯一的本初子午线来。

他提出一个折中方案，即将本初子午线设置在白令海峡的中间——中立地带，像法国建议的那样。但是这条本初子午线的经度必须恰好距离格林尼治180度，这样格林尼治天文台能够进行天文学家要求的精确测量，然后只要通过简单计算就能轻松地转换出本初子午线的经度。显然，本初子午线脱不开与格林尼治的关联，这让弗莱明所谓的"中立"性打了折扣，但无论如何，他的意图都是调和对立的英法两方。

弗莱明的折中方案也被大会漠视了。西班牙代表路易斯·克鲁斯坚定支持法国提出的本初子午线处于中立地带原则。克鲁斯是比利时人，于1874年移居巴西，在里约热内卢的皇家天文台工作。[62] 他师从于法国天文学家埃曼纽尔·利亚斯（Emmanuel Liais），可能这也是使他偏向于法国提案的原因。多姆·佩德罗二世（Dom Pedro II）与英国在奴隶贸易合法性问题上持续的纷争也是影响他决策的因素。[63] 此外，巴西不属于已经在航海业上采用格林尼治子午线的那72%的国家之一，巴西将里约热内卢所在的经线作为本初子午线。所以巴西没有理由支持英国的立场。[64] 但不幸的是，巴西只是少数派。后来朱尔·让森抱怨道，美国拉拢了一群小国结成联盟，推翻任何反对意见。[65]

弗莱明的折中方案在任何一方都不讨好。巴西和法国继续要求本初子午线设在中立地区；剩下的国家的代表基本都支持格林尼治，当有支持中立原则的表决时，立刻就被他们驳回。只有法国、巴西和圣多明各主张子午线的中立原则。凭借这种极不均衡的力量分布，美国代表刘易斯·拉瑟福德及时提出了他的"为了测定经度而将本初子午线设在格林尼治"的建议。

眼见自己调和法国、英国意见的努力付诸东流，弗莱明极力寻求让计时改革重新成为大会讨论议题的方法，他提出了自己的修正方案："一条适宜的本初子午线——作为全球共用的、测量经度和管理全球时间的基准点，应该是一个经线的大圆环，穿过地球两极和格林尼治天文台中星仪中心。"[66] 这个修正方案有两点值得注意。第一，它把进行计时改革放在了本初子午线设立目的的核心位置，与测定经度并列；这个方案试图抵消拉瑟福德先前提出的本初子午线只为测定经度而用带来的打击。第二，弗莱明用词十分谨慎，以保他的妥协方案在大会上能有生存空间。如果本初子午线是一个经线大圆环的话，那么它也可以解释为距格林尼治180度的中立地区白令海峡也属于本初子午线所在地，本初子午线不是只在格林尼治一地。弗莱明的全球计时改革若要取得成功，他仍然需要向法国伸出橄榄枝。

接下来发生的事很关键，它尤其体现出代表并不会过多顾虑国家之间的利益竞争，而是更在意各自行业的立场，弗莱明作为英国的代表之一，就立刻被英国其他代表反驳了。剑桥天文学家J. C. 亚当斯站出来抨击弗莱明的修正方案："我只想说……英国其他的代表无意做出那样的修正，而如果这个修正方案需要被投票表决的话，其他英国代表的意愿是，投票反对它。"[67] 科学艺术部最初曾担心弗莱明的主张与英国其他代表的利益不相符。现在他们的担忧完全被证实了。弗莱明的修正方案先是被亚当斯反对，接着对它的斥责声纷至沓来。德国代表认为他的修正方案把两个问题混为一谈，实际上计时问题和经度问题应该分别单独考虑。[68] 当弗莱明的修正方案被投票表决时，他毫无悬念地失败了。

之后，大会局面又回到了以国家为界组成阵营。西班牙再次提出罗马大会上曾提起过的妥协方案，即法国同意以格林尼治为本初子午线所在地，而英国则要同意采纳米制度量系统。这个提案迅速被英法双方否定了。勒费弗尔坚持着基于科学考虑的中立性原则，声称（某种程度上也预言了）如果为了方便而将子午线定位于格林尼治的话——它是目前被商业性航海活动最普遍采用的子午线——很快就会显出它的不合时宜："没有什么比权力和财富更易变和无常的了。世界上所有伟大的帝国，所有财富、产业和商业的繁荣，都给了我们这样的教训：一切都会改变。"[69] 换句话说就是，英国对海洋的统治权也不会一直如此。

凯尔文勋爵作为被邀请参会的没有表决权的专家，这时被点名对此问题发表看法。他也认可，没有任何一条经线比其他的更"科学"。所有的经线都可以作为本初子午线。但他没有支持勒费弗尔的观点，他认为格林尼治作为本初子午线所在地确实是最方便的。

拉瑟福德的方案被最终投票表决的时候，只有圣多明各投反对票；法国和巴西弃权。伦敦的一家出版商推测圣多明各的代表加尔文没有搞明白问题的状况。[70] 此种说法毫无根据。像法国代表一样，加尔文也希望本初子午线设在中立区域，而且如果本初子午线设在大西洋中的中立地区，它的时间要比格林尼治本初子午线的更接近于圣多明各当地时间。[71] 但大会上大多数人已经表态了：现在全世界的本初子午线是格林尼治子午线。

直到此时，即为测量经度而生的本初子午线选定了位置的时候，大会代表才愿意讨论计时改革的问题。弗莱明发现他有了一位意料之外的盟友，俄国代表查尔斯·德·斯特鲁维，他恰好是奥托·斯特鲁维的异母兄弟。奥托·斯特鲁维是俄国天文学家，对弗莱明计时改革的部分想法持赞同态度。代表德·斯特鲁维尤其支持引入 24 小时制的钟表来计时，取代 12 小时制的钟表，他还提议设置基于本初子午线的国际日。但他没有完全赞成弗莱明彻底改革民用计时的提议。德·斯特鲁维建议，不改动地方时间，只是引入一个与之并立的"国际时间"，用来服务"国际电报通信以及跨国境运营的铁路和轮船"[72]。简而言之，他提出的是采用两套时间系统：用于某些特殊领域的国际时间和民间每日所用的地方时间。这并非弗莱明想要的结果。

大会第4个议程的其他事项转移到了讨论用哪种方法计算经度的问题：是以本初子午线为起始，向东、向西各算180度，还是向一个方向算360度。第4个议程没有讨论出结果，大会休会了。这一天对于弗莱明来说喜忧参半。本初子午线的位置是他想要的，但是法国态度仍不明朗，而且民用领域的计时改革还是没有进入讨论范围。

第五日：将计时改革提上讨论日程

接下来的一天，即10月14日星期二，大会的第5个议程上，不算之前的一点点程式化讲话，弗莱明再次第一个发言。他的目的是把代表的注意力从不那么重要的即从哪个方向——向西还是向东计算经度上拉回来，放在更为重要的全球标准时间上。"在我看来，"弗莱明如此开场，"经线和时间紧密相连，在应用上无法分开它们。当我想到经线的时候，自然而然会联想到由它确定的时间。我相信，在已有结论目前涉及的应用范围之外讨论我的意见是可取的。"[73] 从仅仅数代人时间世界所发生的变革中，弗莱明观察到"在交通方式和即时传输思想语言方面，科学技术的应用已经逐渐消弭了距离带来的阻碍。全世界成了触手可及的近邻，紧密相连"[74]。在这个缩小的世界中，如果现在不予以处理的话，没有通用的时间会越来越成为一件麻烦事。人们需要的是一个基于本初子午线的时间的国际日。弗莱明试图唤起科学界的共鸣，提出数以千计的地方时间"不符合理性"的例证；但他提到全球通用的计时系统时，也认可在日常应用时"应根据应用场合做出适当调整"。换句话说，他也承认便利性和精确性同样重要。普通人习惯早上 7 点起床，正午时吃午饭，诸如此类。让人们按照统一的国际日的时间生活，意味着有些人会在午夜时分起床，早饭时间用午饭，等等，这取决于他们居住在地球上的哪个位置。这种改变会让大多数人惊慌失措。所以，在地方时间和通用时间之间需要一个折中点。美国已经推行的标准时间就是解决方案，它是将地方时间和通用时间联结起来的有理可依的工具。[75] 标准时间设计了 24 个地区性时间，每两个之间相差一小时，它连同通用时间一道，替代目前人们所用的数以千计的地方时间。

为了简化时间与经线之间的关系，弗莱明建议全球沿着一个方向来计算经度。如果把自转着的地球想象成一个标有 24 个小时的钟表盘的话，经度和时间的计算将能完美地协调一致。

当发表完他的演说后，弗莱明富于激情的号召又被他的英国同僚立刻压制了。J. C. 亚当斯教授起立提议经度还是应该从两个方向，即分别向西和向东计算。他一并忽视了标准时间时区的提议，建议继续沿用地方时间，提出可以用一个简单的算式确定地方时间："任何地方的当地时间都等于通用时间加上当地经度……如此，我想弗莱明先生也完全不可能给出比这个更简便的算式。"[76] 亚当斯的算式如果被付诸应用的话，在日常的民间应用上地方时间将会根深蒂固，时区的推行便无法有可乘之机。

英国代表弗雷德里克·埃文斯爵士也不赞同弗莱明的设想。他提议代表把时间的问题从经度的话题上剥离出来，单从航海的角度来考虑经度计算的问题。他讲到，在海上时经度从来都是向两个方向而非沿一个方向计算的。埃文斯接着说："我的同僚弗莱明先生，他的观点是不能抛开时间来谈论经度。如果他有和航海业人士共事的经历，他就会明白对于海员来说时间和经度这两个事物总是有非常清晰的区别。在海员看来，经度是独立于时间、空间、距离之外的事物，它标识着船向东或者向西航行了多少海里。所以，我不支持把经度和时间视作密切相关的事。"[77] 不同的专业领域之间，在经度的意义和它与时间的关系上也存在着根本分歧。诸如作为工程师的弗莱明和作为天文学家的亚当斯,他们在国际子午线大会上的目标相去甚远。而海军官员的态度显然是两极分化的。帕斯托林站在弗莱明一边,大会上所有其他的航海领域人士,包括埃文斯,都站在弗莱明的对立面。当埃文斯在大会上宣布对于他来说通用时间是"另一码事"的时候,基本没有给其他意见留有余地。[78] 对于弗莱明来说,国际子午线大会的主要目的就是讨论计时改革一事,而对于天文学家和大多数航海领域人士来说,计时改革无关紧要,唯一值得讨论的问题就是经度。

英国派出的第四位也是最后一位代表(代表印度殖民地)是理查德·斯特雷奇爵士,他作为下一位发言人试图在他自己国家的分成对立两派的代表中找出一些共同之处。他赞同亚当斯和埃文斯提出的从两个方向计算经度的建议,同时也没有反对弗莱明对设立国际日的提议。他的建议是,国际日期线(即一天从此伊始的经线,现在已不这样说了)应距离格林尼治180度,这样格林尼治一地的日期交替就发生在午夜而不是正午了。

斯特雷奇的建议没有立刻得到响应。相反,大会直接进行到对如何计算经度投票表决。最终以格林尼治本初子午线为起点,分别向东、向西两个方向计算经度的方案胜出。法国、巴西、圣多明各等的代表投了弃权票,他们仍然首先拒绝以格林尼治作为本初子午线所在地。

这个结论得出之后,通用时间终于被抬上桌面正式讨论了。关于时间的讨论的结论如下:"已经解决。大会倡议,为了各种用途中便于使用,设立国际日,不干涉愿意使用地方时间的情况。"[79] 这句话格外显眼:"不干涉愿意使用地方时间的情况。"这显示出这一结论更偏向亚当斯一方,而不是弗莱明一方。这个结论中对国际日的预期是它是某些特定场合的工具,不是让大众广泛采用的事物。民众的日常生活仍然是以使用地方时间为主导。

大会的这个结论立刻引发了两方的争议。意大利代表提出在罗马换一种方式执行:"为了科学研究需要,为了国内各种交通、交流方式——铁路、轮船航线、电报和邮路等艰巨的管理工作的需要,大会上达成了一致即使用通用时间；而各国的或各地方的时间，则仍然要应用于日常生活上。"[80] 这个执行方案基本上与大会给出的结论一样，但是它更明确地把通用时间归为"科学用途"，把地方时间归为"民众生活用途"。在这个提议被讨论之前，威廉·艾伦又提出了另一种方案，把问题焦点转到了其他方向："我们应该把地方时间视作是地球上某个区域大约正中位置的经线上的时间，在一个区域里设定唯一的标准地方时间能够方便人们使用。"[81] 艾伦的方案提出了将标准时间应用在民用领域的方法，正如一年前已经在美国铁路系统采用的计时系统。计时改革讨论的阀门终于被打开了，它的过程也是充满纷争的，矛盾的焦点在于：国际日应该与标准时间一起被应用到每个人的日常生活中，还是只用在科学目的上，日常生活中继续使用地方时间？

艾伦认为他的方案是对时间系统等级制度的反抗。他说，商人、科学家、铁路和普通人必须享受同样的时间系统。他还表示，设立标准时区是对所有人都有益的最佳方案。他继续展示标准时间在北美取得的成功，作为标准时间用途的证明。艾伦的方案是国际子午线大会上提出来的关于标准时间最合理的建议，也是离被落实到现实最近的一个提议。但是标准时间站在聚光灯下的时间注定是短暂的。艾伦的态度发生了一次奇异的彻底转变，他几乎立刻撤回了自己提出的方案，有可能是因为拉瑟福德的反对——他认为规范地方时间超出了国际子午线大会的讨论范畴。[82]

接下来，意大利代表的提议也被驳回了。大会代表认为它表述得过于清楚细致，而更愿意保持最初用词模棱两可的结论。因为最初的结论，能让人们按其意愿对通用时间的用法作任意解释。不过，最初结论的用词也被调整了一下作为妥协：国际日"不干涉愿意使用地方时间，**或其他的标准时间的情况**"[83]。增加的黑体的文字准许一个国家选择自己的计时方式——通用时间、地方时间或者标准时间。国际子午线大会没有像艾伦提出的方案所说的那样，为全球各地都设立标准时间，而是采取了让各个国家自己选择计时方式的方案。这个方案被全体一致通过（德国和圣多明各弃权)。现在，国际日确定了，但它的使用范围有限，取决于具体每个国家愿意采用哪种系统来为当地计时。大会的结论是标准时间是一个可选项，并不强制推行。

无论如何，国际日终于确定了。这也不是个小事情。如果我们还记得奥格尔和南尼的见解，即全球的计时改革是为了强化殖民主义、实现欧洲化，那么各国一致接纳了"国际日"则值得我们深思。尽管大会上几乎没有殖民地的反对声音（只有弗莱明和斯特雷奇表达了反对，如果他们代表的算是"殖民地"的话），但也有部分非欧洲国家表达了反对意见。奥斯曼帝国的代表鲁斯泰姆·艾芬迪的反应得以让我们一窥国际日的"国际性"脆弱肤浅的一面。

鲁斯泰姆是一位波兰难民的后代，他的父亲在1848年波兰革命失败后逃离波兰，于1854年移居到奥斯曼帝国。鲁斯泰姆出生于奥斯曼帝国的米迪里岛，他最初的名字是阿尔弗雷德·别林斯基（Alfred Bilinski），后来由于改宗了伊斯兰教，把名字改成了鲁斯泰姆。[84] 而后，鲁斯泰姆成为奥斯曼帝国的外交人员，1884年任奥斯曼帝国驻华盛顿公使，他能说流利的土耳其语、法语、英语和意大利语。[85]

19世纪80年代时，奥斯曼帝国的改革者痛切地意识到西方对其帝国的威胁，尤其是在英国占领埃及之后。[86] 同时，和英国面临其他国家强大时担心"帝国衰落"一样，奥斯曼帝国的改革者也担忧衰落。整个19世纪80年代，奥斯曼帝国的知识分子都致力于民众启蒙事业，并企图通过完善民众道德来抵御外界的威胁。完善道德包括培养民众的时间观念，并唾弃它的反面即浪费时间。[87] 同时，在实际应用上，奥斯曼帝国在各种各样的时间体系中做了平衡，例如宗教上和法律上分别使用单独的计时方式。所以，鲁斯泰姆提出的策略也充满弹性和复杂性，他代表的利益和其他代表有所不同。[88]

鲁斯泰姆对国际日投了赞成票。然而他已提前表明，他的国家不会受制于任何大会的决定。所有代表基本都是这个立场，但鲁斯泰姆格外强调："我的表决和我的国家没有关系。我肯定会对任何有可能会制约我的国家的提案投反对票，我希望我的国家能自由决定大会上提到的事项。"[89] 国际日提案通过后，大会将进行到讨论它的细节：国际日以什么时间为一天的开始？然而，这时鲁斯泰姆还没有决定接受国际日这一原则。

实际上，鲁斯泰姆的观点让设立国际日的必要性受到挑战。"国际时间并不是对所有人都同样有利，也不是同样重要。"他如此说。[90] 他的解释是，一些小国可以采用本国时间。对于幅员辽阔的美国、加拿大、俄国和英国来说，国际时间是必要的，而对于法国、日本和意大利这样的国家，国际时间并无大用。而对奥斯曼帝国来说，也没有采用另一种计时方式的需要。显然，奥斯曼帝国在尊重国际日的基础上，比其他国家需要"更多选择范围"（像它一贯以来的那样）。鲁斯泰姆这样说道：

> 我们国家采用两种计时方式：一种是一天从中午开始到第二天中午结束，或是从半夜开始到第二天半夜结束，这和其他地区一样；另一种是一天从日落开始到第二天日落结束。第二种计时方式中，一天的伊始从太阳的圆盘被地平线一分为二时算起，而且我们的一天是数两轮从0点到12点，不是直接从0点计到24点。我们也知道这种方式在计时中的不便之处，即每一天的0点时刻都不甚相同，因为从一个日落到下一个日落之间的时间并不是精确的24个小时。不同的季节，太阳会更早或更晚地落下；首都康士坦丁堡的钟表最多的时候每天都有3分钟的误差。
>
> 但是，国家和宗教的因素让我们无法放弃这种计时方式。我们国家的大部分人口从事农业，他们在土地上工作，习惯于以日落计时；另外，穆斯林做祷告的时间也是按从日落到下一个日落这样计算。所以我们不能不用这种古老的计时方式，虽然我们在航海领域

也用惯例的或者以午夜为一天开始的计时方式。[91]

鲁斯泰姆希望确保国际日只用在国际事务上，不干涉他的国家原有的计时方式。他的顾虑主要出于宗教原因，他也抱歉地表示这本质上并不科学，而是一种"不同且落后的规则"[92]。其实他没必要感到抱歉。毕竟他不是唯一一个声明要考虑宗教因素对计时方式的影响的人。西班牙代表曾提出以格里高利历法为基础，让罗马取代本初子午线的作用，成为全球计时的中心。皮亚兹·史密斯（不是大会代表）曾为了宗教目的指名将大金字塔作为本初子午线所在地，类似的提议还有让耶路撒冷和伯利恒作本初子午线所在地。基督宗教在计时改革讨论中的宗教敏感性和伊斯兰教的一样高。

鲁斯泰姆拒绝接受国际日的意见没引起多少讨论。大会告知他所通过的决议已经声明了通用时间不会以任何方式干涉地方时间。[93] 由此，国际日最终通过讨论得以成立。接下来就是对它做进一步定义和阐释了。

首先要确定的是，国际日以什么时间为一天的起始（关键是国际日期变更线应该设置在哪儿）。在大会现场的西班牙外交官胡安·巴莱拉提出第二天再讨论这个议题。他认为他已经完成了他的任务，即选出本初子午线的位置。接下来关于计时的讨论已经超出了西班牙政府授权他处理的事项范围，所以他需要时间考虑。大会议程由此暂停。

第六日

大会的代表在国际日期变更线该定在哪里的问题上争论得很是激烈，10月20日星期一，大会第6个议程的绝大部分时间都在讨论这个问题。会上提出了几种选择方案。刘易斯·拉瑟福德建议日期变更线定位在距格林尼治180度的地方。瑞典的莱文豪普特伯爵提出了不同意见，他认为日期变更线应该参照罗马大会上讨论的案例，也采用格林尼治为日期变更线所在地（这意味着国际日的起始时间是格林尼治时间的正午时分）。西班牙代表则建议日期变更线设在距罗马180度的地方，他们的理由是世界上大部分地区所用历法都是罗马儒略历即公历（以及格里高利修正的历法）。西班牙人认为，改变现行的操作方式将会引发大量更复杂的历法的改变。让格林尼治子午线只留给航海界吧，时间和日期方面还是要以罗马为基准。

J. C. 亚当斯不认可西班牙代表的意见。他认为用一条经线来确定时间、另一条经线来测算经度，太复杂且没必要。斯特雷奇也这样认为。除此之外，他们辩解道：以格林尼治为本初子午线所在地怎么会引发日常所用历法的混乱呢？斯特雷奇一再表明，国际日和日常生活互不干涉，它——

> 不会在任何用途上对民众生活所用的时间造成哪怕一点点细小的干扰。这二者是完全不同的事情。显而易见，有必要确立国际日的构想，正是基于全球在用的主要是地方时间这一更清晰的共识。任意一条线（假设它是一条经线）上的时间，与同一时刻这条线两边一点儿的位置上的时间都不一样，无论这个位置离这条线有多么近。所以，出于科学对精确性的要求，我们认为设立一个让日期和时间有所参考的绝对标准是有必要的。[94]

斯特雷奇希望大家能明白国际日只会给小范围带来变化，它完全为专业人士服务，不会影响到大众的计时（而渴望改变民众计时方式的弗莱明对此一定非常不快）。

西班牙的外交官代表回应道，大会所做的决定将会产生不可预见的后果，将波及日常生活领域。谁知道"我们要面临什么样的困难？每个国家都不得不用两种方式计时。他们只能同时用民用时间和通用时间"[95]。他声称，多种计时方式会造成不必要的复杂情况。这时，胡安·帕斯托林和他自己国家的代表站在了不同阵营，他提出一个合乎情理的方案——类似于弗莱明所主张的标准时间。但不幸的是，帕斯托林的提议又一次被否定了。大会争议的焦点再次回到日期变更线的位置上。讨论的结果很快显现出，基于格林尼治子午线做一些变化的方案胜出。如此，剩下的问题就只有国际日的起始时间应该是格林尼治时间的中午还是午夜了。

至于为什么每个人都提议国际日的起始定在中午而不是午夜，我们应该谨记天文学家所用的是一套独特的计时方式。天文日的日期交替在正午，这样整夜进行观测的天文学家就不必在工作当中变换日期了（同理，海员也通常用中午作为航海日的开始，正如西班牙代表指出的那样）。[96] 对于那些仅仅把国际日当作专门的科学研究工具的人来说，让它和天文学的日期相顺应，而不是与民用日期一致，更有价值。这也是1883年召开的罗马大会上达成的结论。

然而到了国际子午线大会上，J. C. 亚当斯提出了一个新想法，即如果除了天文学家之外，铁路系统和电报发报员也要采用通用时间的话，那国际日或许就需要和民用日期保持一致了。显然，天文日也要做出相应改变，也从午夜开始变换日期，尽管在观测中途变更日期不太方便。亚当斯认为让天文学家来适应变化，比让民众适应改变要更容易，因为天文学家只是少数群体，而且他们的知识素养足以让他们理解并采纳这种改变。[97]

这个想法引发了少许的反对和质疑，但最终国际子午线大会同意了亚当斯的建议：国际日以格林尼治时间的午夜时分为一天的开始。甚至连弗莱明也支持这个方案，因为它和美国、加拿大所采用的标准时间相协调。同时通过的方案还有"大会表示为了能立刻付诸实践，各处的天文日期和航海日期都调整为从午夜时分变更日期"[98]。

这一话题之后，大会讨论的话题从计时方式转移到其他方面。法国代表申请讨论用十进制来表示角域和时间的问题。这个问题不那么至关重要，不需要任何人为它费力争辩，所以几乎没怎么讨论就通过了。这个议程就此结束。

第七日

接下来的议程（10月22日星期三）是最后一个有重要议题讨论的议程。被讨论的事项再次回到了标准时间上。在最后一个议程的尾声，代表印度殖民地的斯特雷奇提出设置时区，一个时区的时间跨度至少是10分钟，或者宽度是2.5个经度。各个国家可以自行确定它们想采用的时区宽度。然而，斯特雷奇又撤回了他的提议：在与同僚进行中途讨论后，他发现目前对标准时间一事还没有达成任何程度的共识。

弗莱明在前面21天一直在准备一次发言，但斯特雷奇撤回提议的举动让标准时间从大会讨论上消失了，这有效地让这位加拿大人无法发声。[99] 国际子午线大会为世界设定的方案，刘易斯·拉瑟福德最终总结道："在任何方式上都不会干涉世界各地方便地采用它们现行的民众计时方式……大会确定的国际日仅供那些认为它更便利的人采用，不干涉认为用民用时间或者其他标准时间更方便的人们的使用。"[100] 弗莱明的理想至此破灭了。标准时间未能向全球推广。

大会第6个议程和第7个议程的晚间还提供了非正式讨论的机会。10月21日星期二，弗莱明和同为代表的埃文斯和鲁斯泰姆在"俱乐部"用餐（鲁斯泰姆是弗莱明邀请来的）。[101] 第二天晚上，鲁斯泰姆在大都会俱乐部回请了弗莱明、埃文斯以及英国驻华盛顿公使馆的秘书。[102] 这时，大会主要事项的讨论已经结束了，10月23日星期四晚上，英国大使及夫人在大使馆以更正式的晚宴招待了4位英国代表——亚当斯、埃文斯、弗莱明和斯特雷奇。俄国和瑞典的外交官员也收到了邀请，偕夫人前来。[103]

第二天，弗莱明告别了华盛顿。他没有留下来参加于 11 月 1 日周六举行的大会闭幕式。离开的并不是只有他一人，很多参会代表都提前回去了。主席罗杰斯在 10 月 31 日给弗莱明的信中说道，"好多代表已经走了，或者迫不及待想走"[104]。继续讨论的兴致迅速消退了。

大会结束时各位代表的感受五味杂陈。弗莱明的匆忙离场显示出他的失落，然而他一直是个乐观主义者，不久后就再次回到了为计时改革争取支持的战场上（帕斯托林十分恰当地把他叫作"永不疲倦的宣传者"）。[105] 弗莱明仍然认为（虽然证据并不充分）国际子午线大会是在全世界推行标准时间进程上的重要一步。再来看其他代表，让森没能阻止格林尼治被选为本初子午线所在地，但他仍然为他所做的抗争感到自豪，那让法国站上了道德高地。加尔文也是如此，他为自己在面对盎格鲁人形成的联盟时，做出的捍卫科学中立性的努力感到自豪，结果如何并不重要了。

而另一边，亚当斯获得了所有他想要的结论。他在给一位同僚的信中写道："我对华盛顿举办的会议的结果完全满意。会上我发挥的作用比预想的更为重要。"[106] 亚当斯在 10 月 25 日星期六离开了华盛顿，放弃了参加大会最后的程序化流程。[107] 而职业外交官自然仍留在首都华盛顿，继续他们的工作。结束了国际子午线大会上事项的加尔文，转而开始与弗里林海森洽谈贸易。[108] 仍然短期停留在华盛顿的人们，如克鲁斯、让森、罗杰斯以及斯特雷奇，是最后一批离开华盛顿的代表。[109]

后续

华盛顿大会留下了什么呢？主要来说，它确立了以格林尼治为本初子午线所在地，并以本初子午线为基准来测定经度。大会还以本初子午线为基础确定了国际日，但并没有给出它的应用方式。大会没有通过标准时间的提案，也没有在任何形式上划定时区。显然，华盛顿大会上形成的唯一与计时有关的决议就是要求天文学家改变天文日期的变更方式，来适应民用日期。可见，国际子午线大会对民用计时的影响几近于无。

国际子午线大会的决议没有立刻或在一段时间内引起世界各地的热烈响应。它只影响了采用了这些决议的国家。19世纪80年代末，唯一执行了国际子午线大会决议的国家只有日本，这是由于受到菊地大麓的影响。[110] 历史学家伊恩·巴特基（Ian Bartky）把日本的改进行为称作"国际子午线大会唯一实际的成果"[111]。法国自然是拒绝使用格林尼治本初子午线，直到1920年之前都是如此。甚至国际子午线大会的主办国美国，也没有推行大会上达成的决议。美国总统选举改变了当时的政治形势，民主党的格罗夫·克利夫兰的新政府对实施上一任的政策没有兴趣。[112] 虽然海军上将罗杰斯持续给新国会施压，但是收效甚微，他对弗莱明说："新政府接手之后，我发现它对上一届政府着手做的事不感兴趣。"[113]

国际子午线大会毫无威望，会上所做的决议无人重视，以至于1889年在巴黎召开的第四届国际地理学大会（是1881年威尼斯国际地理学大会的延续）上，意大利改革者通迪尼·德·夸伦吉（Tondini de Quarenghi）建议将耶路撒冷设为本初子午线所在地，并召开新的会议来废除国际子午线大会通过的决议。弗莱明担忧召开这样的会议会让他所有的努力都付之东流，更不可能在世界范围内推广标准时间了，他恳请德·夸伦吉同意让格林尼治作为本初子午线所在地。[114] 实际上，德·夸伦吉所说的新的大会没有召开，但国际子午线大会的权威性显然也荡然无存了。[115]

国际子午线大会的决议也引发了天文学界内部的分化。一部分天文学家认为，为了适应民用时间而改变天文日期的转换是荒谬的，这引燃了火药味十足的争辩。格林尼治的新任皇家天文学家威廉·克里斯蒂，倾向于服从国际子午线大会的决议，宣布从1885年1月1日起格林尼治天文台的时钟将改为与民用时间相协调，并采用24小时制计时。一些媒体激动地报道了这个消息，推测这个新的计时制度会渗透到民间计时方式上。"或许在这个科学的时代，新计时制度会从科学家的研究和科学书本上延伸到日常生活中。"一份报纸如是写道。[116] 美国的 S. R. 富兰克林是克里斯蒂的同伴，也准备从 1 月 1 日开始变更钟表。[117] 但并非所有人都表示出同样的热情。

西蒙·纽科姆是反对改变天文日期的人中呼声最高的。"(它)不只是改变一个习惯那么简单……"他写道，"而是整个天文学书写方式和教授方式上的改变。现行的日期系统已经存在于天文学家书架上所有星历学和观测学的图书中了。"[118] 更严重的是，《航海年历》的内容都是提前几年就开始准备，所以不能突然改变天文日期，不然之后 4 年的《航海年历》都会是错误的。

富兰克林不认可纽科姆提出的反对意见。他写道："在我看来，由召开此次大会的国家率先采纳种种变革措施是最恰当不过的。"[119] 然而反对声音阻碍了他推进大会决议的实施，他马上给其他美国天文学家写信征求意见，同样也致信英国的克里斯蒂。[120] 在富兰克林收到的 11 份反馈中，只有两封信同意纽科姆的意见，其余 9 封都接纳天文日期的改变。[121] 但是纽科姆很有影响力，富兰克林在最后一刻还是妥协了，在 12 月 31 日同意推迟天文日期的改变，至少推迟到新推出的《航海年历》能与新天文日期一致的时候。[122]

听闻纽科姆的反对意见之后，菊地大麓在 12 月 12 日给 J. C. 亚当斯写信，询问英国包括亚当斯所在的剑桥天文台是否会更改天文日期。菊地大麓听说纽科姆的反对导致克里斯蒂"暂停了所有公众层面的行动，尽管他会在天文台内部推行这个更改"[123]。显然，即便克里斯蒂大力支持天文日期的更改，也只是在格林尼治天文台内部实行了变革。[124]《航海年历》的内容并没有做出任何变化。

天文学家和海军官员对大会决议的无动于衷比预期的更为严重。天文学和航海领域所用日期的变更到几十年后的 1925 年才得以实行。在加拿大，弗莱明连同加拿大学会一直力争将航海、天文学和民用日期统一起来。弗莱明在1895年曾在信中对纽科姆发起猛烈攻击，谴责他的不与时俱进，信中声称纽科姆在计时改革和设立时区上一直都故意阻碍国际协作。据弗莱明所说，当问及纽科姆在美国以外实施标准时间的问题时，他这样回答，"我们不关心别的国家，也帮不了它们；它们对我们也没用"。显然，在纽科姆看来标准时间的设想完全是"新千年的主题计划。对于现阶段的人类文明水平来说过于超前完美。在这件事上不应该考虑欧洲，就像不应该考虑火星的居民一样"[125]。对此，弗莱明认为"在这场所有国家都关注的科学改革上，只有纽科姆一个人站在对立面……纽科姆先生一直以来都与促进世界范围内计时方式统一的行动抗争"[126]。

弗莱明攻击纽科姆的信件是在他本人的游说遭遇失败的10多年后写的。在纽科姆如何阻碍标准时间推广上，弗莱明充满挫败感的修正主义历史书写是可以理解的；但我们也应保留些许怀疑态度。弗莱明把推行标准时间（国际子午线大会从来没就此事达成决议）和更改天文日期以适应民用时间两件事混淆在一起，由此把国际子午线大会的失败归咎到纽科姆一个人身上。

正如我们看到的，国际子午线大会的决议未能落实并不是纽科姆造成的。大会的"失败"显然只是某一个角度上的失败。弗莱明和让森会认为它失败了，但对于亚当斯或者其他绝大部分参会的天文学家和海军官员（甚至外交官）来说，国际子午线大会完全达成了它的目标：确定一条测量经度用的本初子午线。

结论

1884年10月的华盛顿，多重的利益矛盾在此地交织。国家间的竞争是其中一重，但是，国际子午线大会上显现出来的矛盾从本质上看是对于大会目的两种截然不同的理解。属于少数派的弗莱明、阿贝、艾伦和帕斯托林，他们希望大会能改变世界上的民用计时方式。最开始，是在他们的努力下国际子午线大会才得以召开。但讽刺的是，他们反被国际子午线大会上的其他利益方排挤，比如需要标准经度的航海领域人士，以及为科学研究和专业人士寻找工具（天文日）的天文学家。

对大会目的抱有另一种理解的人最终胜利了。国际子午线大会中的大部分代表都无意探讨大范围的民用计时改革（参考英国的代表，科学艺术部选派他们是基于他们对米制度量系统的立场，而不是出于为计时改革考虑）。在天文学家心中，本初子午线和国际日从来都是只服务于专业天文学研究和航海领域。俄国天文学家奥托·斯特鲁维在1885年看过大会记录后发现，大会的决议对科学、航海、电报和铁路系统最为有用，同时，"对靠太阳来计时的各地方日常生活来说，不会即刻感受到大会的影响"[127]。斯特鲁维还说道，在所有的科学家之中，天文学家最不需要统一时间，因为他们自身就是时间专家。他们经常要处理时间不一致的问题，转换、换算对他们来说易如反掌。但是，他们并不要求普通大众用新方式去调整他们的钟表。

国际子午线大会之后的半个多世纪里，计时改革不再出现在全球性的讨论中，主要由个别国家逐步推行。国际子午线大会影响甚微。法国、巴西和奥斯曼帝国采用了它们惯用的计时方式，把民用计时改革的问题留给了独立的主权国家。与此同时，欧洲国家在殖民过程中，会强迫被征服的地区使用它们的时间。后来，殖民地在取得独立后的一个世纪中，很多都重新制定了自己的时间。从零零散散、各式各样的计时方式到世界范围内执行标准时间，要花几十年，因为每一个国家都有自己的规则。即便到现在，标准时间也并不成熟：21世纪，标准时间既要以经线为基准，也同样要照顾到国家边界；同时也存在着大量的例外情况和阶段性的反常操作，更不用说"日光节约时间"（daylight saving time）或者是夏令时了，在某些国家它一年两次地让全国上下都手忙脚乱。弗莱明理想中 24 个呈完美的几何分割的时区，则从来没实现过。

不过，从长远来看以国家为主体推行设立时区是不可避免的趋势。允许各个国家自行设定时间，仅仅是因为国际子午线大会没有就标准时间得出结论，而且这一缺憾是专业层面的争议导致的，并非国家间的争议导致。参加大会的国家的代表，大部分自身内部都没有达成一致。威廉·艾伦的目标比其他几位美国代表更远大，桑福·弗莱明被他的英国同僚禁锢住了，而胡安·帕斯托林也和自己的西班牙同事意见不同。会场上的人是谁——他们的专业、背景、对现代世界的认知——比会场上有哪些国家对大会的影响更重大。对于工程师和商人来说，国际子午线大会失败了，但对于天文学家和航海领域人士来说，它是成功的大会。不管怎样，北美的铁路系统已经展示了民用计时上国际协作的可行性。但是在国际子午线大会上，天文学家掌握着所有的话语权，航海领域和天文学的利益主导着讨论的走向，无视铁路系统已经实现的协作。统治了国际子午线大会的天文学团体视野非常狭窄，只关注金星凌日、测定经度这样的科学事业，以开发殖民地和促进航海领域发展。他们没兴趣为普通民众调整时间，乐得让各地继续使用各自方便的地方时间，仅仅为少数需要的人设立统一时间。从这个角度上来看的话，国际子午线大会达成这样的成果就不足为奇了。

我们再来看最关键的问题：19 世纪 80 年代推行标准时间为什么会形成这样的局面？出于简化越来越多的、复杂的国际铁路和电报联络的需求，铁路工程师致力于时间标准化。而这个进程又和测定经度、天文研究的准确性等科学诉求杂糅在一起，同时还牵扯到度量系统上的政治较量。故步自封的天文学界主导着本初子午线的讨论，把铁路工程师排除在外。这种局面使得在很长一段时间内都由各国自行决定计时方式，并非所有国家都像北美的铁路系统那样积极地改革了时间。国际子午线大会注定不是标准时间得以推行的决定性事件。

如果不是国际子午线大会，那么什么是标准时间得以推广的重要性时刻呢？鉴于法国最初的反对立场，我们可以从法国那里来寻找答案。法国直到第一次世界大战前夕才接纳了格林尼治本初子午线，但它仍然通过一项新技术的力量来保住巴黎的重要性：无线电广播。从20世纪20年代以来，埃菲尔铁塔向不可思议的遥远距离瞬间发送时间信号，让巴黎成了将格林尼治时间传遍世界的地方。无线电的出现大大提升了通用时间的可得性，通用时间更容易被共用了。很快，航空业也采用了通用时间，一如其他行业；这样，通用时间不再是小范围的、深奥难懂的东西，被越来越多的人所应用。通用时间的概念于1883年由北美铁路系统提出，经历了1884年的国际子午线大会，又于20世纪20年代由于无线电技术的发明而被推广。每一个历史时期都用它自己的方式，塑造着人类计量时间的方式。

然而，从国际子午线大会的召开到无线电的应用，之间还有大约40年的时间。在这几十年中，人们计时的方式是割裂的。发送电报、铁路旅行、专业小众的科学研究采用的是精确的通用时间，它很难推广到民众中去。普通人广泛使用的是各种各样不太精确的地方时间。多种时间并存的现象非常混乱并令人感到挫败，有时还闹出笑话。探讨世纪之交前后的人们如何应对计时方式各自为战的乱象，将是下一章的中心内容。

第四章

《杰克建的房子》：贩卖时间，构造现代性

国际子午线大会结束了。北美的铁路工程师提出的民用计时改革方案被天文学界排除在外，天文学家合力把大会变成适合他们所需的样子。这样的结果导致国际子午线大会对民用计时没有产生什么影响。它促成了以格林尼治子午线为基础的国际日的产生，国际日主要服务于天文学家和航海家，并不是为普罗大众所用的。

但是，崭新的国际日并非为民众所设立这件事情没有很好地传达给公众。全世界关心这个问题的读者从报刊上了解到国际子午线大会的结果之后，都在期待看到新的国际日将如何影响他们的日常生活。"现在是什么时间"成了比以前更复杂的问题。普通人必须开始努力应对哪一个时间最权威，以及谁用的时间是"真的"时间的问题。然而，没有明确的答案，这种情况持续了几十年。理论上完美的、通用的科学时间——专业天文学家为严格的准确性而设立的时间，它需要借助特定方式分发到各地以适应不同经度，通常与淘汰了上午/下午标识的24小时制钟表配合使用——与其他不精准但更有实用性的民用时间之间，发生了暗潮汹涌的竞争。

二者之间的竞争值得深入研究，通过它，我们能观察在专业人士和民众两个群体的需求的博弈中，时间这一社会准则是如何被铸造而成的。外交界和科学界由上至下制定的准则只是历史的一面，它遭遇了民用计时自下而上形成的准则的冲击。当由外交家掌握话语权的国际子午线大会结束之后，推广大会设立的时间的路程开启了。它像一团乱麻。官方做出的所有计时方式的调整，都在各地方的普通民众之间引发了争论；民众的反应催生出一种新的时间应用图景，和弗莱明与亚当斯所预见的样子都大不相同。

这一章所讲的是英国民众对科学时间的反应。在英国，人们对格林尼治官方时间和其他不精确的民用时间的态度的反差尤其明显。英国人对待科学时间的态度主要有两种。其一，大部分人继续使用已经惯用的时间，一律对科学时间视而不见，或者只把它当成笑谈。他们知道学术界、铁路系统以及国际子午线大会上使用的是新的计时方法，但这对他们的日常生活影响甚微。我们尤其需要注意的是，不能高估国际子午线大会的影响：那时世界上存在着大量并行的计时方式，人们的生活并没有突然之间陷入混乱。对大多数人来说，精确的格林尼治时间没有被普遍推行，因为推广它既昂贵又复杂。然而，它的存在也不容忽视。科学时间是文化领域的前沿和中心话题，是维多利亚时代测量、勘探、开发世界（至少是英国和它扩张到的版图）的野心的组成部分，由此在 19 世纪的观念中也是现代、进步的象征。

这样一来，我们就能看到人们对科学时间的第二种普遍心态——把使用科学时间当作身份和地位的象征，以显示其追求现代化和具有前瞻思想的一面；用使用科学时间为其商业活动增加信誉感，在人类技术进步和社会发展上把自己塑造成"理所当然"的权威人物。国际日代表的是进步，那些希望让自己显得更现代的人，试着向科学时间靠拢，并声称自己本来就是用科学时间的。如何获得通用时间和如何向别人分发通用时间，也是未来人们争辩得最激烈的两个问题。如同国际子午线大会上发生的那样，国家之间争夺本初子午线的位置，专业领域之间争辩它的用途，普通大众则把民间计时演变成一场谁应该掌握控制权的争论。谁的时间是"真的时间"，谁能使用"真的时间"？这场竞争意义重大，因为掌握了时间话语权的人相当于将未来掌控在手中。

总而言之，人们对科学时间抱着既奚落又渴求的态度。这两种情绪的存在——一边嘲讽科学时间，一边显示自己用的是科学时间或至少对它了如指掌，是因为科学时间非常难以掌握。这是一段由科学时间的稀缺性引发的社会分化的历史。它的小众性，以及国际子午线大会赋予它的合理性，让科学时间被一些特定的圈子追捧。

国际子午线大会之前，英国已经有繁多得让人头晕目眩的独特计时方法。很多城镇和村庄仍然靠太阳或星星来确定时间，铁路系统则用格林尼治时间（爱尔兰铁路系统用的是都柏林时间）。和世界各地一样，英国的宗教场所也往往是周边社区最主要的获取时间的地方，市政厅及其他公共建筑也起到一样的作用。地方时间、英国时间、宗教时间同时存在，互相争夺统领地位。[1] 国际子午线大会没有废除多种多样的计时方式，反而又增加了一种新的计时方式。现在，诞生了基于格林尼治子午线的通用时间作为权威时间。其他所有时间都要从属于它。同时，通用时间又是小众的，大部分人都难以接触到它。现实中，通用时间的存在只是增加了计时的复杂程度，它一点都不"通用"。

维多利亚时代的英国人用取笑的方式来应对这种乱象——通用时间是卡通画和幽默栏目中常见的取笑对象。历史学家罗伯特·达恩顿（Robert Darnton）做过有名的论断：当现代读者读不懂过去的笑话时，说明发生了重大变革——人们的思想观念转变了——旧日社会的某些思想在新时代消逝了，体现在曾经的笑点变得不可理解。[2] 计时方式不属于这种情况。直到今天，出人意料的时间转换和让人无奈的调不准的钟表，仍然困扰着人们，足以让我们能共情 19 世纪人们的抱怨。对于维多利亚时代的英国来说，时间不准确曾经非常普遍，令人不悦。

1887 年的《亚伯丁周刊》（*Aberdeen Weekly Journal*）曾刊载过一则幽默故事，讲述一位工人向警察询问时间：

他几乎是挤着进去了警局总部，手里拿着帽子，步伐蹒跚地走到桌子前，身子弯得很低，问道："您是警察长官吗？"

"是的，先生。"

"长官，我想问问时间的事情。过去的一周，我遇到很多难题。"

"你用的什么时间？"

"这正是我想知道的。有人告诉我用太阳来算时间，还有人让

第四章 《杰克建的房子》：贩卖时间，构造现代性

我用标准时间，而我的老伴儿用的是第三种时间，这几种时间都混在一起了。我告诉我老伴儿说，我要来问问警察用的时间，然后以这个时间为准。"

"好吧，你可以把表调为1点28分。"

"好的，长官。这是整整两周以来我第一次觉得舒心了。"他掏出一块又大又厚的老式怀表，摸索着调表的钥匙，正要调整指针的时候表蒙子掉落到地上，在地上持续转了好多圈。当他把表举到耳边摇晃的时候，表内的机械装置又掉落到地板上，滚到了长凳下面。

"我就猜事情会这样。"他下巴颤抖着说，"想按照3种时间计时，没有一个钟表能做到这样的蠢事。我早该知道如此。"

"现在你准备怎么做？"

"算了。下个月我靠公鸡报晓来判断时间。早上当感到饿的时候，我就起床；当我老伴儿晚上在屋里生起火的时候，我就回家。"[3]

这位工人对待"科学时间"的态度是把它排除在外，回归到自然节律，条件反射般地拒绝复杂、不便的现代化计时。

《汉普郡邮报和苏赛克斯纪事报》(*Hampshire Telegraph and Sussex Chronicle*)在1885年7月也调侃过同样的话题："密苏里州的圣路易同时有标准时间、子午线时间、南方时间、西部时间，以及各种各样其他的时间，而为此焦头烂额的人只有一块手表。"[4] 从英国人的视角看来，在横跨多个时区的美国大陆上的铁路系统，它面临的计时问题比英国的更为复杂难懂。不过，英国报纸也同样发文刊登自己国家时间混乱的情况，例如1895年刊登在《曼彻斯特旅游情报和兰开夏郡广告综览》(*Manchester Courier and Lancashire General Advertiser*)上的一则故事：

一位绅士骑马走近坐在家门前篱笆上的小男孩,问小男孩是否住在这里。

"我想是的。"小男孩回答道。

"好吧,孩子。我想知道现在几点了,你能告诉我吗?"

"好的。5分钟前我还在这个房子里,那时房子里的老钟表显示的是11点。"

"你用哪个时间?"

"哦,所有的时间我们都用。"

"我的意思是,你用的是太阳时间,还是通用时间?"

"我就是那个意思。我们所有时间都用。"

"我不明白你什么意思。"

"不明白?好吧,来我们的房子里面待一会儿,你就明白了。我姐姐萨尔用通用时间——那块表显示通用时间;我用城镇时间——那块是显示城镇时间的钟表;女帮佣用太阳时间——她靠天色明暗判断时间;我爸爸妈妈不用时间——你看到的就是他们的方式,他们让我坐在篱笆上,待到他们修好篱笆为止。老天,你最好别待在这附近,要是不想听到碰撞的响动的话,那动静会相当大。"

绅士赶紧骑马走开了,身后小男孩又把一块篱笆围栏板踢倒了。[5]

故事的笑点在于,面对工人阶层混乱的生活状态和离经叛道、缺乏教养的孩子时,中产阶层暴露出的迂腐做派。但这个故事也显现出让人费解的计时方式是维多利亚时代后期社会的普遍现象。

《曼彻斯特时报》(*Manchester Times*)1889年的幽默专栏里也有一个关于时间的小故事。一位茫然无措的来信者问道:"陌生人说:'请问现在几点了?'科学家模样的人心不在焉地回答:'你想知道哪个时间——太阳时间、

第四章 《杰克建的房子》：贩卖时间，构造现代性

不怎么准的当地时间，还是标准时间？'"⁶ 故事至此结束，后面没有"包袱"了，已经不需要另外的笑点了。

当然，互相矛盾的时间带来的不仅有困惑和茫然，它也为大胆的创举提供了机遇。淘气的学生利用不同计时方式之间的差异钻空子，同时也吃了亏。其中一个例子是，牛津大学基督教堂学院的钟塔，被人们称为"大汤姆"，它比城镇中所有采用格林尼治时间的钟表都慢 5 分钟。据 1908 年《天文台》(Observatory) 记载的一则故事，一位学生回学院的时间比晚上 9 点宵禁晚了几秒，他讽刺宵禁规定比"大汤姆"还陈旧老朽好几个世纪。⁷ 还有学生利用"大汤姆"和其他钟表的 5 分钟时间差，要求提前下课。正如一位校友后来回忆的那样，"我们当真地那样要求，并且认为应该晚点上课、早点下课，这样在一小时里能多出 10 分钟休息时间"⁸。

1884 年，就在国际子午线大会结束的数周后，关于时间转换的卡通画

卡通画《几点了》，1884 年 12 月 13 日刊登于《活力》杂志

也在《活力》(*Punch*)杂志上占了一席之地。国际子午线大会上决定用 24 小时制取代 12 小时制来表示通用时间。1884 年 12 月 13 日，《活力》杂志上刊登的一幅卡通画表现出困惑的时间老人看不懂伦敦林肯律师学院里的 24 小时制钟表。卡通画家建议把 24 小时制钟表和 12 小时制钟表并排放置，以便让路人能"自己选择用哪种钟表，而不是全都转换成新的'科学的'24 小时制钟表，让人没有选择"[9]。

通过以上这些笑话和故事，有心的读者或许注意到了，能"恰如其分"地认得时间是身份和地位的标志。例如，《曼彻斯特旅游情报和兰开夏郡广告综览》的专栏上刊登的故事里，女佣只能看天色明暗来判断时间，而她的雇主家使用各种遵循不同计时方法的钟表。越机械化的报时方式越代表着现代，也越让人尊敬。然而，科学性强的计时设备似乎把显示时间复杂化而不是简便化了，让人对它敬而远之。和《曼彻斯特时报》专栏里那位学者一样的科学家，对追求精确性显示出极大的热忱，把本应简单的问题弄得很复杂。美国海军天文台局长约翰·罗杰斯（John Rodgers）1881 年曾经评价这些科学家，"有时候太高估他们的作用了"，把日常生活的简便性全破坏了。[10] 罗杰斯说，"不关心科学时间的人是那些关心它的人的上千倍"[11]。《天文台》中也记录了一则抨击过度科学化的小故事，故事中提到了皇家天文学家乔治·艾里的极其冗长的演讲。接下来它写道，不胜其烦的帕默斯顿勋爵（Lord Palmerston）悄声说道："确定没有把格林尼治时间和'无尽的永恒'搞混吗？"[12] 人们认为天文学家非常光鲜、了不起，但他们的意见不实用，还画蛇添足地把日常生活的节奏搞乱了。英国所有阶层的人所希望的都是具有以下这些特点的东西：准确、现代，同时要简便。

计时方式改变对社会的影响比报纸上的幽默故事版面所显示的更为深远。时间以及如何计时还与政治、经济和社会运动相关，比如工人的权利诉求就经常是时间层面的。汤姆·曼（Tom Mann）1886 年的小册子《强制八小时工作制对工人意味着什么》(*What a Compulsory Eight Hour Working*

第四章 《杰克建的房子》：贩卖时间，构造现代性

Day Means to the Workers）推动了"八小时运动"（Eight Hour Movement）的兴起，在这个运动中，费边主义者、社会民主联盟、工会以及其他社会主义团体推动了减少工作时长的立法。[13]他们通过测定工人工作时长、推行合理的工作时间为工人创造福祉，而不是通过改变工作环境、工资等方法。尽管短期内这场运动没能推动制定法律限制工作天数，但它在19世纪80年代在公共观念中建立起时间和工作相关联的概念，起到了和19世纪40年代一系列实现了妇女儿童10小时工作制的工厂法案一样的功效。测定时间有更广泛的政治经济影响，尤其在19世纪40年代以及80年代又卷土重来的英国如火如荼的变革中。

时间的测量和其文化意义，同样占据了通俗文学的一席之地。儒勒·凡尔纳（Jules Verne）1873年的小说《80天环游地球》（Around the World in 80 Days）是最著名的例证。故事情节在一次计时错误中推向了高潮，故事中的英雄曾打赌要在80天内完成环游地球，他认定自己稍微迟了一点，赌输了。然而，由于他是向东旅行的，无意之中在跨越日期变更线的时候多得了一天，最终赢得了奖金。在凡尔纳的妙笔之下，时间上的奇怪现象造成了戏剧性的命运改变。

布莱姆·斯托克（Bram Stoker）1897年的哥特恐怖文学经典之作《德拉库拉》（Dracula）也用时间和时刻表来为故事增彩。主人公横跨欧洲大陆，推测火车出发、到站时刻和邮轮速度，与总能复活的危险敌人斗智斗勇。文学学者亚当·巴罗斯（Adam Barrows）写道："《德拉库拉》讲述的是'边缘人'最后的遗俗与标准时间的规范系统之间的殊死搏斗。"德拉库拉城堡周边地区在地图上根本找不到，完全是古旧时期的残余物。"旧时遗留的消失殆尽——或者更准确地说，它转变成了与时俱进的叙事——展现出19世纪末特有的关于统一的时间王国的根本性迷思。"[14]文学作品和现实生活中，国际子午线大会建立的国际日都是代表性的驱动力，它让世界进入现代化阶段，推动人们在更大范围上测量世界，并且让地图上再没有一个

未经开化的角落。在《德拉库拉》里，科学的计时法被写成全面超越了不够现代的、古旧的太阳计时，并让它最终消失。

不过，让旧计时方式彻底消失的过程在文学中比在现实中要顺利得多。现实中，人们对科学时间的质疑和反对为数众多。1984年发生的事件，是对时间变革的抵制情绪最强烈的表现。法国一位名为马夏尔·布尔旦（Martial Bourdin）的无政府主义者企图炸毁格林尼治天文台。他的炸弹提前爆炸了，炸死了自己。[15] 布尔旦袭击格林尼治天文台的动机在于它获得了时间领域中世界秩序的中心地位。对格林尼治的袭击也是对英国权威的袭击，各种宝贵、重要的计时设备是帝国权威的代表。

马夏尔·布尔旦，要炸毁格林尼治天文台的人

19年之后的1913年，有流言相传妇女参政权论者要对格林尼治天文台

第四章 《杰克建的房子》：贩卖时间，构造现代性

发起同样的袭击。一位先生向苏格兰场（Scotland Yard，即伦敦警察厅）报告："两个知名的妇女参政权论者在有轨电车上交谈。我听到他们说：'等到我们到达伦敦格林尼治天文台的时候……不靠时间（生活）能把人们都唤醒。'"[16] 结果，警察加强了格林尼治天文台周围的警力，坚持在那一带巡逻，持续了两年多。[17] 这类对格林尼治天文台的暴力威胁引发了公众的想象。约瑟夫·康拉德（Joseph Conrad）就是个例子，他把布尔丹一团糟的炸弹袭击写成了小说《神秘特工》(*The Secret Agent*, 1907年出版）。人们乐于读讲述秩序和混乱间的冲突、完美时间和它的不可实现性的故事。维多利亚时代和爱德华七世时期的作家满足了人们的这种阅读需求。

格林尼治天文台爆炸未遂事件现场的旁观者

文学作品中关于时间的写作，不仅反映了计时方法的改变，有些还对现实中的计时方式造成了影响。其中一个例子是，弗雷德里克·巴纳德在

为国际子午线大会做参会准备时，读到了一部小说。在这部小说中，计时方式对情节推进非常重要。他在给桑福·弗莱明的信中这样讲到这部小说：

> 那天，我看到了一幅饶有意思的插图：一个人可以把错误归咎为他不知道或者没注意到不同经线上的当地时间是不同的。这一幕发生在一部故事人物魅力十足但也极具文学价值的小说中。故事中的家伙是一个有妇之夫，他抛弃了妻子，和一个妙龄女郎从英格兰跑到欧洲大陆去了。妙龄女郎以为他是单身汉，他向她承诺要娶她。然而，他拖了她一年又一年，直到对她充满厌烦和猜忌。他的身体被疾病打垮，最后他产生了一个邪恶的计谋——把他的痛苦和伤痛加诸她身上。让女郎惊喜的是他最终向她求婚，并娶了她。然后他立了一份遗嘱，让她知晓了遗嘱内容，并把他所有的东西留给"他亲爱的妻子"。不久，他就去世了。而就在婚礼（在那不勒斯举办）当天，男人真正的"亲爱的妻子"在伦敦去世了。可怜的悲痛的女郎才发现她没有名分，要不然她就是一大笔财富的继承人了。"这取决于时间。"律师说道。如果那不勒斯的婚礼完成在男人妻子在伦敦逝世之前，这个男人就是重婚罪，女郎作为他的情妇也身败名裂。如果伦敦的妻子的死亡发生在那不勒斯的婚礼之前，这个犯下错误的金发女郎就可以成为他的妻子并得到财产。经过细致的调查，伦敦的妻子死亡之时正是公共大钟即将指向九点半的时候。小说作者似乎以为按照他计算出的短暂空当，他的写作意图能够实现。于是，他把那不勒斯的神父开始主持婚礼的时间安排在了差一刻十点。不过，当伦敦九点半的时候，那不勒斯已经是十点半了（作者忘了或者根本不知道这个事实）；到伦敦的妻子死亡之时，这段时间那不勒斯这边完成婚礼绰绰有余。所以，实际上男主人公犯了重婚罪，尽管作者本意并不想如此。这个故事让我觉得很有意

第四章 《杰克建的房子》：贩卖时间，构造现代性

思，它里面的错误有趣又不同凡响，而且活灵活现地展现出我们关注的东西。[18]

巴纳德抓住了小说的情节漏洞，对于不那么了解计时改革的读者来说，或许会忽略它。这部小说中提出了不同国家、地区间该如何正确地确定时间的问题，并且用"正确的计时"来推动情节发展。巴纳德指出的小说作者犯的这种错误，如果是普遍情况的话，正是弗莱明提出的计时改革想要解决的问题。但正如我们所见，它并没有被解决。地方时间、标准时间、通用时间仍然引发着混乱，各种标记不同时间的钟表让计时更加复杂，令人困惑。

19世纪80年代的时候，计时造成困扰已经不是新鲜事了。随着提倡合理的工作时间的"八小时运动"的进行，19世纪80年代兴起的关于时间的讨论，是对19世纪40年代的时间讨论的呼应。19世纪40年代末，英国的铁路系统开始按照格林尼治时间运行，这引发了第一波关于格林尼治时间的讨论。《格拉斯哥先驱报》（Glasgow Herald）1848年的专栏里，倡议读者不再按照当地时间设置钟表和手表，把时间调成新的铁路系统时间。"能让人普遍且真心地接纳统一时间所需的一切，就是让人们在思想上做好改变的准备……熟悉《不满的钟摆》（Discontented Pendulum）这个故事的人会想起，在一个美好的早晨，农夫发现他的表走错了几分钟；而这就是公众感受到的所有的不便了。把钟表调成铁路系统时间之后，所有的事都变好了……这个改变唯独让天文学家不太方便，不过他们完全能自己调整适应。"[19]

《不满的钟摆》指的是英国诗人、作家简·泰勒（Jane Taylor, 1783—1824）出版的短篇童话，它被选入教科书，因此广为人知。故事中，有一个人格化的钟摆，它的主人是一位农夫。钟摆拒绝继续工作，它想到未来数周、数月、数年要做成千上万次的摆动，被压垮了。几分钟后，钟表的

其他部件劝服它继续摆动，一次只摆动一下。农夫醒来后，发现钟表走慢了几分钟。作者想通过这个故事告诉人们的道理是，只是简单地把时间改变几分钟，根本没人会注意到其中的区别。1848年关于时间的讨论和19世纪80年代的讨论类似。这场讨论中，人们不赞成同时保留地方时间和格林尼治时间的"折中办法"，比如为表盘再增加一个指针——这种折中办法只能徒增麻烦罢了。[20]

不过，在19世纪40年代人们还没有做好接受改变计时方式的准备。埃克塞特（Exeter）是英国西部城市中第一个在民间采用格林尼治时间的。[21] 但是，埃克塞特大教堂的大钟作为最显眼的官方计时标志，却拒绝更改时间。[22] 阿克林顿（Accrington）也发生了同样的情况。一位匿名读者写信给《布兰克本标准》（*Blackburn Standard*）："阿克林顿的居民和周边城市的居民，我相信，他们会很乐意见到权威部门把教堂大钟（城镇里没有其他的公共大钟了）调整成格林尼治时间；大钟显示的时间太不一致了，总是让居民大失所望，抱怨连连。尤其是初来城市的人，经常错过火车，上周三早上至少有12个或者15个人没赶上火车。"[23] 在英国，教堂外墙上的大钟长期以来为民众报时，而计时方式的改变在教会引发的争论，和它在实际应用上引发的争论一样多。

在某些层面上，教会普遍对计时方式改变持反对意见。一位专栏作者嘲讽牧师约翰·卡明斯（Reverend John Cummings），因为卡明斯认为格林尼治时间是天主教徒的阴谋。卡明斯在布道时说道："让埃克塞特、普利茅斯和格拉斯哥的时间都和格林尼治时间保持一致，相当于让它们说谎——厚颜无耻的时间谎言，让教堂大钟说谎，让善男信女用的计时准则说谎，实际上，这就是从律法上允许谎言流行……这是天主教的精髓，牺牲真理为整齐划一服务……我希望你们能坚守新教徒的时间。"[24] 并非所有人都抱有这种极端态度，然而这种观点引发了大范围的民间讨论。[25] 威尔士郊区出现了相对更加冷静的反对观点——反对卡那封郡（Carnarvon）和博马里斯

第四章 《杰克建的房子》：贩卖时间，构造现代性

（Beaumaris）都要改用格林尼治时间，因为这两个镇子"短期内都不会通铁路。只有规划铁路线和保障铁路便利运行能作为理由，让人执行如此麻烦的改变时间的命令。这些麻烦都是从时间需要计算开始的"[26]。对于没有铁路的地区来说，这看起来是个充分的反对理由。

然而，铁路建设发展得非常快，与它同步发展的是在各地推行格林尼治时间，作为铁路系统运行的基础。在乔治·艾里的指导下，19世纪40年代至50年代，传输时间信号的电线开始铺设在铁轨两旁。与此同时，1851年海德公园举办的伦敦世博会上展出的一只大钟，被大北方铁路公司（Great Northern Railway Company）购买，放置在国王十字车站上。电报线路铺建完毕后，就可以把大钟显示的格林尼治时间传递到其他站台。[27]伦敦世博会也使得铁路成为人们最主要的交通方式，它吸引了有记录以来的"最多的靠铁路出行的旅客"[28]。历史学家德里克·豪斯（Derek House）评价这届世博会"让英国境内的旅行呈现出前所未有的繁荣景象"，也为精确的火车时刻表提出了新水准的要求。[29]

这表明，19世纪80年代的英国，格林尼治时间比地方时间更占统治地位，它已使用数十年，至少在主要的大城市是如此。然而，19世纪80年代也出现了重新讨论使用哪种时间的现象。把讨论计时方式重新带回民众视野的是三个事件。第一个，19世纪80年代格林尼治时间成为英国法定时间（同时，都柏林时间成为爱尔兰法定时间）。这一决定对商店、俱乐部、公共机构等的开业、关门时间都产生了影响。第二个，1883年11月，北美铁路系统根据格林尼治时间调整为使用时区制。第三个，1884年国际子午线大会为科学研究目的设立了国际日，启用24小时制的钟表。虽然后两个事件对英国民众的计时影响甚微，它们还是让计时重新成为公众讨论的话题。更何况国际子午线大会的决议使格林尼治时间成为全世界时间的基准，至少在理论上是如此。格林尼治时间是"真正的"时间，至少是官方时间。然而，如何准确地知晓格林尼治时间仍然是个难题，而人们也拒绝

不再使用其他计时方式。尽管我们可以理由充分地说，国际子午线大会对英国民间的计时没产生多少实际影响，但是它促使人们开始重新讨论时间与权力的关系、现代性与精确的关系这些 19 世纪 40 年代之后曾一度沉寂的话题。[30]

国际子午线大会的新闻在英国各个报刊上都有广泛报道。大会上英法之间尖锐的对立引起了一部分报纸的注意，还有一部分报纸只是总结性地报道了大会的成果。只有几份报纸报道了更多细节，预测计时方式将发生至关重要的变化。[31] 其中有几篇文章讨论了计时方式何时改变，以及科学时间是否会渗入到日常应用中。[32]

俱乐部和社团也在反复讨论国际子午线大会的决议带来的后果。比如，伦敦气球协会（Balloon Society in London）这样的科学团体就详细探讨了时间的问题。[33] 然而，最先知晓国际子午线大会和它带来的影响的群体，是孩子。英国学校的课程中并不教授计时方法，人们都是用非正式的方式教孩童计时。图画书除了进行道德教育外，也告诉孩子如何计算时间。作为对国际子午线大会的响应，伦敦举办了两场面向青少年的晚间讲座。艺术协会于 1884 年 12 月 31 日讲了第一场，第二场在一个星期之后的 1885 年 1 月 7 日。天文学家诺曼·洛克伊尔（Norman Lockyer）受到国际子午线大会的启发，把这一系列讲座命名为"通用时间：未来的钟表"[34]。两场讲座的票全都销售一空了。[35]

洛克伊尔用古怪、夸张的话语开始他的第一场讲座。"很久很久以前，当世界比现在年轻很多很多的时候，那时世界上有比现在多得多的精灵和仙子，甚至比圣诞老人诞生的时候还早很多，她（原文如此）像我们期望的一样如今晚般愉快——从我刚刚讲的一切你可以得知那时人们没有时钟和手表。"[36] 用圣诞老人和精灵抓住孩子的注意力之后，洛克伊尔讲述了计时的历史，以及现代时钟内部如何工作，包括气压压力和温度如何影响钟表走时的快慢。然后他进行到演讲的核心——国际子午线大会和它可能会

第四章 《杰克建的房子》：贩卖时间，构造现代性

带来的计时变化。"现在，在新年前夕——这个时候艺术协会既不容易找到演讲人，也找不到演讲听众——我想我为你们演讲的理由是，在这个特殊的新年前夜将有一件与时间相关的、非常美妙的事情发生，后世百年都将铭记这个时刻。今天午夜时分，格林尼治天文台的一位助理将会放回那个神奇的时钟，我想你们中的大多数已经见过，它将显示格林尼治的天文时间。"[37]

讲完这些之后，洛克伊尔闲谈了一会儿。他没有先讲计时改革，而是向这些年轻的听众讲授自然地理学基础。他向他们解释地球是圆形的，非常庞大，地球会自转，以及为什么人们不会从球体上掉落到外太空去。他想在进入复杂的全球计时系统之前，先为听众扎实地打好背景知识基础。距离讲到关键之处还需要一段时间，但是讲座时间很短，而且年轻观众已经变得不耐烦了。

洛克伊尔有太多需要讲的内容，所以第二周的讲座中他一点时间都没有浪费，直接进入主题，这回没再讲精灵和仙子。他讲了天文学家如何用中天望远镜测量出一天的长度，即天文学家根据地球自转的特性找到一颗会反复穿越望远镜观测视野的星星，对它进行观测。他还指出，地球上不同国家都在用各自的天文台做同样的观测，导致它们的航海地图和计时各不相同。尽管当地时间有其用途，洛克伊尔分辩道，"应该有一种地图供全世界人通用"[38]。一条本初子午线将使这成为可能。他总结说："时间有它超越日常应用的用途，经线也有测量两个地点之间距离之外的作用。时间不统一造成的难题越来越严重，直到去年，一众有识之士聚集在华盛顿。我将用这些贤能之士达成的结论来总结我的演讲。"[39]

洛克伊尔接着列举了国际子午线大会得出的主要结论，并声称基于格林尼治时间的新的国际日，将用 24 小时制计时来取代 12 小时制。"这就是将要改变我们所有的钟表的事情，"他预测，"人们会说：'哦，我们用的时间不会受它影响的。它对观测彗星和其他非凡事物的天文学家来说确实是

好事，但我们不想用这个时间。'但我认为人们会需要这个时间，因为它真的非常方便。"[40] 他解释道，电报公司希望用通用时间来规范全球的业务，铁路系统也希望采用通用时间，因为它和电报系统的"联系紧密"[41]。这里洛克伊尔借用了弗莱明不断重申的话，即 24 小时制将终结上午时间和下午时间经常被混淆的现象。他还展示了多种不同的有专利的新式表盘设计，它们都是设计成 24 小时制的。他又提到，尽管表盘将会变成 24 小时制的，钟表的报时钟声还是最多只敲响 12 下。

最后，洛克伊尔向他年轻的听众们保证，通用时间以及 24 小时制的表盘，将不仅仅服务于天文学家，而且会普及每一个人。"如果铁路公司和电报公司采用了新的时间，我们每个人也都得采用它。"[42] 这是错误传达国际子午线大会的决策并让其被大众误解的典型方式。洛克伊尔和很多像他一样的人，自认为国际子午线大会上做出的决策显然会影响到民间计时，他开始为即将到来的改变培养下一代了，尽管大会曾说过通用时间不会影响到民用时间。和为报刊画卡通画的作者一样，洛克伊尔准备迎接一场计时领域的革命，不同的是洛克伊尔踌躇满志，而卡通画作者充满犹豫和困惑。无论如何，国际子午线大会都切切实实地把民用计时改革这个话题重新带回了公众讨论。

并不是所有人都和洛克伊尔的观点一样——大部分参加国际子午线大会的专业天文学家显然与他持不同意见。洛克伊尔的讲座对象虽然是孩子，却让成年的反对者费尽心思地批判他。《钟表学杂志》(*Horological Journal*) 是一份受众为英国钟表业人士的杂志，它发表了几篇批判文章。其中几篇无关痛痒，只是取笑他把钟表的工作机制说错了（尤其明显的是，洛克伊尔显然在钟表的均衡弹簧坏掉时发出的声音上误导了孩子）。[43] 但在其中一篇里，评论家批评的是洛克伊尔认为普通人很快就会采用通用时间的论点。埃德蒙·贝克特（Edmund Beckett）是威斯敏斯特宫大本钟的机械装置的首席设计师。[44] 他认为洛克伊尔讲座用的素材对青少年来说"特别合适"，

第四章 《杰克建的房子》：贩卖时间，构造现代性

"但当他从恰到好处的基础知识讲到对未来时代发展的展望时，他看上去把各种各样的改变都算到参加本初子午线大会的天文学家身上了；根据已经发表的权威报道，天文学家并不需要为它们负责。我重申一下，天文学家从来没说过通用时间民用化"[45]。贝克特指明了没有国际子午线大会代表想改变民间的计时方式。他也不认同洛克伊尔关于电报公司会采用通用时间，进而迫使民众改变计时方式的判断。[46]

钟表产业中，大多数人的心态处在洛克伊尔式的自信满满和贝克特式的犹疑中间。一些人把24小时制的表盘专利大量涌现当成计时方式即将改变的例证。[47] 还有一些人对此并不确定。国际子午线大会后的一个月，《钟表学杂志》的版面上充斥着双方的争论，人们在计时方式改变或者不改变上下赌注，有人已经准备好靠新表盘专利来获利了。

这些显现出企业家进取精神的行为让一位撰稿人感到不安。与新表盘专利涌现同时发生的，是更大范围的关于专利法、自由贸易以及应在多大程度上保护专利权的公共讨论。1884年这一年见证了英国历史上最多的专利申请，它归功于刚刚改变的申请流程。[48] 这位撰稿人认为专利申请变得太过容易了，"如果每一个微小的、绝大部分人思考几分钟都能想出来的发明，都可以变成专利的话……比如，有几个人申请在表盘上设置标有数字13到24的第二圈小时标识的专利，这将是对贸易的令人发指的干扰"[49]。这位撰稿人并不反对24小时制。他只是反对少数几个脑筋灵活的钟表制造商控制市场，只因他们最先去专利局申请了专利，就从计时改革中收割了全部利益。所有钟表制造商都应该具有平等的机会，把通用时间反映在民众的手表、钟表上。"少数几位钟表学家，"撰稿人继续说道，"把使用通用时间轻蔑地看成是一时热度；但是，国际交流上使用地方时间带来的不便和困扰太大了，也越来越明显，文明国家必然会迫切建立一个这样的制度。怪异的是英国人自己对这个制度泼冷水，国际子午线大会可是把本初子午线定在了英国境内。"[50]

《钟表学杂志》上有很多和洛克伊尔一样的撰稿人，相信计时方式改变成 24 小时制的通用时间是毋庸置疑的。杂志持续回顾了北美计时改革运动，并且发表了一篇北美铁路系统于 1883 年采用时区制的报道。[51] 这份杂志还在国际子午线大会刚刚结束后的 1884 年 11 月，就报道了大会设立了国际日，并表达"民间把一天滑稽地分成由两个 12 小时组成的部分……将很快让位给更符合天然的不把一天切割开来的计时方法。……必须做出改变，只是民众需要一些引领"[52]。文章作者表示，钟表制造商必须来承担这个引导角色，发明适应新系统的钟表。

在《钟表学杂志》的 12 月刊上，一位名叫托马斯·赖特（Thomas Wright）的钟表制造商发表了他对于国际子午线大会的决议对钟表业的影响的意见。他不敢断言民间的计时方式是否会立刻发生改变，但他看上去对 24 小时制通用时间会逐渐成为标准规范充满信心。作为应对，他提议英国的钟表制造商应探索新的钟表报时机制。[53] 一位瑞士读者回应了他的观点，提出配合 24 小时制的另一种表盘样式。[54]

1 月刊上，《钟表学杂志》的撰稿者也开始讨论教堂钟声是否应该敲响 24 下，或者用其他的新方式来报时。[55] 一位撰稿人写道，教堂钟声在午夜时分敲响 24 下的话"会对神经紧张的人或病人造成很大的影响"[56]。在意大利，这个潜在的问题被解决了。意大利已经开始采用 24 小时制，它把一天分成 4 个部分，每个部分 6 个小时。撰稿人说，英国也应该这么做。[57] 1885 年年初对公共大钟半夜报时带来的影响的考量，致使黑斯廷斯一座钟表在晚间 11 点到凌晨 5 点之间停止报时，这是"基于夜间报时会骚扰公众的考虑"[58]。

在《钟表学杂志》1885 年 1 月刊上，J. 哈斯维尔（J. Haswell）归纳了钟表制造商对于公众是否应该采用通用时间的意见。他认为，采用通用时间"总是有可能的"[59]。另一个栏目中也同意这个说法："天文学家决定了一天从午夜时分开始，这将极大地加快普通大众采用科学计时方式的进程。

第四章 《杰克建的房子》：贩卖时间，构造现代性

处于行业领先地位的铁路公司为了推广新的计时系统，已经开始进行询问调查了。"[60]

伦敦一座教堂——明斯特广场（Munster Square）的圣·玛丽·玛格达莱尼教堂（St Mary Magdalene's）的一位牧师，主动带头进行改变。他将圣诞节仪式的时间表改成 24 小时制的形式，对越来越少地参与仪式的教堂会众打趣道："由于弄懂它们需要一点点思考，你们肯定能记得住这些仪式时间。"[61]

1885 年 3 月，要立刻改变计时方式的狂热稍微降温了一些。《钟表学杂志》最终了解到皇家天文学家威廉·克里斯蒂采取了不成熟的做法，即把格林尼治的钟表调整到和民用时间一致，其他大部分天文学家都反对照此调整。克里斯蒂显然"对这次事件中他过于仓促的行为负有责任"，这个评价可能出自天文台的访客监督委员会。[62] 埃德蒙·贝克特曾经批评过诺曼·洛克伊尔在 12 月 31 日关于民用计时将马上改变的预测，现在他坚持认为，将民用计时方式改成使用 24 小时制的通用时间，需要由议会立法。[63] 贝克特理论上是对的，尽管实际操作中没这个必要。因为，英国大部分城市在格林尼治时间成为法定时间的 1880 年之前，已经用格林尼治时间大概 30 年了。在时间这件事上，人们通过实际使用先于通过立法达成了准则规范。这次这件事上很可能出现相同的情况：如果 24 小时制钟表成为社会行为规范，立法迟早也会跟上来。

贝克特的社评，连同克里斯蒂采取和其他天文学家相左的做法的消息，并没能完全打消手表和钟表制造商期待马上改变计时方式的念头。肯德尔和登特（Kendal and Dent）是业界一家有名的公司，强烈表达出它"对新标准的切实可行的信念"，并为气球协会举办的一场文章竞赛提供 100 英镑奖金。[64] 文章竞赛的主题从洛克伊尔的讲座中得到了启发，是"通用时间，以及我们未来的手表和时钟"[65]。这家公司那时刚刚推出了一种表盘设计，能同时显示 12 小时制和 24 小时制，试图通过表盘上多出来的小时标识，来

转变感到困惑的人们的观念。[66]

《钟表学杂志》的编辑部对通用时间的 24 小时制计时法采取中立态度，但也强烈地感觉到了它对于钟表行业的重要性："不论事情的结果如何，24 小时制计时法的提议都让专利局赚到了一笔。"[67] 编辑部解释道，专利局收到了超过 90 份来自英国的钟表方面的专利申请，是美国专利申请的 3 倍。如果计时方式发生改变的话，就是坐等收钱了。"每个人都认为自己提供了唯一真正的计时方式的解决办法，每个人都希望确保他们的办法处在垄断地位。"[68]

由于涉及金钱利益，英国手表和时钟行业中关于 24 小时制计时法的争论尤其激烈。英国的钟表公司害怕在面对成本更低廉、产量更大的竞争对手以及国外钟表商的新发明时落败。[69] 1873 年，一场波及全球的经济衰退开始了，英国经济受到的影响一直持续到 19 世纪 90 年代。焦虑的钟表商细心地观察着瑞士和美国的竞争对手。1886 年 3 月，英国钟表学会（British Horological Institute）和英国伦敦城市行业协会（City and Guilds Institute）在伦敦联合举办了一场会议，讨论"钟表贸易当下衰退的原因，以及国外钟表业的特点在多大程度上造成了现在的衰退"[70]。会议邀请了议会议员，希望他们能够协助保护行业——无论是通过自由贸易还是它的反面操作。两个协会把困境归结到从国外大量涌入的钟表上，说这些钟表是"仿造"英国同行的（这个说法很不公正）。[71]

然而，也有一些观察者从国内找寻钟表贸易衰落的原因。他们中的一些人认为英国钟表制造商拒绝现代化。"时代已经改变了，我们祖父辈用的方式现在不管用了。还寄希望于这些老方法的制造商，盼到的只有生意一步一步地、必然地走向消亡。"[72] 大伦敦伊斯灵顿市的克拉肯威尔区（Clerkenwell）是英国最好的一批钟表制造商所在地，这里气氛低迷。一位评论者写道："这里的制造商对投入足够资金进行生产存有疑虑。"[73] 这些制造商的产品使用的仍然是"过时的"指针卷弦器，他们拒绝升级自己的产

第四章 《杰克建的房子》：贩卖时间，构造现代性

品。[74] 评论者认为，克拉肯威尔的商人的失败要归咎于他们自己。更多的观察评论人发现，钟表行业的衰退不仅是地域性的，他们指出美国的钟表制造商也同样面临着一段糟糕的时期。[75]

无论是英国的还是美国的钟表制造商，出路都很渺茫，所以制造商抓住一切机会争夺一个先机，这也是国际子午线大会后专利申请数量高涨的原因。[76] 如果计时方式真的改变为 24 小时制的话，注定会结束钟表行业的低迷状态，因为英国人都要重换时钟表盘和手表表面。钟表制造商会为摆脱经济困境的"灵丹妙药"着迷很正常，他们的日志中持续地仔细监控并记录着事态的发展情况。[77]

但是，钟表行业不是唯一想利用计时改革来获取经济利益的。市面上出现了新出版物和新工具，帮助专业人士和普通民众消除通用时间带来的疑惑。其中有些只是凭借感觉，夸下海口能够解决复杂问题。有一份出版物叫《弗基的皇家口袋通用时间索引精要》(*Vo Key's Royal Pocket Index Key to Universal Time*)，其中宣称"史上关于时间的最伟大发明：通用时间"[78]。这个"最伟大发明"是指每一个表盘都可以想象成是地球的平面化表示，上面的众多时间代表了不同的经线。这本小册子中提供了各种图表，以便读者能通过手表确定世界上任意一个主要城市的时间。

这类的小册子数不胜数，远远不止一本。这些只短暂流行了一段时间的小册子被处理成专门有某种功能的册页，比如《通用路灯时间表》(*Universal Lamp Time Chart*)，它帮助确定了不同经度地区、不同月份的路灯和汽车车灯应该什么时候开启和关闭。[79] 有时，时间表也被包含在其他内容范围更广泛的参考材料中。例如《马丁表格》(*Martin's Tables*) 或者《商贸用语》(*One Language in Commerce*)，它们中都含有一章"标准时间"，与米制度量系统的各种度量单位的解析放在一起。[80] 从年鉴到铁路时刻表，各种出版物上都能找到相似的工具表格。从这些印刷品中可以看出它们解决公众对国际子午线大会、通用时间、24 小时制计时法、国外推行的标准

时间的误解和困惑的热情。

这些新出现的印刷品在民间的接受度如何，或者说谁会购买它们，还不得而知。大部分人在讨论民众采用通用时间时都认为它只是一个概念——它是一种未来可能会出现的创新，而不是与现在有关的新规范。国际子午线大会基于格林尼治本初子午线创立的通用时间从来就不是面向大众的，而且从大多数情况来看它也没有影响公众使用的时间。但这并不影响想象力丰富的企业家、未来主义者、钟表制造商和工程师试图劝说大众接受它。那么，阻止通用时间被更多人使用的障碍是什么呢？主要的障碍是技术局限。在无线电推广之前，把格林尼治时间准确地分发到大众中造价昂贵且非常复杂。这个技术难题致使人们用着越来越多样化的计时方式，也为"计时市场"带来了创新发明和商业竞争的机会。

贩卖时间

在维多利亚时代的英国，如果你想知道格林尼治时间，那么最好的方式是看一看当地火车站的钟表。用电报线路传递时间信号是当时分发时间的主要方式，而电报线通常和铁路轨道并行铺设。这样一来，火车站使得城市和小镇的居民占有了优势。意志力强的乡下人，若有点钱和门路，就买一个小型转换工具，在天气晴朗的日子，自己进行观测并测定当地时间，再用年历把当地时间转换成格林尼治时间。但是，这种方法大部分人都不会操作，一个原因是工具比较昂贵，另一个原因是这样测定时间要费不少工夫（更不用说英国总是阴天）。

19世纪80年代，国家官方的时间分发服务已经存在几十年了，它由皇家天文学家乔治·艾里来安排，由英国邮政总局来执行。官方的时间分发系统将格林尼治天文台的主时钟和英国邮政总局总部的接收时钟通过电

第四章 《杰克建的房子》：贩卖时间，构造现代性

线相连。格林尼治天文台主时钟由天文台工作人员——比如安妮·拉塞尔，她用位于本初子午线上的射电望远镜进行凌星观测——手动调校（上午10点和下午1点之前会进行调校，在这两个时刻英国邮政总局会把时间信号发送出去）。由此英国邮政总局的接收时钟就可以显示和格林尼治时间一样的时间，误差不到一秒钟（技术原因和人工操作导致误差的最小值），英国邮政总局用这个时间，通过电报线路向全国各地的邮局和火车站发送时间信号。威斯敏斯特宫的大本钟也和格林尼治天文台的公共报时钟相连，公共报时钟是格林尼治公园的皇家天文台外墙上的一面大钟。大本钟除了一天发送两次时间信号之外，还提供每小时的报时服务，不过它的服务范围只限于伦敦城。格林尼治天文台在人工调校主时钟之后立刻向外发送时间信号，确保了将误差控制在最低限度。[81] 尽管如此，时间是被人工发送出去的，这也就意味着尽管它大体上可靠，但并不完全精准。[82]

当然，为英国邮政总局提供时间服务只是格林尼治天文台的第二重要的事。它首要的任务是为海军部提供精确的时间信号和航海经线仪（一种精确、昂贵的仪表），用以确定海面上的时间。为此，1883年皇家天文台的屋顶上放置了一个"时间球"，它每天下午1点钟准时降落下来，在泰晤士河上的所有船只都能看到。只要在泰晤士河及附近的区域内，普通大众也能看到时间球，但这部分人也只是少数而已。除了这些事务之外，格林尼治天文台还定期举办被称作格林尼治测试的竞赛，在竞赛中，英国钟表制造商竞相研制最精准的航海经线仪。在这个竞赛中取胜会让顶尖水平的钟表制造商倍有声望，这个竞赛也让皇家海军舰艇能找到最好的计时设备。[83]

由于格林尼治天文台的主要业务是为航海领域提供精准计时，民间计时服务就主要指派给英国邮政总局了。19世纪70年代，英国邮政总局开创了通过贩卖时间获取收入的模式，当时有关于潜在客户的类型和他们愿意为何种服务付费的讨论。主工程师在信中写道，鉴于"每天对时间信号的索取都更加频繁"，英国邮政总局应该设置一个常态化的价格体系，就像

提供私人电报服务的公司所做的那样。[84] 他提议设置一个高高的价格门槛，这样一来只有大型公司支付得起服务费用。小生意人和"小店主，他们要么希望省下射电望远镜的钱，要么只是想给自己增加客流量"，是麻烦的人。[85] 他们对每一点点支出增加都满腹怨言。"现实中我们发现，这些人总是要讨价还价，对我来说，这种没必要的讨价或是砍价是英国邮政总局所不希望有的。"[86] 然而，也是这位工程师，他不相信靠提供时间服务能带来大量收入，最终还是同意乔治·艾里的想法，即不贩卖时间，而是在每一个主要的邮局窗口免费向公众公布时间，这样就避免了处理个人索要时间信号的申请的麻烦："若把时间信号公示在邮局，那些希望在他们自己的住所内拥有奢侈的私人信号的人，就不能拒绝为此付费了。"[87] 尽管做了这些仔细的考量，每个邮局都提供免费时间信号的设想并没有立马落实，19 世纪 70 年代的绝大部分时间里，格林尼治时间都是少数人才能负担得起的奢侈品。[88]

到了 19 世纪 80 年代，对英国邮政总局时间信号的需求增长得非常迅速，有几个分支邮局向公众免费提供时间信号，剑桥大学中的邮局就是其中之一。每天早上，大量的人聚在邮局外面等着听刚刚通过电线传过来的时间信号报时。1881 年 5 月，每天聚集在邮局外面的人太多了，"干扰到邮局日常事务"[89]，之后邮局办事员就停止了报时活动。英国邮局的常客，J. B. 皮尔森牧师（Rev. J. B. Pearson）在 1881 年 5 月给英国邮政总局写信，抱怨剑桥大学的邮局不再提供报时服务了。他有一台精密计时表用来进行天文观测，他曾得到准许每两周可以到剑桥天文台校准一次。然而，他的精密计时表仍然不能获取正确的时间，"因为气温的变化让哪怕是很优质的精密计时表也会运行得不规律"[90]。剑桥大学的邮局同意他更频繁地去校准时间了。

邮政总局官员询问了属下这件事，属下告诉他"皮尔森不会将时间用于商业用途，并且……他频繁地使用电报。没准儿他对我们充满感激，而对我们来说那是一点都不麻烦的事"[91]。不幸的是，邮政总局官员不愿意提供特别的时间服务。他首要的职责不是向大众分发时间，而是清除阻碍了付费来邮局发电报、包裹和信件的客户的聚集人群。皮尔森的要求被否决了，他被告知如果每天的时间信号对他来说这么重要的话，他可以花钱租一条直接通到家里的电线。[92] 私人用电线非常昂贵，所以邮政总局还建议由剑桥大学来替他支付费用，时间可以发送到剑桥大学的建筑物中，这样他也能获取到。这样的服务需要每年花费 14 英镑，接入电线的建筑物需要距邮局半英里（约 805 米）之内（价格会根据距离不同而浮动）。[93]

皮尔森牧师自己支付不起这笔费用，大学那边，他供职的哲学学会和卡文迪什实验室也拒绝了他。[94] 但他不想这么容易就放弃。7 月，他给英国邮政总局去信，改用为了公众利益的说辞重新陈述了他的要求。他声称，邮局应该每周一次地向公众公布时间，像以前一样；但这回他要求全英国的所有邮局都如此，将给每个人提供时间作为常规服务。显然，皮尔森的提议不能解决邮政总局长官担忧的民众聚集带来的问题。但皮尔森坚信让人们获知格林尼治时间是一项有价值的公众服务："我觉得如果它能普遍推行，不仅仅在这个城市，而是推行到一流钟表制造商所在的地区……会非常有益。"[95] 皮尔森继续解释道，尽管很多邮局在其建筑外面都有面向公众的、显示格林尼治时间的大钟，但很少有大钟带有"第二指针"，这让天文学家和钟表制造商对精确的诉求得不到满足。[96] 精确到分钟的时间对大部分民众来说就足够用了，但是一周一次地公布精确时间，对需要高精确度时间的人群来说是有必要的。

皮尔森没有搞清楚的是，对于皇家天文学家和邮政总局官员这些公职人员来说，获取精确的格林尼治时间不属于公民权利。通用时间是为了专业天文学家、铁路系统人员、电报业人员、航海领域人士服务的，而不是让普通市民使用的。这些专业人士之外的人，没有权利免费获取格林尼治时间。时间，至少是具有权威性的科学时间，是特权的象征。

邮政总局官员给皮尔森回信解释道，即便是每周只有一天向公众公布时间，人们也会"在那一天聚集到邮局，很可能造成严重的拥堵。不仅如此，钟表商现在每年都会为从格林尼治实时送达他们手中的时间付费，向公众公布时间很快会让邮政总局失去这部分收入。而从我的角度来看，我不希望放弃这块收入"[97]。信中还向皮尔森解释说，邮政总局的时间信号是人工发出的，所以相比于付费购买的、从格林尼治天文台用电线发出的信号，没那么精确。[98] 最终，皮尔森同意了这种说法，写信给邮政总局的官员说，如果未来他要做需要高精确度时间的天文观察，他会为私人时间信号付费。不过现在，"不值得为暂时用不上的高精确度时间花费这么多费用"[99]。

皮尔森并非剑桥唯一抱怨普通民众无法获得格林尼治时间的人。贺拉斯·达尔文（Horace Darwin）是自然学家查尔斯·达尔文（Charles Darwin）的儿子。他和皮尔森一样，靠邮局公布的时间来设置他的仪器。他在1881年年末写信给邮政总局，建议用电来解决问题——在每个邮局外面放置一根"电流针"，每天，10点钟的时间信号都通过电流针，所有的市民都可以看得到。[100] 达尔文的理由是，时间信号每天都通过数千千米的电线传递到全国各地，各地办事员花在传递时间信号上的时间，想必会"给国家带来巨额开支"，而能得到时间信号的人又少之又少。[101] 设置面向公众的时间信号设施，则让这笔开支物有所值。达尔文对格林尼治时间的需求是出于个人所用，但他和皮尔森一样把它说成是公众的需要。

邮政总局没有采纳他的建议。它不可能向每个城市、每个城镇提供这种服务，因为花费甚大。它也不可能只给剑桥提供单独服务，因为这样一来所有城镇都会要求享有服务了。和给皮尔森的答复一样，邮政总局也告诉达尔文他可以通过付费得到直接发送到家里或办公场所的时间信号，和任何付了费的人一样。私下里，邮政总局的官员是考虑了达尔文的建议的，他让主工程师测算一下在全国主要城镇安装电流针所需的费用。[102] 大概数据是安装设备需要7 410英镑，而后每年需要1 065英镑来维护。[103] 邮政总

第四章 《杰克建的房子》：贩卖时间，构造现代性

局每年从购买私人或团体时间信号的用户那里，可以获得大概 1 400 英镑的收入。提供免费的时间服务，意味着大概率会失去绝大部分付费用户，同时每年还会增加 1 065 英镑额外的维护支出。[104] 这不是一笔好的经济账。

皮尔森和达尔文的诉求，体现出大众对精准时间服务是有需求的。剑桥有相当多的民众希望获得格林尼治时间，他们每天都堵在邮局门口。其他地方的人是否也如此狂热不得而知，但是，至少在专业科学研究格外集中的地区，比如剑桥，或者在钟表制造业重镇，比如伦敦的克拉肯威尔或沃里克郡的考文垂，大众对时间信号的需求非常强烈。作为科学研究工具的格林尼治时间可以发放给这部分群体，但需要费用。面对相当高的付费门槛，只有相当小一部分人负担得起。时间形成了等级体系。收费高昂而难以获得的精确通用时间，只面向一小撮人提供。能免费获得的格林尼治时间其精确度只到分钟，除非你恰巧住在或者工作在近到可以看清时间球或时间枪（像查尔斯·皮亚兹·史密斯在爱丁堡安装的那个）的地方，或者在近到可以听清大本钟钟声的地方。英国的时间发放服务遵照了国际子午线大会的条款：通用时间只面向专业人士，民用时间不必配合新的时间标准。

皇家天文学家威廉·克里斯蒂，是格林尼治时间最高级的权威，他认为就应该保持现状。在他看来，向公众提供时间服务是奢侈的，对天文台来说也是不务正业。1888 年夏天，在以劳工为主题的讨论中，格林尼治时间到底应该是必要的公共服务内容，还是一个可供选择的奢侈品，成为讨论的焦点。

天文台要处理的工作超过了它拥有的工作人员所能承受的量。[105] 当克里斯蒂向海军部提出经费请求用来招聘新人员时，海军部拒绝了他的请求，并告诉他要管理好他的天文台（在财政上）。[106] 作为回击，克里斯蒂威胁说要停止所有一切"职责之外的工作，包括提供时间信号"[107]。"在我看来，"他在回信中写道，"要获得时间信号的条件，必须是做好安排，让天文台相

应的工作得以进行和获得恰当发展。"[108] 换句话说，克里斯蒂用格林尼治时间当"人质"，让海军部给天文台配备更多人手。

邮政总局大臣亨利·塞西尔·雷克斯（Henry Cecil Raikes）当时没觉察到克里斯蒂的威胁，这也清楚地表明，克里斯蒂的目的实际上不是取消邮政总局的时间服务，而是用格林尼治时间作为增加天文台预算的筹码。同时，克里斯蒂还在试图寻找其他削减开支的方法。在此之前的一年，克里斯蒂要求邮政总局接管维护连接格林尼治和邮政总局电线的工作。这段电线已经老化，需要维修，其费用大概是 150 英镑。[109] 邮政总局对此置之不理，于是 1888 年春天克里斯蒂又一次提出了这个话题。他如此要求是合理的。毕竟，英国不像美国，美国的天文台通过提供时间服务赚取收入，而在英国这部分服务获得的费用全都归到邮政总局了。这样一来邮政总局来维护电线是合理的。财政部最后通过了克里斯蒂的提议，各方看似皆大欢喜。但这是在雷克斯知道了克里斯蒂要停止时间服务的威胁之后。这确实让他犯难了。

威廉·普里斯（William Preece）是邮政总局的工程师，他负责监督电线维修工作。他给克里斯蒂的信中说道："邮政总局大臣被你的决心吓到了……只要时间信号的提供出现了问题，他就让我停止进行工作……该怎么做？"[110] 克里斯蒂回复他，他在等财政部消息：事情还没有定论。[111]

随后，政治运作和阴谋诡计接踵而至。普里斯只是一个工程师，此时成为皇家天文学家和邮政总局官员中间的非官方传话人。6 月 9 日，克里斯蒂给普里斯写了一封私人信件，解释了为什么必须停掉时间服务，克里斯蒂谴责海军部不给天文台负责时间服务的人员提供足够经费。某种程度上克里斯蒂也在对海军部的威胁上做了让步，提出只停止提供伦敦每小时一次的时间信号和全国范围的上午 10 点的信号，仍保留下午 1 点的信号，以供人们使用。[112] 第二天，普里斯询问克里斯蒂，可否把这封私人信件呈送给雷克斯，好说服雷克斯向海军部施压支付足够的经费。[113] 也就是说，事

第四章 《杰克建的房子》：贩卖时间，构造现代性

情不再是格林尼治天文台对邮政总局不满；两个公共服务机构联合了起来，将矛头指向了海军部和财政部。雷克斯在看过普里斯的报告之后，对于克里斯蒂想挑战海军部，而非针对邮政总局感到如释重负，同意助他一臂之力。雷克斯让人以他自己的名义把克里斯蒂的信件誊写一份送到海军部。克里斯蒂很欣慰能拥有雷克斯作为盟友，给雷克斯写了一封官方政务备忘录，在其中重申了之前在给普里斯的私人信件中对海军部的怨言。[114]

雷克斯出乎意料地扮演好了他的角色，他表现得好像真的对克里斯蒂的行为震惊不已。某种程度上，雷克斯的愤懑很有可能是发自内心的。他和克里斯蒂结成的联盟也并不是毫无嫌隙。不过，雷克斯希望确保邮政总局今后的时间服务能继续，而帮助克里斯蒂从海军部得到足够的经费，是达到他的目的的最好办法。所以雷克斯给海军部秘书写信抗议道："我认为，让海军部大臣立刻重视皇家天文学家的提议，意识到问题的严重性，是当务之急。"[115] 如果格林尼治天文台不再给邮政总局提供时间，邮政总局只能从就近的天文台——邱园（Kew）来获得时间。但这听起来就很荒唐了。"如果格林尼治天文台不为国家和英国的各项事业提供精确时间，那么它建立的目的是什么呢？还有什么对政府来说比把精确时间分发给3个王国境内的每一个邮局和火车站更重要的事务！在我看来，要是皇家天文学家没能说服财政部给予足够的支持和经济扶持，他就会停止部分和分发时间相比不那么举足轻重的业务。"[116] 在信件最后，雷克斯表达他希望海军部能向财政部施压，给予克里斯蒂想要的条件。

雷克斯的这封信没有得到回复，他在7月下旬又给海军部写了一封信。这封信从回溯时间服务的历史开始。1846年，在乔治·艾里的促成下，电力和国际电报公司与东南铁路公司达成一致，开始了这项服务。后来，邮政总局获得了发送电报的专有权，也就继承了电力和国际电报公司的时间服务的协议。接着，雷克斯重申了上一封信的内容，解释了时间服务对于航海领域和民用计时的重要性，希望海军部确保这项服务能够继续。[117] 他

还说道，停掉上午 10 点的时间信号的话，会引起广大消费者的抱怨，他们不得不转而使用下午 1 点的时间信号，这要花费更多的费用，为每年 27 英镑（上午 10 点是电报线路使用的低峰期，而下午 1 点是线路的高峰期，下午 1 点时使用电报线路会增加成本。邮政总局把增加的成本计入了提供下午 1 点时间信号的服务费用中）。信件最后，雷克斯指出在国际子午线大会之后，格林尼治时间越发具有象征意义。如他的助手所说："在所有说明格林尼治天文台之重要性的观点中，我认为最能引起公众共鸣的，就是格林尼治天文台测出并分发了正确的时间。"[118]

雷克斯还是没有等到回信。但是他的信件起到了想要的效果——海军部意识到了时间信号的重要性。海军部在 8 月初给克里斯蒂去信，要求他做出解释。信中问道，他为什么要"停止邮政总局长期以来为了公共福祉设立的服务，尤其是这个服务是符合英国航海业利益的。航海运输业的官员将非常不乐于见到这个明显有利于航海业的服务停止，而且现在女王陛下的舰队的航海经线仪主要都是依靠这项服务来调校的"[119]。（雷克斯的信里指出过，给皇家海军制造航海经线仪的钟表制造商也要靠时间信号来设置仪器。）

克里斯蒂写了一封长长的回信。他非常愿意继续提供时间服务，只要财政部能提供资金。他接着说，下午 1 点的时间信号是能够满足英国航海业的需求的。时间球、时间枪和航海经线仪的设置用下午 1 点的时间信号，和用上午 10 点的时间信号效果同样好，邮政总局说的那些不会有影响。"邮政总局说的是费用和他们的收入的问题，和公共利益没有关系。"[120]

尽管雷克斯和克里斯蒂联手就经费问题向财政部施压，但涉及各自利益时他们也毫不犹豫地互相攻击。9 月中旬，雷克斯还在期待海军部的回音，又给海军部写了一封信，提出最近几周有几次没有收到时间信号了。电线和设备亟须修复和维护，而邮政总局早在数月前就同意支付维护费用；但是，在未来如何提供时间服务本身都悬而未决的情况下，邮政总局不能

第四章 《杰克建的房子》：贩卖时间，构造现代性

先修复电线和设备，[121] 事情陷入了进退两难的境地。

10月1日，海军部最终受够了这些信件。它回复了两封信。一封告诉雷克斯，时间服务仍然会继续，不论克里斯蒂怎么说，因此雷克斯可以放心地去修复设备。[122] 另一封信是给克里斯蒂的，不允许他停止时间信号的服务。"皇家天文台发送时间信号是它的义务，和建立皇家天文台的初衷有着直接的关系。"[123] 海军部拒绝了克里斯蒂的拨款要求，告诉他海军部和邮政总局都会为改进计时设备出力，希望借此能减少提供时间服务所需的人手。[124]

受到伤害的克里斯蒂，不准备就此放弃，他10月12日回复了信件。他就提供时间服务的设备继续细究——发送上午10点的信号需要做大量工作："用来发送时间信号的平太阳钟无疑属于复杂且精密的机械设备，需要由天文观测台在准确的时间信号发出之前的那一刻进行校准。"[125] 每天上午10点和下午1点之前都要校准平太阳钟（除了星期日，那一天只在下午1点之前校准）。克里斯蒂阐释了天文工作人员是如何将平太阳钟与前一天晚上中星仪观测到的数据相对比，再用特殊的技法在如此短暂的时间之内将平太阳钟进行完美的调校。调整平太阳钟本身（只是整个发送时间信号的准备工作中的一环）就需要10到20分钟，并且很容易出错。[126] 接着克里斯蒂还解释道，下午1点的时间信号会更加准确，因为它有更充裕的时间进行准备以排除一切错误，在多云天气的情况下，也来得及和天文台其他时钟对比进行校准。基本上全国航海业都用下午1点的时间信号，正是因为它的精准性。

作为总结，克里斯蒂澄清了两件事。首先，"更需要精准、正确时间的航海业和其他各业都青睐于下午1点这一次的时间信号"[127]。其次，"上午10点的时间信号是一个次要信号，工作日之时它更容易有误差，而周日又不提供这一次信号。站在邮政总局的商业收入角度来说，发送上午10点的信号无疑是合适的，但这个时间信号不适合用来辅助航行或设置航海经线

仪"[128]。因此，他总结道，只有发送下午1点的时间信号符合"天文台建立的初衷"[129]。

海军部对于克里斯蒂的辩解感到很不愉快。它于12月1日给克里斯蒂回信，写道他不应取消发送上午10点的时间信号，而是应该想办法改进它的精确度。[130] 信中还纠正了他关于大部分航海业所用时间都依赖于下午1点的时间信号的论断。实际上，英国各地的时间信号，虽然大部分是在下午1点时发出，但都是以上午10点的时间信号为基准调校的。大部分航海经线仪的制造商也是用上午10点的时间信号，因为它更便宜。这么一来，上午10点的时间信号不够精确才是真正的问题。"我非常遗憾你说到上午10点的时间信号的精确性时不得不用如此诋毁性的话语……海军官员将非常乐意听到上午的时间信号能改进得更为可信。"[131] 海军部想在不增加工作人手的情况下改善上午10点时间信号的精度，并提出是否可通过增加一台新时钟来解决问题。

从1888年5月持续到12月，长达8个月的信件往来到此就结束了。格林尼治天文台是否有新设备购入我们不得而知，克里斯蒂也没有增加任何长期员工，至少短期内没有增加。但克里斯蒂也不是一无所获。海军部同意把雇用少年男计算员的预算增加40%，准许克里斯蒂再多雇用8名青少年员工。[132] 但显然的是，在没有足够的督导人员的情况下，监管这些少年员工是个难题。很有可能正是这种两难境地，让克里斯蒂雇用了一批受过教育的女计算员，包括安妮·拉塞尔，她们更年长也更可靠，薪水却比全职男性员工要低得多。[133] 同时，克里斯蒂继续缠着海军部要更多的监管人员。[134] 1891年，他成功地任命了一名新任二级助理"增强监管力量"，并得到了海军部的保证——未来会增派更多人。[135] 后续增派人手的承诺于1892年兑现了。[136]

1888年的时间信号危机，尽管它明显是简单的劳动力不足引发的争端，却引发出人们对格林尼治天文台时间服务的本质的讨论。克里斯蒂，以及

第四章 《杰克建的房子》：贩卖时间，构造现代性

他选派出的参加国际子午线大会的代表亚当斯和埃文斯，认为格林尼治时间（以国际日形式呈现的最精准的时间）是航海领域和天文学专用的工具。钟表制造商也用得着它，但也仅仅是因为其中的佼佼者也为皇家海军制造航海经线仪。所以，当克里斯蒂威胁说要停止时间服务时，他认为是在直接针对海军部。他没想到的是，邮政总局和皇家海军一样严重地依赖格林尼治时间。邮政总局内部用格林尼治时间来保持它的电报服务正常运作，还通过把时间出售给付费客户来保证收入。尽管精确通用时间的市场很小且集中在专业领域，但它还是比克里斯蒂预想的要广大，而且在不断地扩大。

当然，虽然通用时间的市场需求在增长，仍然没有改变时间具有等级属性的现实：只有富人阶级才有能力、有意愿付费，使他们的钟表走时与精确的时间一致。然而，当时在天文学界和钟表制造商之外，还存在着充足的个人客户，足以让企业主投身于贩卖时间的生意。贩卖格林尼治时间的新公司如雨后春笋般涌现。它们不能直接售卖时间，邮政总局拥有直接从格林尼治获取时间信号的几近垄断的权利。此外，从邮政总局租赁时间信号的公司必须与它签署一份协议："本协议中提到的记录或显示准确格林尼治时间的设备，它们通过电线发送的时间信号或信息，仅可用于租赁者的个人事务和私人用途。"[137] 换句话说，租赁格林尼治时间的人可以将时间用于个人用途，但不能在"没有书面许可，或者邮政总局大臣的一般或特殊准许的情况下"[138] 出售。

但是，私营企业迫切地想要贩卖时间，只有极少的企业拿到了邮政总局准许销售时间信号的许可。第一家贩卖时间的公司是巴罗德和伦兹（Barraud and Lunds），这是一家位于伦敦城康希尔41号的钟表制造商。19世纪70年代，它开展了一项将钟表调校成与格林尼治时间一致的服务业务。[139] 它并没有接入时间信号的电线，而是靠着邮政总局发放的信号来调校公司大厅里的主时钟。这座主时钟可以为与它用电线相连的钟表，通过

电信号每小时进行一次校准。顾客可以购买一台特制的接收时钟，与公司的主时钟用电线连接起来。

1882 年，巴罗德和伦兹公司破产了。它负责时钟校准服务的部门被重组进标准时间和电话公司［the Standard Time and Telephone Company，后来改名为标准时间公司（the Standard Time Company），或称为 STC］。新的公司从巴罗德和伦兹那里得到了使用邮政总局时间信号调校它的时钟并售卖时间的权利。[140] STC 着手拓展自己的客户群。它可以以比邮政总局更便宜的价格出售时间，比如购买一年的时间信号仅要 4 英镑，但需要先另行购买接收信号的特殊钟表。进行这项买卖的时候，STC 需要注意不要引起邮政总局的注意。1888 年，邮政总局寻求了律师的意见，咨询 STC 的商业模式是否合法，因为 1869 年的"电报法案"使得邮政总局具有了通过电报发送信息的垄断权。不过，律师却站在 STC 这一边，认为客户时钟接收的电流信号不能算是电报信息。另外，很多传统钟表制造公司都提供调整、校准客户钟表以及为其上弦的服务，STC 所做的实际上是同样的事情，至于是手动调校还是通过电信号调校无关紧要。[141] 显然，这位律师认为 STC 的主时钟和客户接收信号的时钟相当于一台机器的两个部分，这样的话，就没有任何"信息"被发送了。[142] 邮政总局不再追究此事，STC 仍然得以继续贩卖时间的生意。

这种情况并非仅此一例。19 世纪 80 年代到 20 世纪第一个 10 年之间，涌现出多家类似的公司，试图靠人们不断增长的对精确、权威时间的需求来获得盈利。其中一些公司将格林尼治新近建立起的权威形象为己所用，比如有一家公司直白地把自己命名为格林尼治时间有限公司（Greenwich Time Ltd.）。[143] 其他的公司没有直接利用格林尼治的名字，而是试图强调它们的现代性，起名时选择那些听起来有未来感的名字，诸如磁陀公司（Magneta Company）、雷米莱克（Rmelec）以及同步时间（Synchronome）。[144] 这些公司名称都迎合了它们的客户群体渴望显得现代、处于潮流前沿的需求。以

第四章 《杰克建的房子》：贩卖时间，构造现代性

磁陀公司为例，它在销售其校准时钟时，用专家资质和专业技术术语来包装、宣传，包括使用邮政总局工程师威廉·普里斯的专家推荐。[145] 其他公司则更直接地宣称其现代性和技术进步。同步时间的一本宣传册中就写道："19世纪创造的一切奇迹中还有一个科学遗憾，那就是我们仍然依靠每周要上一次弦的钟表来计时，并且它们每一只都明目张胆地谎报不同的时间。"[146]

不过，同步时间有办法改变这种状况。它的电子钟号称"是政府机构、宾馆、银行、办公室，工厂以及所有错过几分钟就意味着让雇主损失数英镑的场所不可或缺的东西，对于家庭也有极大的使用价值。为了适用于学校，电子钟上增加了一个特殊部件，可以在提前设置好的时间让铃声在教室里自动报响"[147]。格林尼治时间有限公司也发布过类似的广告，它宣称能"解决不准时带来的麻烦，终结由于使用不准确计时工具造成的悲剧"[148]。这家公司把它的时间服务和各种公共设施带给人们的便利相提并论："现在，在家中拥有格林尼治时间成为可能，就像使用瓦斯和电灯一样简单。"[149] 这些公司为实现更广大的目标即扩展客户群所做的努力的一部分，是使时间服务成为基础的常规服务：邮政总局主要面向钟表制造商和业余天文学家出售时间，而这些公司则瞄准了办公场所、公共建筑、银行、学校、工厂，甚至富裕的家庭。

磁陀公司通过一篇介绍《每日镜报》（*Daily Mirror*）的文章——《一份日报的罗曼史》（*The Romance of a Daily Newspaper*），得到了免费的广告宣传。《每日镜报》从靠"夫人的零花钱"为生的低发行量报纸发展成后来流行的大报。《每日镜报》在办公室里装上磁陀公司的调校时钟，以确保报纸能准时发行。[150] 磁陀公司的时钟还为其他几家报纸提供服务，医院、英国皇家铸币局、各级邮政大楼，以及伦敦富丽堂皇的丽兹酒店和萨沃伊酒店也使用磁陀公司的钟表。[151]

同步时间把时间服务业务的客户群定为运营蒸汽机船和远洋客轮的公

司,并为"赛马场、赛车和运动俱乐部"提供专业计时。[152] 不过,同步时间的广告目标受众和它的专业时钟的购买客户不是同一批人。它实际的购买客户主要有家庭、学院、酿酒厂、海军军营、工业企业、工厂、保险公司办公室、电话公司和城市议会。[153]

这一类公司的客户群已经超出了钟表制造商和天文学家的范围,这可以通过公司的广告看出来。同步时间的一份广告中,其目标客户是富裕的个人客户。这份广告以儿童歌谣《杰克建的房子》为原型,做成图画书的形式。广告讲述了房屋主人杰克的故事:他把时钟都调校得一致,得到了多种多样的好处,例如守时的新习惯。广告的一张图片中画着一个人匆忙追赶离站的火车,图下的说明文字是"早上杰克赶上了火车 / 把他的邻居们都落下 / 诅咒他们出生的日子 / 想起他们手动调整的时钟就嗤之以鼻 / 怎么能和那统一的时间比呀 / 那些在杰克造的房子里的钟表"[154]。歌谣的另一行歌词中说道,杰克建的新房子里的时钟按时"在黎明时分叫醒杰克的奴仆","奴仆"是对女性家庭帮工的贬低性叫法。[155] 歌谣中包含这样的句子,说明家庭雇用仆人在维多利亚时代和爱德华时期英国的上层阶级中很普遍。更重要的是,歌谣中展现出在只有上层阶级消费者买得起时间服务的同时,英国的工薪阶层,虽然他们自身不是时间服务的客户,也通过雇用他们的场所接触到了最新的精确的格林尼治时间。工薪阶层虽然不是格林尼治时间的消费者,但他们是使用者。

和其他的广告一样,《杰克建的房子》也强调同步时间的现代性,广告中详细介绍了电子钟开拓性的发明者及其工作原理,还缓解了人们对在家中使用电器的恐惧,指出电子钟电池的电流"不足以杀死一只苍蝇"[156]。歌谣最后一节的内容是向落后的不准确的钟表挥拳(配以名为《爸爸的时间》的图片,图中人物在向走时错误的钟表挥拳)。"钟表有的六点,有的七点 / 计错了时间耽误太多事——哦,天! / 错误连连,从没正确过 / 不应该让任何人看见它们 / 难怪杰克把它们都典当了 / 换成了同步一致的钟表 / 遍布杰

第四章 《杰克建的房子》：贩卖时间，构造现代性

These are the CLOCKS
　At sixes and sevens
Which cost so much
　And lie—Oh, heavens!
That have to be wound
　And are never right
So should not be found
　In anyone's sight
No wonder that Jack
　Has put them in pawn
And gone in for the Time
　That's uniform
　　All over the House
　　That Jack Built

同步时间为调校时钟服务做的广告册《杰克建的房子》中的一页

克建造的房子里。"[157] 这则广告刻意放大了当时报纸上随处可见的人们对计时不准的愤怒和困惑,以此吸引新的客户。

某些情况下,新法案也在不经意间为格林尼治时间开发了新客户。比如,1872 年的许可法案(the Licensing Act of 1872)限定了一天中可以合法卖酒的时间,这让酒吧老板成为时间服务的客户。伦敦的皇冠酒馆(the Crown Tavern)1884 年至少在短期内从 STC 购买了时间。[158] 保护工厂工人的法案也刺激了各行各业使用格林尼治时间。其中一个案例是,奥尔德姆棉纺业主协会(Oldham Master Cotton Spinners' Association,在曼彻斯特附近)向邮政总局申请把时间分发给它下属成员的许可。它主要的诉求是"为下属成员提供格林尼治时间有限公司给伦敦提供的服务"[159]。协会需要把格林尼治时间分发给棉纺织产业,以避免让工人超时工作带来的惩罚。"工厂督察一直误认为是协会下属成员让工人超时工作而提起诉讼,实际上工厂用来显示工作时间的钟表每一只走时都大不相同,导致协会下属成员有时成为不公正评判的受害者。"[160]

邮政总局驳回了协会的申请,因为批准申请的话会创造出一个时间服务的竞争对手,把邮政总局自己的业务抢走。邮政总局给出了其他建议,例如下属成员可以直接向邮政总局购买时间。格林尼治时间有限公司和 STC 只在伦敦提供服务,并且它们在邮政总局开始贩卖时间之前就已经提供时间服务了。准许这两家公司和邮政总局一起竞争是一回事,但再在伦敦之外创造出一个新竞争对手比如棉纺业主协会,就是另一码事了。[161]

邮政总局和格林尼治时间有限公司、STC、同步时间这样的私有公司都竞相争夺的终极客户群体是公共时钟的所有者。能从街道上看到的钟表普遍位于商业建筑、政府大楼和教堂的外立面,但是没人能保证这些时钟的准确性。邮政总局 1913 年的一份备忘录中记载道:"公众对校准时钟——尤其是那些街道上能看到的时钟——的需求是毋庸置疑的。弗里特街和河岸街上的公共时钟,显然需要更行之有效的调校方法。"[162] 同时期一份《每日

第四章 《杰克建的房子》：贩卖时间，构造现代性

快报》(Daily Express)的摘要中写道："不远的将来，负责公众时钟或办公场所时钟的人若不能保持时间准确，是无法为自己辩解的。"因为邮政总局已经计划将时间服务的价格降得更低了。[163] 1908年时，英国科学协会（the British Science Guild）对"没有一个统一的体系为公众提供精确的标准时间"感到不满，"协会成员强烈认为目前急需且至关重要的是做出安排，以便让伦敦各个区的公共时钟、其他大城镇的公共时钟，或许还有小城镇及村庄电报局的时钟，能在特定的时刻自动校准，与标准时间或者格林尼治时间保持一致"[164]。

钟表制造商也抱怨公共时钟的不准确。其中一个制造商担忧他的声誉受影响，给《钟表学杂志》写信说，公共时钟的所有者"有义务定期给时钟上弦并仔细维护时钟，避免让钟表制造商的声誉受损"[165]。显然，写信的人留意到一个火车站上的公共时钟总是走时错误，他担心时钟不准时会被当成是钟表制造商的责任，而真正导致它不准时的人是不细心的拥有者。类似的怨言在20世纪第一个10年中越来越多，一些以调校时间为业务的公司开始推动立法，把公共时钟走时不准列为不合法行为。法案会强制公众时钟的所有者购买调校时间公司的服务，以确保时钟准确。

提供时间校准服务的公司追求从校准公共时钟上获取最大的利益，也使其他人对它们充满怨言。不过，调校时间公司通过施加压力迫使争论成为公众视野的焦点，1908年早期的《泰晤士报》(The Times)和其他主流媒体上都刊登了文章。STC的秘书1月写信给《泰晤士报》，提出"伦敦公共时钟显示的时间混乱不一，除了人们已经意识到的诸多不便之外，还造成了数额巨大的经济损失……事情的现状是每个人的时间都只是他自己的，而且看不到任何为调校时间花费一点点经费的意愿"[166]。随后，报社又收到了大量信件，一些人支持用立法来强制校准公共时钟，一些人反对。

1908年3月4日，在STC负责人圣约翰·温内（St John Winne）为联合沃德俱乐部（United Wards Club）做的一次讲座中，关于公共时钟走时的

争论达到了高峰。[167] 温内非常同情给《泰晤士报》写信刻薄地批判公众时钟不可靠的人。他认为现在应该是时候终结这种混乱，让伦敦摆脱所有的"谎报时间的公共时钟"了。温内建议通过立法来要求调校所有的公共时钟。当然，他的公司 STC 会从中赢利，但这一法案也无疑会惠及大众，并结束时间上的混乱。

讲座进行到中途，温内进行了简短总结，并讲到了他们的一家竞争对手。他指出普通钟表落后了，尤其是在可以靠电线传输时间信号来校准时间之后——就像宣传时间服务的广告说的那样。他用尽各种方法来贬斥所有不够现代的东西，讲了一个 STC 想要取缔的用传统方式分发格林尼治时间的例子："对你们中的某些人来说，在目前的方法流行之前，格林尼治时间分发到伦敦的时钟和钟表贸易行业的方式，是非常有趣甚至滑稽的……一位女士有一台航海经线仪，她得到了皇家天文学家许可，可以向天文台询问时间，只要她愿意随时可以去校准时间。而后，她把这个变成了自己的营生，用精确的时间来招揽客户，一直到她年纪非常大的时候。她不再做这门很有价值的生意之后，她的后代接续了她的工作并一直干到现在，接手人也是位女性，我认为是这样。"[168] 温内的一些听众知道这位女士，其中有几位是钟表制造商。一流钟表制造商登特公司（Dent and Co.）的工作人员丹尼尔·巴克尼（Daniel Buckney）证实了温内讲的故事。

总体而言，巴克尼和讲座上其他的钟表制造商一样，不喜欢温内。温内提出的公共时钟需要校准的倡议，就暗示着这些钟表制造商无能，以及他们的钟表不能准确地走时。所以，钟表制造商踊跃地反驳温内和他调校公共时钟的计划。总体上，他们对温内讲座的反应是消极的，但他们也同样对温内故事中的女士不屑一顾，因为这位女士所做的事也是纠正他们生产的钟表的错误。巴克尼对听众说："一位女士曾经这样做过（分发格林尼治时间），而且还有人继承了她的工作，这些都确实存在，但是我要说的是，那位女士是通过到我们这里来确认她的时间是准确的（大笑）。"[169] 接

第四章 《杰克建的房子》：贩卖时间，构造现代性

着巴克尼又贬低了温内的公司："调校时间的公司是通过我们的校准时钟得到的格林尼治时间（继续大笑）。"[170] 制造钟表的一方和提供调校时间服务的一方很显然存在竞争关系。不过，温内谈论他的竞争对手——那位无名女士和她的继任者的方式，对我们的讲述同样重要。

温内把她们这样的人当作奚落的对象。他把她们提供时间服务的方式定义为"非正式的"，即影射她们是不合法的，或者说至少是不可靠的。此外，他在讲到她们的时间服务时用的是过去时——在电气化之前。温内口中的她们，是反现代化的古旧事物，而他自己公司的电子时钟是未来的发展方向。根据报纸上的报道，温内还认为这些女士靠着女性特有的手段得以每周进入天文台，"要是靠男性身份恐怕没法得到这些权利"[171]。

温内如此激烈抨击的那些女士是谁？报道了温内 1908 年的讲座的报纸渴望找到这些女士，并让她们接受采访。报纸找到了露丝·贝尔维尔（Ruth Belville），当时她仍然从事着从她 1899 年去世的妈妈玛利亚（Maria）手中继承的营生。[172] 母女二人的档案记录提供了重大信息。玛利亚的丈夫约翰·亨利（John Henry）曾经在 19 世纪 30 年代在格林尼治天文台工作过。他曾经的工作职责是为精密计时表调整时间，使其和天文台的正确时间一致。而后他把这项服务延伸到城镇，为钟表制造商和其他渴望获得精准时间的生意人服务。约翰·亨利 1856 年去世之后，玛利亚·贝尔维尔（Maria Belville）接手了他的工作。[173] 玛利亚是一位带着女儿的单亲妈妈，所以她外出工作时有时会带上露丝。事实上，玛利亚丈夫的一位富裕的朋友，曾经提出供给露丝接受教育的机会，但玛利亚拒绝了，她说她自己有一份微薄的收入，不想女儿被别人带走。于是，母女二人相依为命，继续从事露丝爸爸开创的提供时间服务的事业。[174]

从 19 世纪 30 年代到 20 世纪 30 年代，即贝尔维尔家族贩卖时间的这一个世纪中，他们的客户数量发生了很大变化。据露丝估算，她父亲有 200 多位客户，而她自己工作的后期大约有 500 个客户。[175] 他们的大部分客户

是钟表制造商，但也包括工厂、伦敦城时髦区域中的商店以及百万富翁家庭。[176] 这些数据中还遗漏了数量可观的小客户。露丝晚年的写作中曾记载，她曾与母亲一起去克拉肯威尔的一家大型钟表制造公司参观。当她们二人旅程结束，即将离开公司时，与三四个刚到达的人擦身而过，他们手上都戴着手表。玛利亚解释说，这些人支付不起贝尔维尔家的服务费用，所以向钟表公司支付一笔小钱，以获得二手的时间。[177] 也就是说，除了贝尔维尔家族的直接客户外，还有更多的人使用的格林尼治时间是以贝尔维尔家的时间服务为基础。

贝尔维尔家的服务收费标准大概是每年 4 英镑，只比 STC 的高一点，但比邮政总局的收费低很多。[178] 玛利亚 1892 年退休了，露丝成为她的接班人，直到 20 世纪 30 年代一直从事贩卖时间的工作。数十年间，贝尔维尔家为顾客提供的一周一次（周一）的上门服务也发生了变化。她们有时通过步行拜访客户，但也会用各种各样的交通方式代步。早年间，玛利亚乘坐泰晤士河上运营的出租船走访客户。后来，随着伦敦城拥有了更多铁路设施，玛利亚就靠铁路、有轨电车和公共汽车出行。[179] 尽管如此，她们也是长期地在路上奔波，尤其是露丝，她在工作后期离开伦敦，搬到了温莎附近的小城镇梅登黑德（Maidenhead），它距离格林尼治 38 英里（约 61 千米），距离伦敦城 27 英里（约 43 千米），露丝不得不长途通勤。不过，这门生意成为她们收入的主要来源。

玛利亚和露丝的档案记录中都没有提到她们在贩卖时间。[180] 玛利亚写的自己的职业是女教师，露丝写的是女家庭教师。这样的记录并不能说明她们把贩卖时间的生意看作是比第一职业次要，而是显示出对于计入政府档案来说，女家庭教师或者女教师的地位比"时间服务商"更受尊敬。她们可能担心要是将真实职业告诉给政府部门的话，会丢掉得知格林尼治时间的特权。约翰·亨利去世之后，母女二人不再是格林尼治天文台雇员的家属。皇家天文学家知道她们每周都来格林尼治天文台一次，也知道她们

第四章 《杰克建的房子》：贩卖时间，构造现代性

在做贩卖时间的生意，但很有可能天文学家的上级机构——海军部并不知道。露丝在1901年的档案登记中差点暴露她的贩卖时间的生意，她在职业一栏上写道"自谋职业"，但没有再提供任何细节。[181]

玛利亚·贝尔维尔

她们的低调并不让人意外。母女二人能继续她们的工作完全靠的是格林尼治天文台皇家天文学家的善心。1856年玛利亚的丈夫去世之后，玛利亚曾向乔治·艾里提过以雇员遗孀身份向海军部索要退休金的申请。[182]海军部拒绝了请求，理由是公职人员的配偶没有权利获得退休金。[183]不过，玛利亚没有放弃，她询问天文台是否想购买她丈夫的科学论文，以及他收藏的气象杂志。[184]天文台也做了否定回答，不过她后来逐步为这些论

文和杂志找到了买家。艾里在信件中表明了他想要帮助玛利亚，只是他无权做出购买的决定。[185] 玛利亚最后的期望是天文台允许她接手她丈夫的工作。她写道："您的善意给了我勇气，我想再提出一个请求。我们已经为伦敦主要的精密计时器制造商中的 67 家提供时间服务，我希望能获准每周一次来天文台获取格林尼治时间，以检测我的调校钟表。如果您愿意对我施以援手，您将激励那些照顾他们敬爱的朋友的遗孀的人，给他们格外的信心。"[186] 这个请求是艾里自己就能做决定同意的，不用与海军部商量。就这样，玛利亚被允许进入格林尼治天文台了。

不过，她的处境并不安全。几周过后，有人指责她不打招呼就闯进天文台，而且离开时没有锁门。艾里猜想她手中或许有她丈夫未归还的钥匙，是用这把钥匙开的锁。于是他要求玛利亚归还钥匙，并且以后只能经过门卫准许从正门进入。[187] 玛利亚在回信中道了歉，表示她并没有钥匙，她是发现了那扇门没关，应该是有人忘记锁门了。[188] 艾里与同事确认过约翰·亨利的钥匙已经归还了，让玛利亚摆脱了嫌疑。[189]

36 年之后，也就是 1892 年，玛利亚退休了，露丝小心翼翼地给新任皇家天文学家威廉·克里斯蒂写信，请求能继续她母亲的事业。[190] 克里斯蒂同意了，于是露丝继续在伦敦城及周边贩卖时间。[191] 不过，露丝也面临着同样的困扰。玛利亚的退休引起了报纸的注意。《每日画报》（Daily Graphic）的一篇文章试图厘清为什么贝尔维尔家的生意要存在，它认为这是不必要的。不过报纸记者也补充说道，"众所周知"，邮政总局通过电线发送的时间信号"不足以信赖"。[192] 格林尼治天文台的资深员工则对报纸暗讽他们发送到邮政总局的时间信号不准确感到不快。

格林尼治天文台首席助理给《每日画报》去信反映，说发给邮政总局的时间完全精准。他声称，贝尔维尔家提供的时间服务只是旧时代的手工作业，是电报设施发明之前的事物。"我认为，她现今显示出的作用，在于为认为从邮政总局购买时间太贵了的人提供相对准确的时间。"首席助理的

第四章 《杰克建的房子》：贩卖时间，构造现代性

信中说。意思是贝尔维尔家的钟表只是"近似准确"[193]。不过，玛利亚没有对此抱怨，而是立刻给天文台去信，充分表达了歉意，澄清《每日画报》中对邮政总局时间信号质量的错误评判不是来自她或者她女儿。

露丝·贝尔维尔站在格林尼治天文台前

对于露丝来说，由于让她进入天文台并不合规，所以当1908年再次成为媒体关注的焦点时，她必然是异常地紧张。STC负责人圣约翰·温内在

联合沃德俱乐部举办讲座之后，各家报纸都想找到露丝做采访。《每日快报》发表了第一篇文章，和温内的观点一样，写道露丝的时间服务是旧时代事物，文章标题是《过去那贩卖时间的女士》。[194] 但是文章发表之后报道者才找到露丝，希望能做一次采访，并要拍摄一张照片。接下来的第二篇文章承认了她们是当时时代的人，标题是《出售时间的女士：贝尔维尔家族奇特的职业》。[195] 尽管这篇文章用了现在时态来讲述她们，它还是把贝尔维尔家的生意说成是"奇特的"，是不合时宜的、和现代化的世界不处于同一个时代的事。其他报纸沿用了这种观点。《梅登黑德广告报》（*Maidenhead Advertiser*）把她的工作称为"独特的职业"，而《肯特人信使》（*Kentish Mercury*）用的标题则是《格林尼治时钟女士：一位天文台熟客的传奇故事》。[196] 标题用"传奇故事"一词，又一次唤起了人们的怀旧之情，好像贝尔维尔家族不是这个时代的。

我们来仔细看一下这些报道的用词。为什么报纸上的文章认为贩卖时间是"奇怪的生意"？报刊在报道温内的讲座、STC 调校时间的业务以及邮政总局发送时间信号时就不会用"奇怪、怪异"这样的字眼来形容。没有人批评温内不符合时代潮流。而报纸认为贩卖时间换成玛利亚和露丝来做，就是怪异的职业。

对于这种现象有两种解释。第一种是性别。贝尔维尔母女的职业不符合人们对性别角色的认知。当时人们狭隘的观念，甚至使她们受到人格攻击，比如说她们引诱了皇家天文学家才得到进入天文台的许可。贝尔维尔母女的名声受到质疑，和那个时候女性参政论者的道德品质也受到人们怀疑一样。在格林尼治天文台主导计时的时代，时间被当作一门科学，主要是由男性参与的事业。在 STC 的电子时钟专家主导的新"专业"领域，贝尔维尔母女是不受欢迎的。

对于人们认为贝尔维尔的时间服务"怪异"的第二种解释，是爱德华时期的"现代性"观念。用电流信号的方式贩卖时间并不奇怪，但通过手

第四章 《杰克建的房子》：贩卖时间，构造现代性

工调校贩卖时间就奇怪了。爱德华时期人们对"进步"的理解，是新技术并非是对旧方法的补充，而是要完全取代它们。有 STC 存在，就没有贝尔维尔母女生存的空间。对贩卖时间的态度的极大差异，反映出当时社会对"进步"的父权式的盲目推崇，对性别角色的划分，以及对科学能解决一切日常问题的迷信。温内的演说和报纸的报道，是这些不利于贝尔维尔母女的价值观的集中体现，把她们形容成不正常的现象，而非时间调校业务上的有力竞争对手。温内和各家报纸既从性别入手，又通过编造时空叙事，贬低贝尔维尔母女，把她们推回到想象中的古老时代。贩卖时间的女性被看作是古老时期的怪人，她们提供的时间不准确也不符合科学。相反，温内和 STC 用电线提供的时间服务则明显代表的是男性气质、现代、科学以及完美无瑕。

污名很难被摆脱。1913 年，又出现了以贝尔维尔家族为主题的报道。《每日新闻和领袖》（*Daily News and Leader*）有一篇文章的标题是《继承了奇怪生意的女士》（*Lady Who Has Inherited a Strange Trade*）。[197] 同样是 1913 年，《观察家》（*Observer*）的一篇文章又把贝尔维尔家的时间服务与过去时代联系在一起，发表了一篇名为《贝尔维尔传统》（*The Belville Tradition*）的故事。[198]

但是，露丝做出了反击。抛开对 STC 和新闻报道的"现代性"的滤镜，再做仔细梳理，我们会发现在个别地方露丝表示了自己的态度，显示出了相当不同的观点。露丝反驳了将她视为过时之人、认为她提供的时间服务不可靠的说法。她对当地报纸《梅登黑德广告报》说，虽然温内说得很好，但最大的几家钟表制造公司"在校准时间和以任何形式发送时间上什么也做不了"，只有她能做这些。[199] 相比于这些大公司来说，露丝的方式是久经验证并且准确的，她已经赢得了客户的认可和信任。露丝还公开回应了那些把她的工作称为"旧时传统"的报纸：

阁下，我留意到《观察家》第 24 期上的一篇文章中有一个以"准确时间"为标题的小节，该文章名称是《贝尔维尔传统》。我想反驳"传统"这个说法。它意味着过去的事物，是一代一代口头传承的事物。我从事的分发格林尼治时间是现代的事情。我的精密计时表的误差……有书面证明；这份证明不是我出具并签字的，而是出自权威性不容挑战的机构。我的精密计时表每周的误差……几乎不会超过十分之一秒。至于调校钟表，这项服务的客户无疑是普通公众，也可能还包括售卖便宜钟表的公司等，但对高级的科学时钟和精密计时器制造商来说，需要用到精确到十分之一秒的格林尼治时间。这种时间由第一等级的英国精密计时器来提供最好不过，它经过格林尼治天文台的精确调整，能使时间精确到十分之一秒。[200]

露丝意识到了温内和报纸在玩的游戏，她坚定地反抗。之后她在私人信件中写道："上次讲座引发的激烈讨论之后，我认为标准时间公司不会再公开地攻击我了，毕竟圣约翰·温内先生最不愿看到的结果就是用公司的钱来为我调校时间所用的精密计时仪器做广告。"[201]

在她提供的时间服务质量与温内提供的一样，甚至更好这一点上，露丝或许是对的。露丝的客户可以信赖她的时间服务，不必担心诸如电线故障、时间信号延迟甚至被打断这些折磨着 STC 和邮政总局的问题。[202] 贝尔维尔家族的时间服务在电报时代仍有必要这一观念，由历史学家大卫·鲁尼（David Rooney）和詹姆斯·奈（James Nye）第一次提出。他们认为贝尔维尔家族的服务远远不是落后的、过时的，而是比所谓现代的 STC 更为可靠、更能信赖的服务。[203] "新技术，"鲁尼写道，"并非简单地清除了旧体系。二者并行了比人们预计的更长的时间……从使用者的视角来看（STC 和邮政总局的时间服务）很好，但并不能一直保持这样好；他们提供服务，但不是随时都能就位；他们提供的服务对大部分人的大多数时候都够用了，

第四章 《杰克建的房子》：贩卖时间，构造现代性

但也没有比露丝提供的服务更有优势。"[204] 邮政总局和格林尼治天文台的记录印证了这种说法。通向迪尔（位于肯特郡，是泰晤士河流入英吉利海峡的地方）的时间球的电线时不时地出故障，通向威斯敏斯特和大本钟的电线也是如此。[205] 皇家天文学家和邮政总局都不得不应付关于时间信号错误的抱怨，错误通常都是电线故障导致的。[206] 这一问题不单发生在伦敦，查尔斯·皮亚兹·史密斯也收到了大量对他在爱丁堡设置的时间枪信号的抱怨。[207] 位于开普敦和德班（纳塔尔省）的英国天文台也同样饱受技术性故障的困扰。[208] 在伦敦，一个工程师于1887年检查了发送格林尼治时间信号的电线后甚至说，由于公共时间信号设备糟糕的状态，"没有更频繁地出现错误简直让人惊讶"[209]。

调校钟表的新技术成本更高，而又经常不奏效。显然，当新技术能完全可靠的时候，它又过时了，让位给了更容易获得且更便宜的无线电信号。一份1915年的邮政总局备忘录上显示，"对极其精确的计时的需求，相对来说非常少，所以让邮政总局重视这件事的动力不大，为了保住邮政总局的垄断权而花费经费也没有意义。更何况，自从埃菲尔铁塔开始用无线电发送标准时间，对邮政总局的时间信号系统的需求已显著萎缩"[210]。

尽管人们对发展有着辉格党①式的观念，但技术进步从来不是呈直线形的。露丝·贝尔维尔和玛利亚·贝尔维尔的手持便携钟表并没有被STC的电线取代，甚至在无线电诞生初期也没有被取代。几种调校时间的方式其实是并行存在的，露丝·贝尔维尔的时间服务直到20世纪30年代都经营得很好。诚然，这样的时间服务只能存在于伦敦，鉴于那里的客户群高度集中，而且提供服务者能直接得到天文台的时间。而邮政总局铺设的电线覆盖英国所有城市，是更被广泛使用的调校时间的方式。乡下地区的计

---

① 辉格党：英国历史上的一个政党。1679年就有天主教背景的约克公爵詹姆斯是否具有继承权，英国议会展开激烈讨论。反对詹姆斯拥有继承权的一批议会成员被讥称为"辉格"。辉格党支持宪政，以宽容和主张改革为特点。——编者注

时方式更具多样性，但电线和铁道的普及也逐步地改变了乡村地区计时的面貌。

结论：时间在说谎

要想统一全球的时间，不仅仅是改革计时方式这样简单的事情。新的计时方式使事情更复杂了，公众搞不清谁说的时间是正确的。并不是所有人都能公平地获得精确的通用时间。精确的时间是昂贵的，只有在大城市才能获得，它的使用人群也只限于专业人士和能为它支付大笔费用的人。关于STC和贝尔维尔家族提供的时间服务的讨论，明显反映了当时人们的疑惑：哪一方的时间是权威的，哪一方的不是？根据寄给《泰晤士报》的信件，和格林尼治时间不一致，意味着时钟"说谎了"。然而，只有富裕的人才能支付得起所谓真实时间的费用。同样地，那些想要贬低贝尔维尔家族的人，将权威性与现代性和男性气质联系到一起，由此将贝尔维尔家族的时间服务说成是只属于虚构出来的旧时代，其作用只有唤起人们的怀旧之情。为了宣誓在时间上的新权威，STC这样的时间公司必须贬损它的竞争对手。同样，格林尼治时间若想主宰全球计时，地方时间就必须消失。格林尼治时间以"真正的时间"的名义出现，让各地方的计时方式不再有权威性，也让使用其他计时方式的人丧失了话语权。

借用一份报纸的标题的说法，贝尔维尔家族所做的事对于格林尼治时间业已建立起的权威性来说，是"独一无二的存在"。一方面，他们是让格林尼治时间的权威性得以建立的一部分：他们迫切地表明他们提供的时间，相对于各种更便宜的不精确的公共时间来说，无疑是最好的，是"真实"的时间。另一方面，和无政府主义者马尔西亚·布尔丹（Martial Bourdin）对格林尼治天文台的攻击实际上是对格林尼治时间的抗议一样，露丝·贝尔维尔

第四章 《杰克建的房子》：贩卖时间，构造现代性

带着精密计时表每周一次徒步提供的上门服务，某种方式上是对当时崇尚男权主义的现代性和科学即是一切的强有力的反抗。

这一章讲述了科学时间是多么难以获得，这导致大部分英国人在科学时间产生之后的好几十年才开始使用它，此前甚至把它当笑料。然而，拥有科学时间这件"华服"又是让人心动的，更何况它是有利可图的。科学时间能让使用它的人显得更现代、更合理、更有远见。这一时期大部分矛盾的核心是如何把科学时间分发出去，以及分发给谁。国际子午线大会确立的国际日并没有让人们的时间统一，反而把人划分成不同的社会阶层。新的计时方式起到了加重社会不公的作用。不过，就像本章提到的贝尔维尔家族，以及下一章的其他案例那样，还是存在着与不公对抗的声音，以及科学领域之外的人掌握时间上的话语权的可能性。

第五章 时间的教育和使用

北美的情况和英国一样，公众和通用时间之间的关系很复杂。1884 年的国际子午线大会规定通用时间不应干涉民用时间，不过美国和加拿大的铁路系统已经按照标准时间运行了，标准时间是基于格林尼治本初子午线的时间，因此它也是从通用时间衍生而出的。技术限制和高昂成本，让英国在分发时间时经历了种种困难，它们也同样困扰着北美洲，其结果是在铁路系统之外，人们并不能公平地获取时间。"时间贩卖者"和他们阔绰富裕的客户把准确的计时推崇为现代性的象征，但这部分人只占极少数。大部分人都支付不起科学时间的费用，就对它超出日常需求的精准性报以嘲弄。

尽管大西洋两岸分发时间的经历并不相同，但不公平的现象在两岸都同样存在。英国拥有单一的计时权威即格林尼治，而美国在各种私人赞助的大学以及遍布全国的天文台的支持下，其计时现代化进程显现出更加去中心化的图景。加拿大计时的情况也类似，是由多个区域性的权威机构来掌控，尽管它们不是私人所有而是由政府管理运营的机构；这些机构在 19 世纪、20 世纪之交时，逐渐合并为一个机构，更接近于英国的形式了。但是，英国和北美洲计时操作上最关键的区别在于量级不同。北美洲大陆横跨多条经线，必须采用多时区来计时，也引发出更多样化的计时操作方式。这种情况下，为了使计时精准且统一，所需要的不仅是更便于获得的标准时间，还需要大型的教育运动，来重置大众的计时行为。让对计时改革不积极的人们改用标准时间，如果不能靠法律强制手段，就要让他们重新接受教育。

计时改革的倡导人比如桑福·弗莱明，想要做的就是这件事。北美洲的计时改革和时间分发，在 19 世纪的时候与教育紧密联系在了一起。

本章从教育的角度来观察权力与权威的问题，即谁有"权力"来决定时间。我们通过几个案例来探索这一问题。第一个案例是美国的私立大学和政府之间，关于谁是分发精准时间的权威的争斗。第二个案例讲述了在

第五章　时间的教育和使用

加拿大，由政府通过强制或立法手段推行新计时方式是如何失败的，以及此后时间改革者转而寻求用教育手段建立新计时规范的过程。本章最后一个案例研究了以莫拉维亚敦德拉瓦族议会（Council of the Delaware Nation at Moraviantown）为例的安大略省原住民群体，把使用标准时间作为其具有政治自主权的证明，以对抗种族同化政策。所有的案例都表明，掌控权威计时方式这一资源是富有价值的政治工具，能够将其用于获取统治权——也能用它削弱统治权。

这一时期，教育本身也经历了重大变革。随着更多的不同群体的人能够接受教育，引发了关于教育的范围和目的的激烈讨论——应该向谁教授什么内容，以及用什么方式教授？在加拿大，教育改革的辩论主题大多都集中在公办学校用何种语言（法语还是英语）施教，和在什么场所（天主教场所还是新教场所）进行宗教教育。埃杰顿·瑞尔森（Egerton Ryerson）是计时改革者之一，长期任上加拿大/安大略省的学校监察官，他支持世俗教育，以避免任何一个教派在公立学校课程中凌驾于其他教派。[1] 更进一步的辩论围绕着学校是应教授学术性科目还是应教授更具实操性的生产技术和农业技能展开。19世纪、20世纪之交时的麦克唐纳·罗伯森运动（Macdonald Robertson Movement）是一个例子，运动的领军人物是身为慈善家的计时改革者威廉·麦克唐纳爵士（Sir William Macdonald）和詹姆斯·威尔逊·罗伯森（James Wilson Robertson），他们试图将乡间小型学校合并成大型学校，学校以教授农业技能为主，取代进行"小众艰深"的艺术教育。这一时期还见证了随着20世纪第二个十年加拿大大部分省份推行强制教育以及教育免费——1871年安大略省最先推行，而1943年魁北克省才最终推行此政策，能接受教育的人达到前所未有的数量。[2]

这个时期的教育改革往往是出于中产阶层对社会出现了问题、需要改造贫穷阶级的臆想。倡导对学校进行改革的人，把教育看作是改进和"文明化"人类社会，把"街头小混混"拉回教室，防止犯罪，使穷困青年拥有光明未来的途径。[3] 不过，改革者通常意识不到他们的课程设计并不是客观中立的，甚至不是可行的。孩子们的阶级、种族、性别决定了他们能够接受的教育的质量。加拿大的学校还是殖民机构。历史学家大卫·维林斯基（David Willinsky）认为，帝国主义的教育"让种族、文化、国家这些特殊且力量强大的观念得以兴起，并让它们成为西方用来分化和规训世界的观念工具"[4]。殖民地学校的课程设置强化了种族和阶级的概念。整个世界——地理面貌、历史、国土、资源乃至人类自身——都被分成等级，被规训，被加上帝国主义的世界观。学校将帝国主义的阶级观念植入到学生的脑海中。

学校中教授的计时方法也有同样的问题。一种西方的、以格林尼治为中心的特殊的时间观贯穿于整个课程设计，主导了一天之中所有的时间规划。学校成了培育、塑造和改变公众计时观念的工具。在高等教育阶段，尤其是在美国，教育机构通过私人资助的大学天文台把时间出售给铁路系统，是其所在社区实际意义上的精确时间生产者和分发者。而初级学校和高级中学，则期望学生通过规范化的课程学习新时间系统后，再回家传授给他们父母，培养使用"现代"计时方式的一代人。除此之外，学校还通过其日程表和钟声，逐步灌输时钟时间的观念。计时改革者希望他们的计划能在孩子身上创造一种新的、现代的时间观。不过这种野心只部分地实现了。不同环境下的学生，对计时方式的理解也各不相同。都市中的学生很快就接纳了标准时间，而乡下的很多人对标准时间还停留在漠不关心的状态。当地原住民群体和他们的孩子，在殖民氛围下的寄宿学校和日间学校中都经历了计时方式的改变，但仍然能找到方法用他们自己的方法使用标准时间。

虽然北美大陆上学生们的计时改革体验各不相同，但教育无疑是世界通用的让民众层面参与计时实践的方式之一。学校是一个把科学知识和国家理想、信念联系在一起，灌输进公众意识的场所，也是用于观察科学知识和民间对此知识的实际应用之间差异的成熟样本。在计时方式的问题上，也需要观察它的学校教育，而学校使用、教授时间的方式能让我们看到掌握计时方式如何成为行使权力与权威的间接手段。

作为时间所有者的美国大学

19世纪80年代，美国的时间测定之混乱让人沮丧，比英国的情况更为糟糕。英国有一个奢侈的地方，即"拥有"本初子午线。英国的通用时间是格林尼治时间，其铁路系统和法定的时间都是格林尼治时间。而美国不同领域所使用的时间没有这么统一。美国的情况是，正如我们看到的，为了解决美洲大陆东西跨度大带来的沟通不便，铁路系统从1883年开始采用以一小时为单位的时区制度。不过，采用时区制的铁路时间起初只是旅行者专用的时间。普通公众是否也有意采用铁路系统的时间并无定论，并且有资料表明，很多人是无意采用的。所有的城市都继续使用地方时间，和乡下地区的情况一样。[5] 同时，联邦政府对计时方式一事秉持放任不管的政策。国际子午线大会对规范计时方式一事贡献甚少，没能将标准时间写入国际法，它只是让格林尼治成为计时系统的本初子午线所在地。获取准确的标准时间面临的种种困难，导致了更严重的混乱。时间的分发不仅昂贵，也只限于小范围内，由此创造出时间上的等级分化。标准时间是富人的奢侈品，是专业人士的专有工具，也是给铁路旅行者造成麻烦的源头，唯独不是能广泛获得的东西。大部分人如果想要获得标准时间的话，只能靠住在精准的公共时间信号或火车站附近，或者受雇于强调时间准确性的雇主，而这种机会本身也是不公平的。

美国广大的地理版图上施行着多种多样的时间，建立唯一的、最高级别的时间权威很是困难。英国由于有格林尼治天文台，时间的话语权能够高度集中在一个机构,而美国没有对等的机构。位于华盛顿特区的美国海军天文台,其负责人逐步拥有了类似于引领全国计时方式的权力,但他的权力和格林尼治天文台的艾里或是克里斯蒂享有的权力根本不能相提并论。芬兰天文学家安娜·莫兰德尔(Anna Molander)1909年曾经给一位格林尼治天文台的员工写感谢信,信中解释道美国天文学界和英国的区别很大,因为"这个国家(美国)有非常多的私立天文台"[6]。数量众多的私立天文台都在独立地为它们所在之地测量着时间,每一个天文台都独立于其他天文台。几乎所有私立天文台都由大学和学院运营,将高等教育和计时直接联系到一起。

早在19世纪60年代,大学的天文台就开始向付费客户分发时间。在第二条跨越大西洋的电报线路于1866年铺设完成后(第一条跨大西洋电报线在铺设好的数月后就失效了),一些大学——哈佛和耶鲁——能够直接获得格林尼治时间了。但是,大部分大学还是要靠自己通过中天观测法,来得到标准时间。根据地点和观测时间的不同,这些大学测得的时间具有一定程度的误差,由此美国的计时呈现出各种各样的时间同时存在的状态。[7] 美国海军天文台在华盛顿设置了时间球,通过电线向纽约传达时间。但在其他地方,时间由学术研究机构掌管。[8] 除了哈佛大学和耶鲁大学之外,活跃度较高的大学是辛辛那提大学以及匹兹堡大学的阿利盖尼天文台(Alleghany Observatory)。[9] 这些机构都开发了自己的时间分发网络,与商业公司一并发挥着作用;美国的商业公司,类似于英国的标准时间公司、格林尼治时间有限公司和同步时间,也开始在主要城市兴起,比如纽约的自动上弦钟表公司(New York's Self-Winding Clock Co.),它以每年12美元的价格向顾客提供分发美国海军天文台时间的服务。[10]

和英国不同的是,在美国,分发时间不仅是时间分发公司的营利业务,也是天文台的有利可图的生意。身为知识的生产方——即精确、权威时间的生产方,意味着拥有赚钱的资本。对英国来说,格林尼治天文台在生产精确时间上拥有近乎垄断的地位,但由邮政总局收走了贩卖时间的所有收入。美国则相反,美国大学的天文台和其他机构一起竞争,来吸引消费者。贩卖时间所得的费用为科学研究提供了经费。因此,从事学术研究的天文学家也要培养和维护自己的客户群体。英国皇家天文学家克里斯蒂可以毫无顾虑地用停止所有格林尼治时间服务作为威胁,认为这项服务是天文台的"额外工作";而对于美国的大学来说,提供时间分发服务,则是保持天文台良好运行的关键。

大学天文台对于用时间服务来获取研究经费的依赖,于1883年引发了一场海军天文台和密苏里州圣路易斯的华盛顿大学天文台之间持续多时的争端。双方的争斗于1883年美国和加拿大铁路系统决定采用时区制度时达到顶峰。为了顺利地过渡到新的时区制度,威廉·艾伦于1883年10月6日写信给海军天文台负责人罗伯特·薛斐尔(Robert Shufeldt),告知他铁路系统的这一计划并寻求他的配合。[11] 艾伦担心薛斐尔会像过去那样拒绝,因为海军天文台的人员更愿意使用华盛顿子午线,而不是格林尼治子午线。

艾伦的担心是多余的。采用时区制度让海军天文台分发时间的工作更简单了。尽管薛斐尔倾向于用一个标准时间来替代24个不同的时区,他也认可时区制度"是正确的发展方向"[12]。他认为,铁路系统采用新的时区制度是临时办法,不可避免"会遭到批评,并从中衍生出更好的方案"[13]。不过他还是持支持态度。薛斐尔不仅同意为铁路系统分发艾伦要求的时区化的时间,还承诺"除非有意料之外的反对意见,(我会)尽力确保有铁路系统的所有地区,都即刻将铁路时间作为地方时间使用"[14]。通过这样做,海军天文台就能从它目前为各地计算数不清的地方时间的重任中解脱出来。正如薛斐尔所解释的,"通过各时区标准时间相差一小时的方案,使只发送一个时间信号就能为每条标准子午线提供平太阳时成为可能;比如在75度子午线上标示发送正午的时间信号,在90度子午线上就可以标示发送11点的,以此类推"[15]。为一个时区之内的所有地区只提供一个时间信号,对海军天文台来说工作大大减轻了。

事实上，海军天文台的官员对采用时区制的计划特别热情，他们宣布能够"给任何将电线接入天文台的电报公司（除了西部联盟公司之外，海军天文台已经向这家公司提供时间了）提供时间，不收取费用"[16]。之后在10月于芝加哥召开的铁路系统管理人会议上，天文台的一位代表再次介绍了这一服务。通过这次会议，学术领域的天文学家得知了海军天文台支持实施时区制的消息，迅速表示反对。

最公开的对该计划的批评来自圣路易斯的华盛顿大学的天文学教授，亨利·普里切特（Henry Pritchitt）。普里切特参与过观测金星凌日的国际项目，曾在1882年远赴新西兰观测这一天文现象。这样的远程旅行成本昂贵，普里切特需要靠他的天文台时间服务的利润来支持他的工作。他回到圣路易斯时，发现他的天文台收入面临着风险。此前从普里切特的天文台购买时间的圣路易斯铁路管理人客户群，威胁他说要改从海军天文台获取时间，除非普里切特也免费提供时间服务。[17]

普里切特是从别处听到的芝加哥铁路系统管理人会议上都说了什么。在他看来，海军天文台是在宣称"将为全美国范围免费发送时间信号，由天文台发送时间信号是标准时间机制的重要部分，鉴于相关原因，海军天文台比其他任何天文台都更应该做这个工作"[18]。据普里切特所说，海军天文台的代表性发言给铁路管理者留下的印象"对美国私立天文台非常不公平"[19]。"这种言论，"他继续说道，"不符合国家天文台的身份，并且对私立天文台不公平；私立天文台花费了大量金钱和人力在美国各地建立起了时间服务。"[20] 普里切特质疑，为什么靠国家资助的海军天文台要把自己变成靠时间服务收入支撑科研工作的私立天文台的竞争者。匹兹堡大学的阿利盖尼天文台，哈佛大学天文台，格拉斯哥普里切特学院的莫里森天文台（Morrison Observatory），威斯康星－麦迪逊大学的沃什伯恩天文台（Washburn Observatory），以及其他私立天文台，都无疑遭受了同样的利益

第五章　时间的教育和使用

损失。

海军天文台负责人对普里切特的回复以防守为主。他没有否认自己的言论，但弱化了海军天文台该计划的重要性："海军天文台无意对它的时间服务做出任何改变，除了为符合新的时间标准所必须做的事情——如果要采用新标准的话……海军天文台通过电线每天分发时间已经有 20 年了……天文台从来没有对这项服务收过费用。"[21] 负责人辩解道，海军天文台一直都为西部联盟公司免费提供时间。所有希望得到时间信号的铁路系统都是与西部联盟公司协调的此事，而不是直接与海军天文台对接。薛斐尔声称普里切特已经和海军天文台竞争很多年了，现在唯一的变化就是采用标准时间为海军天文台做了很好的宣传广告，而普里切特丢失了他的客户。

海军天文台的本意或许并不想害普里切特的天文台没了收入，但它的行为造成了这样的结果。普里切特几周后再次写信："我担心的是我们的相当一部分收入将被永久切断，而且现在它显然是没有了。"[22] 普里切特无法否认海军天文台有继续向电报公司免费提供时间的权利，他要争辩的是海军天文台代表在芝加哥的会议上暗示的其他事情：首先，海军天文台在某种意义上比私立大学天文台"更适合"分发时间；其次，海军天文台能准确并规律地向美国任何地方发送时间；第三，在新的标准时间体系中，只有一个天文台能发送时间。普里切特询问以上这些言论——他从别人处听到的——是否代表了海军天文台的官方立场。如果不是的话，普里切特会向他最近丢失的客户做出解释。[23]

海军天文台在对这封信的回复中仍然坚持此前的论调。"我认为我先前回复给你的第一封信已经完全解答了你的问题。"薛斐尔写道。[24] 海军天文台被要求配合新的标准时间系统提供时间信号，它要向任何与电报公司妥善协商过的人提供时间服务。回信最后总结道："我对海军天文台分发时间会减少你从这项工作中获得的收入感到遗憾，不过我不能因此阻止海军天文台参与如此重要的公共事件。"[25] 普里切特和其他教育机构这次不走运。

当然，美国海军天文台并没有立刻就成为像英国的格林尼治天文台那样的全国计时中心。即便改用标准时间之后，各大学也继续向它们的顾客贩卖时间，美国的计时仍然是高度分散的状态。但接下来的几十年中，私立天文台发现销售它们自己的时间信号获利越来越少。1888年，至少有12家私立天文台从事贩卖时间业务，4年之后的1892年，数量就缩减到8家。[26] 普里切特带着他对西部联盟公司和海军天文台的怨愤，在19世纪90年代的时候再次为此事抗争，不过没有收到回应。[27] 到1900年，大部分私立天文台停止了时间服务业务。只有为数不多的几家坚持到了第一次世界大战乃至以后。不过那个时候，海军天文台的统治地位已然有目共睹了。[28]

在美国，精确的标准时间是科学工具和资助学术研究的资源的认知，逐渐让位给它是公共福祉的观念。这一观念转变发生得较晚，且经历了重大阻力。一个非常有意思的与英国情况相反的事情是，美国政府机构是推动计时免费的角色（尽管标准时间远未达到全面普及的程度），而非像英国邮政总局那样坚决捍卫时间需要付费。在美国，是学术研究机构主张且奋力争取收取费用来教育大众使用恰当计时方式的权利。以向富裕阶层和商业人士出售知识为主要业务的私立大学，想要扮演时间领域的知识守卫者的角色，但这一角色的重要性逐渐被推行时间免费普及的运动削弱了。

加拿大的时间分发

加拿大的计时改革沿袭了英国和美国的路径。加拿大存在同样的困扰，即哪些人应该用哪一种时间，以及1883年和1884年的改革应该如何实施。在标准时间的分发上，加拿大的情况相比于英国来说，与美国更相似，至少最初是如此。英国有格林尼治天文台这个单一的权威时间生产者，还有皇家天文学家；而美国和加拿大的地理情况使得它们的精确时间生产机构是去中心化的。19世纪末20世纪初的时候，加拿大才确定以1905年建成的渥太华主天文台来统领计时。在那之前，一直存在部分能测算时间的人声称他们的时间比别人的更准确的情况，这威胁到了地方时间的权威，尤其是1883年铁路系统采用标准时间的时候。

与美国相比，加拿大的教育系统在分发时间上只扮演了一个小角色。加拿大城市的时间的主要来源是政府兴办的天文台而不是大学天文台，它们也面临着棘手问题。在全国境内分发精确的标准时间需要地区之间仔细协调。加拿大作为新形成的多个小殖民地的聚集体，它境内有着相当多独立的时间信号，哈利法克斯、圣约翰、弗雷德里顿、魁北克、蒙特利尔、京斯顿、多伦多、温哥华以及维多利亚都在1850年之后的某个时间点，蓬勃发展了各自的计时天文台，尽管有时候它们之间也会协作。[29] 例如，哈利法克斯城堡的午炮和时间球，就是通过一条连接至圣约翰天文台的电线来控制的。[30] 蒙特利尔天文台的负责人查尔斯·斯莫尔伍德（Charles Smallwood）在城市的海运码头上设置日常的时间球。蒙特利尔天文台也"通过火警电报线向城市提供时间"，并且向渥太华邮政总局发送当地时间。[31] 同样，多伦多天文台为多伦多提供时间信号，同时也兼管蒙特利尔、魁北克和圣约翰天文台的时间服务。[32]

1905年，位于渥太华的新建成的主天文台最终负责提供加拿大标准时间信号，其他的天文台要服从它的指导。在用铺遍全国的电线把各地的时间服务连接起来之余，主天文台也为渥太华地区提供精密的时间分发服务，尤其面对政府建筑。议会大楼中安装有调校时钟，1907年该系统拥有227个钟盘，主天文台还计划把这套系统推广到邮政部和铸币厂。[33] 主天文台在渥太华也同样设有午炮和时间球。

和其他地区一样，这些时间信号如何收费以及由谁来支付费用的问题，是争论的焦点。加拿大的天文台和美国的私立天文台不同，它们的时间服务不收取费用。在1909年，这一现实激怒了多伦多天文台的天文学家，因为他们提供的时间服务成本高昂。他们给格林尼治的皇家天文学家写信，咨询"如果收费的话，你们向伦敦城或者任何私人组织提供时间收取多少费用？多伦多的大部分时间服务都由我们提供，直到现在都是不收费的，现在这个服务某种程度上被滥用了"[34]。如果多伦多的天文学家渴望找到在时间服务上收费的参考范例，皇家天文学家的回复要让他们失望了，回复中指出英国所有时间服务带来的收入都收归邮政总局了。[35]

魁北克天文台也面临同样的难题。魁北克是重要海港，所以发送给港口的时间信号对该城市经济至关重要。魁北克天文台早在1856年就通过一间用来观察恒星穿越的小屋和设置在城堡的钟楼，开始实施时间信号的发送。但是天文台负责人爱德华·大卫·阿西亚（Edward David Ashe）希望扩展天文台的功能，让它能测定经度、观测气象以及发现天空异象，他的中心意图是把它由魁北克的只负责提供时间的天文台转变成世界级的、多功能的专业天文台。[36] 彼时还处于初创时期的加拿大协会，支持了他的想法。[37]

在阿西亚的领导下，魁北克天文台扩张了业务，但计时仍然是它的主要功能，尤其是对海员来说。为了满足魁北克航运的需求，所有大型港口都经常要使用时间信号，1896年时阿西亚曾写信给乔治·艾里，咨询用电信号控制时间球的事情，并收到了如何操作的详细指导，艾里的回信中还特别提及了在寒冷气候下应如何处理（冬天的时候，魁北克天文台就不设置时间球了，改用报时炮。每年春天，冰层融化、圣劳伦斯河恢复航运的时候，时间球也恢复运行）。[38]

爱德华·大卫·阿西亚的儿子威廉在19世纪80年代中期接手了魁北克天文台，延续他父亲的意志，关注气象学和探索天文学。不过，小阿西亚有时会忽略时间信号的事，1888年曾经有人批评他过于频繁地用太阳来进行凌日测量了（准确性欠佳），没有足够仔细地调校设备误差，以及观察行星运行不够充分。[39] 由于英国的时间信号也经常不可靠，所以对魁北克天

第五章　时间的教育和使用

文台时间信号不准的抱怨也很普遍。[40]

威廉·阿西亚提供时间服务时发生的几件事情，引发了人们对加拿大时间信号的关键问题的讨论。时间服务应该是每个人都能享有的社会福利，还是只是付费用户和专业人士能得到的商品？这一争论逐渐演变为政府是否应支付广告成本来宣传时间服务。在 19 世纪 80 年代至 90 年代，海洋和渔业部负责人开始向其他国家咨询他们在推广时间服务的广告上花费了多少金额。加拿大海洋和渔业部（Department of Marine and Fisheries）写信给美国和英国的相关部门，询问它们的政府是否付费做广告向民众推广时间信号。[41] 美国海军天文台回复道，报刊会免费刊登它提供的时间信号，因为这符合大部分读者的利益需求。[42] 英国海军部的回复中表示它没有为时间信号做太多推广，不过海员仍然可以在世界范围内的主要港口买到介绍时间信号的小册子。[43] 加拿大海洋和渔业部对这些回复的理解是"为时间球公告的广告付费，并非约定俗成的事"[44]。

海洋和渔业部还了解到，在美国，西部联盟公司先从海军天文台得到时间信号，再进行免费分发。有了这些信息作为支持，海洋和渔业部找到加拿大太平洋铁路电报公司（Canadian Pacific Railway Telegraph），后者同意了利用加拿大国内资源免费分发时间信号。[45] 但是，几周之后，加拿大太平洋铁路电报公司得知时间信号需要在中午时分发出，这时恰逢电报信号传输高峰时段，就收回了先前的承诺。[46] 大西北电报公司（the Great North Western Telegraph Company）也退却了，说发送时间信号要跨越的长途距离使这个事情"很困难，即便不是根本不可能，没法把这项服务做到让你们满意……我确信最后对各方面来说这项服务只会导致不满和失望"[47]。正如英国 STC 的用电线相连的时钟一样，用现代技术传输时间信号还并不是最可靠的。

尽管如此，时间生产者必须找到让大众对他们分发时间的能力生起信心的方式。1891 年，一位船长在魁北克《纪事晨报》（*Morning Chronicle*）

上抱怨海员缺乏可用的计时数据之后，威廉·阿西亚给兼任多伦多地磁观测天文台负责人与海洋和渔业部自治领计量服务部主管的查尔斯·卡普迈尔（Charles Carpmael）写信，请求他在《纪事晨报》上刊登时间信号。[48] 信中阿西亚说道：

> 现行的系统看来非常让人不满，没有广告可供到港的船长发现港口设有时间球和它报道的时间。蒸汽轮船稳定地在港口之间来回穿梭，经常光顾大港口，它们了解所到港口的所有必要的细节，对这样的大港口来说广告就不是第一要务。但以这个港口为例，它的大部分船只是邮船，船长或许也不是最具备知识的阶层，由于缺乏时间服务消息的广告，某种程度上时间服务的功能没有发挥出来。[49]

史密斯先生是海洋和渔业部一位具有怀疑精神的公务员，他认为《纪事晨报》为了让海洋和渔业部支付每年25美元的广告费，已经在报纸上登载时间球广告了。在他看来，船长可以直接从政府人员那里获取时间球报的信息，无论如何都比从报纸上知道更为直接、可靠。[50] 海洋和渔业部派出一位官员去调查，他的报告是在报纸上发布广告可能起到一定作用，但是他不认为相较于其他对船长很重要的信息，时间信号需要被特殊对待。[51] 直到1894年，多伦多气象服务的负责人亚瑟·史密斯（Arthur Smith）被任命为魁北克天文台阿西亚的继任者，开始在报纸上公布时间球何时出现了谬误，以及误差是多少，以便时间球能得以校正，这类要求刊登时间球广告的通信才结束。[52]

在众多问题和挑战之中，1883年发布的《通用时间公约》（*The General Time Convention*），确立了美国和加拿大铁路系统使用时区制，这从根本上威胁到加拿大原有的计时格局。很快，铁路系统（在分发时间的天文台的支持下）全体就改用标准时间了。但还不清楚的是，普通民众在多大程度上需要使用标准时间。铁路系统的决策引发了多种反应。标准时间的支持者弗莱明喜出望外。但对于其他人，特别是乡村地区的人，计时方式的改变基本无人关注。对很多人来说根本就没什么改变，因为除了大城市和铁路系统之外，其他地方仍然使用地方时间。梅西制造公司（the Massey Manufacturing Company）是一家农机制造公司，在标准时间施行之后的几个月，它的期刊上发表了一篇文章《梅西图解》（Massey's Illustrated），向乡村地区的顾客介绍标准时间："当下时代的重要事件之一，是采用'标准时间'，它是我们这一代人足以骄傲的成就。我们推测乡村地区的朋友——那些还未与精确时间紧密相连的人，还未像都市和城镇的人那样注意到这一改变，城市里的人不再用日出日落指导日常行程，而是定要按精确到分钟的时间来行动。"[53] 按照梅西公司所说，使用标准时间主要是城市地区的现象。

乡村生活仍然没有发生变化，而城市中的人也面临着更多的不确定性。1883年10月中旬，加拿大铁路系统率先声明愿意改变时间系统时，多伦多《全球报》（Globe）发布了一份报道，询问多伦多和汉密尔顿市的数十家商户和企业主的意见。他们的态度各不相同。约翰·麦克唐纳（John Macdonald）是一位多伦多商人，他认为标准时间会"给商人和旅行者带来非常大的不便，让人懊恼。我感觉对标准时间没有迫切的需求，铁路系统可以继续使用现在的人们能理解的计时方式"[54]。多伦多商会主席也同样担忧使用标准时间会对商业行为造成干扰，但是如果标准时间能被永久地、在全球范围推行，他还是表示支持；而如果不能全面永久推行它的话只会让情况更糟：

> 计时方式的变化无疑会给商业人士带来多处不便和困扰，至少在一段时间内是如此。首先需要确定的是，所推行的这个系统是否

有可能是一个永久的系统。如果是的话，那所有的铁路公司都应该使用这套计时系统。哪怕只有一家铁路公司没有采用这个时间，也会让民众在旅行时感到难办，因为在所推行的标准时间和当地时间之间，有17分钟的差距。不仅所有铁路公司要采用标准时间，蒸汽游船也应该配合起来使用标准时间。实际上，城市的时间将不得不和铁路系统的时间保持一致……如果部分铁路公司倡导的标准时间必须得以实施的话，那么所有公司都应该加入进来，这样才能在乘坐任何火车和轮船时不再困惑。霍普港的经历就证明了这样操作的必要性。[55]

上面提到的霍普港的经历，应该指的是1882年一起影响颇大的铁路并购案。并购案中，多家小型铁路公司合并在一起，归于中部铁路（Midland Railroad）名下。这些小型铁路公司的时刻表需要重新制定并相互协调——这个过程非常棘手，但也让标准时间能够在更大的范围内推行，覆盖到格兰德河（Rio Grande）以北的所有北美领土。统筹协调时刻表一事必须谨慎操作，才能避免混乱。

在汉密尔顿城，大部分受访者希望时间统一——他们愿意改变计时方式，只要相关联的群体也采用标准时间。例如，只要伦敦和多伦多采用标准时间，汉密尔顿大桥与工具制造厂的所有人也同意使用新时间。与此同时，笼子和灯罩制造商J. H. 斯通（J. H. Stone）表示，不管怎样，他希望汉密尔顿城能用和该省其他地方一样的时间。

汉密尔顿城的其他商人对时间是否与周边城市协调一致不那么关注，他们考虑得更多的是在汉密尔顿城之内让铁路时间和公共生活时间一致。比如，D. 摩尔先生（Mr D. Moor），希望把汉密尔顿城生活所用时间调快19分钟，以适配新的铁路时间，理由是"不愿意看见一座城市中用两套时间"[56]。而从事铸铁制品锻造的巴罗家族的巴罗先生（Mr Burrow of

Burrow）、斯图尔特和米尔恩（Stewart & Milne），同样"不希望他们办公室的时间和铁路时间不一致。这将给他们的客户乘坐火车来访汉密尔顿城带来很大不便，他们很有可能按照铁路时刻表上写的时间乘车离开这座城市，但到了站台才发现错过火车了，因为汉密尔顿城的生活时间比铁路时间慢19分钟"[57]。

还有一些反馈显示，一些人担心采用铁路时间会给他们的雇员造成不便。毕竟，采用铁路时间意味着要比往常提前19分钟开始工作。出于这个原因，安大略棉纺厂（Ontario Cotton Mills）的财务主管贝尔先生（Mr Bell）不希望汉密尔顿城把生活时间改成和铁路时间一致。他的工厂的雇工早上6点30分开始工作，再损失19分钟睡眠的话对他们是有害的。棉纺厂的经理斯诺先生（Mr Snow）对此持更为放松的态度："如果雇员感觉新时间使用起来太早的话，他们可以做出适应性的改变，或者设置一个自己的纺织厂时间，就像现在康沃尔郡的加拿大棉纺厂（Canada Cotton Mills）施行的那样，它们的纺织厂时间和城市用的时间完全不一样。"[58]

并不是所有工作场所都有这样的灵活性。不过这仍然没给汉密尔顿城一位鞋靴生产厂家带来困扰，鞋靴厂的负责人认为早些开始工作会给工人带来好处，因为他们也可以早点回家了。他还表示"新时间推行之下，每天10个小时的工作就能更好地处于天亮和天黑之间的这段时间，新时间会导致工人晚上比现在更早些离开工厂，能节省燃气，尤其对春秋时节来说"[59]。R. M. 万泽公司（R.M. Wanzer & Co.）是一家缝纫机制造商，同样认为新时间"让人提前19分钟开始工作，工人会在短期内有些不适，不过当所有时钟都调整成新时间后，人们就不会察觉到改变了"，而这种改变"对工人来说比现在所用的时间更有好处，因为晚上可以更早下班了"[60]。在某些产业内部，工人已经具备自己的时间表了，比如巴罗先生的铸铁锻造公司，据负责人所说，他们"一直以自己的时间经营店铺"[61]。对于他们来说，新时间改变与否无关紧要。

最后，汉密尔顿城议会决定采用铁路系统时间为城市时间，和多伦多一样。[62] 通向西南方向的温莎市和萨尼亚市的铁路的沿线城镇，也采取了同样的措施。萨尼亚市从经度上来看，太靠西部，以至于无法和多伦多以及安大略其他主要城市处在一个时区里，不过政治、经济上的联系战胜了数学意义上的精确性，萨尼亚还是采用了多伦多时间。海洋和渔业部的安德鲁·戈登（Andrew Gordon）指出，唯一会给萨尼亚居民带来不方便的是，"位于标准经线西侧所有地区的银行不得不在3点钟就开业，以便支付付款单据，因为萨尼亚当地时间和标准时间不一致"[63]。在他看来，这种变化带来的益处比代价要大。

不管各方意见如何，铁路系统都在1883年11月18日星期三的正午时，把它的时间推行到全美国和加拿大。从推行范围之广来看，计时方式的转变算得上相当顺利，但也并不是没有坎坷。例如，11月21日，《全球报》的报道称在波士顿"出现了第一桩由计时方式改变引发的法律难题。上个星期，破产事务办公室向一位可怜的债务人发出审查通知，需要在今天早上10点钟之前收到他的回复。破产于标准时间的9点48分生效了，但破产专员判定债务人的回复晚于早上10点，判他违约。这个案件有可能会上诉到最高法庭"[64]。

多伦多没有报道如此复杂的案件，虽然也有个别例外；标准时间在多伦多已经广泛推行。高等法院规定它的时钟不做改变，尽管奥斯古德厅（Osgoode Hall）的其他时钟都采用标准时间。[65] 根据《真理报》（Truth）所说，多伦多人只有一星期或再多一点的时间来适应时间改变："上个周日确实有一些混乱，但现在一片祥和了。绝大多数人都感觉不到异常，除了早上在6点之后天还要多黑一会儿才亮，傍晚也是如此，要更晚一会儿才变黑。"[66] 多伦多大学的学生报《大学》（Varsity）以轻松的笔调向学生提出了关于时间改变的建议，它打趣道，学生可以好好利用时间改变，把多出来的时间用在陪伴心上人上："下星期日傍晚要陪伴年轻女士去教堂的本科生，会意识到由于那一天中午开始实施标准时间，必须比以往的约定时间早 17 分 34 秒到达。不过同样重要的是，记得由于受旧日的习惯影响，做礼拜结束后离开女士宅邸的时间也可以比客厅时钟上显示的时间晚 17 分 34 秒。而细心体贴的小伙子无疑会使用新时间的。"[67]

实际上 1883 年 11 月的一个周日的时间改变过程，明显是件微不足道之事，很容易理解和实行。让这个过程变得复杂的是其他计时方式没有立刻消失。标准时间和其他时间并存，而不是完全代替了它们，导致数十年间都缺乏清晰明确的时间，造成新的城市与乡村的割裂，甚至在城市中也有继续使用旧时间的地方。旅行者仍然需要确定他们所到目的地用的是哪种时间。以 1896 年为例，一个向魁北克天文台咨询的人仍然不确定魁北克的时间炮是根据标准时间还是地方时间而鸣响的。[68] 在加拿大，经过几十年的应用，仍然没有确立起标准时间的稳固的统治地位。

在几乎不使用标准时间的乡村居民和还未对改变做好充分准备的犹豫不决的城市居民之中，有一部分人已经充分意识到了时间的变化，但口头上仍然反对它，认为时间改变既混乱又让人沮丧。弗莱明从下议院法律职员 G.W. 威克斯蒂德（G.W.Wicksteed）那里听到了一系列的抱怨。威克斯蒂德不反对铁路系统使用标准时间，但他更倾向于在日常生活和政府管理上继续沿用地方时间。铁路系统时间改变后的几周，威克斯蒂德给弗莱明连写了几封信，表达对新时间系统的疑惑：

> 我不觉得你是想让铁路时间作为统领所有商业生活的法定时间，我不认为这样能行得通……但魁北克省的人，或者他们之中的大部分都认为铁路时间会应用到生活和刑罚事务的方方面面，据我观察到的教堂时间炮的鸣放以及教堂活动，是以标准时间为准来开始……我们议会的时钟也调成了标准时间，我唯一能理解的是这一观念被广泛地接受了，它会引发很多你从未设想过的、意料之外的

结果。[69]

威克斯蒂德希望弗莱明能纠正大众的这种"误用"。当然，弗莱明是很乐于见到铁路时间被广泛使用的，他不会去纠正大众的。后续的信件中，威克斯蒂德继续试图说服弗莱明，认为在时间的应用上有更好的方法。在跨越时区的边界的时候，时间"跳了一下"——威克斯蒂德这样形容它，这对住在时区边界附近的人是个很大的麻烦。[70] 威克斯蒂德认可标准时间对交通和科学研究很是有用，但希望地方时间不要受到标准时间的干涉。或者更好的是，科学研究和铁路系统用标准时间，其他各个领域还使用地方时间。[71] 威克斯蒂德说，任何一种方式都比时间"跳一下"要好。

威克斯蒂德和弗莱明之间礼貌但激烈的争论持续了好几年。1885年，他在一封篇幅格外长的信件中抨击每个时区边界的时间"跳跃"，他担心这会减缓电气化的进展。[72] "我们并没有天然的时区分界线，而是被几条看不见的线分成5份。"他写道。他这样说是基于用加拿大和英国的情况作对比。英国的情况是爱尔兰海自然地把使用都柏林时间的地区和使用格林尼治时间的地区分开了。[73] 他继续写道，加拿大用的时区分界线"即便是科学家都难以找到（你也了解这一点）……而在这条线的一边是较晚的白天，线的另一边则是法定意义上的黑夜了。比如在埃塞克斯郡的这条线的一边的选举检察员，不得不比他位于线另一边的助手早一个小时关闭办公室——但他们俩都被要求在同一个时间结束选举投票，而某位候选人会因为投给他的选票早于或者晚于规定时间被收到而输掉选举"[74]。

威克斯蒂德对时区制给民主选举带来的影响当然是夸大了，但他提出计时方式改变会产生法律问题是正确的。哪一种时间是法定时间？在一些情况下这个问题相当重要。1893年发生在伦敦和安大略省的案例，就与以哪个时间为法定允许售卖酒精时间相关。[75] 有两家酒吧直到太阳时间的晚上10点仍然在营业，它们没有使用标准时间，并自行延长了半个小时的售卖酒精时间。[76] 据《渥太华自由报》(*Ottawa Free Press*)所说,"地方法官认为所有机构都倾向于用太阳时间。若立法推行标准时间尚未落实,另一种时间必然占据统治地位。所以法官驳回了这个案子。这个判决产生的结果是,允许酒吧在周六晚上多营业将近半个小时,平时的晚上也可以每隔一天多营业半小时"[77]。

威克斯蒂德在《渥太华公民报》(*Ottawa Citizen*)上发表了自己的顾虑,重申了他对于选举作弊的担忧,还强调了对改变计时方式所涉法律问题的担忧。他写道:"我们的刑法中对'夜晚'的定义是'晚间9点到第二天清晨6点之间的时段'。"[78] 时区的存在让跨过经线时时间会"跳跃"一下,法庭案件审理会变得更复杂,因为"法律对夜间犯罪和日间犯罪做出了极其重要的区分"[79]。1885年的《法律新闻》(*Legal News*)上,威克斯蒂德阐释说"入室盗窃罪"是专门针对夜间犯罪的罪名。同样地,发生在子午线两侧邻近位置的保险索赔和抵押贷款事宜也会遭遇时区制带来的问题。[80] 威克斯蒂德不是唯一有这种顾虑的人,《魁北克水星日报》(*Quebec Daily Mercury*)的一位供稿人也写下了一篇针对时区制的抨击长文:

显然,人们都默许了这么一个荒唐的新改变真是太好笑了,不仅是和我们接壤的姊妹国家(美国)接受了,就连我们国内大部分地方也接受了。没经过任何行政部门的公开参与,没有任何公示,也没有任何有效的批准,它就成了——至少在一段时间内是如此——一个既定事实,只凭借一小撮目光长远的梦想家的意愿和喜好。他们有天赋,显然也在奇思妙想和毫无根据的观察上有巨大能力。我不会说错的。就像提到的那样,铁路系统的时间体系对铁路运行来说非常适合且恰当——但也只对铁路系统是如此。地方时间不需要被铁路时间干涉。到目前为止,两种时间体系同时存在,并行不悖。但他们已经在外国处理完这些事了。连确定本初子午线位置这种简单的事，都经历了多重慎重考虑，经历了细致商议，有世界科学领域里拥有毋庸置疑的地位的人来辅助。在大西洋另一岸的我们没有具备同样能力的权威人士。但幸运的是，我们面对的问题是任何一个受过常规教育的人都有能力做出判断的，也是任何一个即便只接受最低教育的人也能轻易了解的。人们使用新时间系统时只要经历一次反常现象或者不便恐怕就足够意识到它的问题了。完全可以放心地把解决办法交给人们的常识，它从长期来看从不会出错。[81]

信中突出了几件事。和威克斯蒂德一样，信的作者指出了计时方式改变一事的随意性，它并没有经过政府批准或者法律规定。国家间的相关法律也是缺位的。计时改变的时间比国际子午线大会早了一年，所以当时还没有任何使用格林尼治时间作为计时基准的国际先行案例。显然，信件作者清晰地意识到了欧洲设立本初子午线时进行了审慎考虑，虽然他把他们的思虑过程阐述成"细致商议"，某种程度上是把它简单化了。但是欧洲诉诸科学权威的做法，和北美依靠"梦想家"弗莱明以及他的铁路同人的愿景相比差异立现，这使得北美标准时间从本质上就带着不科学的色彩。这封信的观点与罗马大会和国际子午线大会的结论形成了耐人寻味的对照。在罗马大会和国际子午线大会上，科学家认为通用的时间只适用于专业领域，并没想在推广标准时间一事上采取任何举措，也没想改变公众的计时习惯。信件作者也同意科学家的观点：他对铁路专业领域进行时间改革没有异议，但强制普通民众也用同样的时间，他认为就不符合"公共认知"了。更进一步地说，让民众使用标准时间不具备合法性。

弗莱明意识到了他创新性的计时方法法律依据薄弱，因此通过多种方式尝试修补这个问题，他引用了英国1880年的法案作为先例，该法案确立了格林尼治时间是英国法定时间。但是他不能为标准时间成为加拿大法定时间找到有参考意义的法律条款。在1891年到1892年间，他寻找法律依据时，遭到了来自少将 D. R. 卡梅伦（D. R. Cameron）的挫败，卡梅伦少将是弗莱明的朋友查尔斯·塔珀的女婿，也是皇家军事学院的负责人。[82] 弗莱明将标准时间合法化的努力失败后，加拿大的法定时间就只能由各省单独确定，而不是由渥太华来决定。

卡梅伦对弗莱明的反对值得仔细分析。卡梅伦、弗莱明、海洋和渔业部就计时改革的问题有过大量的通信，但卡梅伦在1891年的一封信里，就对海洋和渔业部梳理了他的立场：

1. 毗邻而居的人在日常生活中用得最多的是太阳时间；

2. 距离较远的人对对方从太阳时间分化出来的相对时间感兴趣；

3. 时区制的时间不能满足以上任何一种人的需求——它的计算方式一点也不多样化；

4. 当地时间和通用时间当下就能直接满足所有需求。[83]

换句话说，卡梅伦和国际子午线大会上的科学家观点一致。特殊领域和特殊需求使用通用时间，日常生活用地方时间。试图用标准时间把这两种计时方式结合起来，会让每个人的计时都变复杂，对任何人都无益。

弗莱明声明说："时区制时间不需要人为它特意辩护。它不是一种未经考察的理论或者试验。加拿大每天都使用时区制的时间，在这块大陆已经用了将近9年了。"[84] 虽然卡梅伦说的或许没错，即很多加拿大人仍然使用旧的计时方式，但无疑铁路和电报的影响很快会让时区制时间普及开来。"我敢说，离人们不再希望用任何其他方式计时的那一天不会太远了；除非那些居住在偏僻地区，例如哈得孙湾公司的偏远港口那里的人或许还会用旧时间。"[85]

卡梅伦有些夸张地把他对时区制时间的反对看成"意在预防国家陷入灾难"[86]。但是他的卖力表现没能说服自治领计量服务处的总监查尔斯·卡普迈尔。卡普迈尔是加拿大计时服务和天文学界的关键角色之一（他也参与了1882年金星凌日的观测）。[87] 他支持弗莱明的提议，即为加拿大建立一个居主导地位的法定时间,尽管有卡梅伦的反对声音存在。[88]

现在,这一争论中所提到的观点看上去都异常熟悉了。通用时间或者地方时间是否应该占统治地位,是否要用标准时间作为折中方案,来来回回讨论了一遍又一遍。看上去没人否定现存的任何一种时间;讨论的目的是确认哪一种时间要占据权威地位,以及哪些人要具备权威。铁路系统、电报系统和天文台可以用所有它们想用的专门时间,但普通大众,据卡梅伦这样的人所说,应该让他们继续使用地方太阳时间。简而言之,卡梅伦的观念胜出了。但标准时间在铁路系统引导下具有的影响力,也不容忽视,特别是弗莱明一直竭尽全力地向公众推销标准时间的好处。国际子午线大会之后,基于格林尼治子午线的标准时间仍然需要人们去游说、推广和售卖。弗莱明尽心尽力地向公众宣传标准时间,在劝说议会为整个国家制定使用标准时间的法律之余,他也把目光转向了孩子和学校。

计时改革在学校

在为标准时间建立一个法制框架遭遇失败后,弗莱明转而把希望放在通过教育来确定标准时间的主导地位。换言之,如果不能用法律强制公立学校使用标准时间的话,那么就由公立学校来进行使用标准时间的教育。这就需要一场范围广阔的公共教育运动了。

公立学校是进行宣传的合情合理的工具。弗莱明在 1888 年给加拿大学会写了一本小册子,意图向孩童解释时区,他希望这个小册子能成为学校的教学用具。该小册子的名称是《时间以及时间的表示》(*Time and Its Notation*)。[89] 弗莱明希望美国的学校也能使用这本小册子。实际上,这本小册子是他 1887 年最早写给美国计量协会的,但被美国计量协会否决了。美国计量协会对它进行了严苛的批评;协会的成员说道,小册子最大的问题是它的写法并不适合初级学校的教学要求，并且它缺乏作为一本宣传图书所需的清晰性。巴纳德提议把小册子修改得再简短些、清楚些，这样老师和学生更可能从它之中学到更多。他还指出弗莱明没有在小册子里引用实际应用的例子作为教学辅助。[90] 威廉·艾伦也做了同样的点评："恐怕这个小册子不会被一般的老师使用，也不是一般的小学生能理解得了的。如果能把它所讲的观点再凝练一些，缩减到现在的三分之一的体量……那样我会觉得它就能引起老师和学生的注意了。"[91] 弗莱明还并不适应给低年龄段的读者写作。

弗莱明没有修改调整那本小册子，而是转头寻找另一些社会团体来出版它。加拿大学会接受了这本小册子，把它转交给了总督，希望它不仅仅是在加拿大学校老师群体之间分发，还能"传达给所有外国政府，让小册子得到各国教育权威机构的认可，使用这本小册子……也把小册子发送给所有英国殖民地和属地的教育部大臣或总监"[92]。总督兰斯顿侯爵（Marquess of Lansdowne）正值任期的末尾，彼时正在回伦敦的途中，承诺会亲自处理加拿大学会的要求，把小册子提交给伦敦的政府。[93] 小册子被分发到荷兰以及与英国有外交关系的绝大部分国家，玻利维亚和委内瑞拉除外，这两个国家没有英国大使（委内瑞拉于1887年由于与英属圭亚那的领土争端，与英国切断了外交关系；英国驻玻利维亚大使被撤销，改为由秘鲁大使兼管玻利维亚事务）。发往奥兰治自由邦（Orange Free State，南非中部省份）的小册子不能直接送达，必须先经由开普殖民地政府。[94] 开普殖民地政府收到小册子后，掌权的总统回复道："我们国家完全被其他殖民地和国家环绕着，除了我们的邻居所采用的计时方式之外，我们不会推行任何其他的通用时间。"[95] 意大利和印度也收到了这份小册子，而中国香港则表示要再多要25份小册子。[96]

加拿大学会也在国内发放了这本小册子。对小册子最为赞同的反馈之一来自安大略省教育部门的总监，他希望再得到500份小册子，"发放给全省公立学校的督察员以及高级中学的校长"[97]。新不伦瑞克学校的董事会预订了 300 份小册子，西北地区的校董则订购了 200 份。[98] 马尼托巴湖的天主教学校董事不是很认可这个小册子，但许诺将它呈送到下次董事会议上。[99] 安大略省的新教学校董事会首领对此事的回应是"鉴于新的时间标识已经在省内普遍使用，理解新的计时方法没有什么困难……新时间系统普遍推行指日可待了"[100]。其他省份没有立刻索要更多份数的小册子，但也把加拿大学会送来的、希望学校董事会和老师阅览的为数不多的小册子都分发下去了。[101]

其他标准时间的支持者比弗莱明更熟悉适应课堂教学需求的新时区教学工具的制作。费城的一位出版商贩卖专为学校使用的"时间表"，并把它寄给弗莱明，希望能在加拿大的学校中拓展他的顾客群。[102]"时间表"比弗莱明自己写的小册子更容易理解。它在设计的时候，就考虑到了老师、学生的需求以及学习进度。"时间表"的宣传广告中，包含了老师对它的评价——这些评价全都是正面评价，显然是被甄选过的——表示使用时间表授课起到了视觉上辅助的作用。提供视觉上的辅助让理解标准时间变得更容易，弗莱明的小册子做不到这一点。正如一位教师写道，"计算经度和时间是最难以解释清楚的部分"，但时间表使问题简化了。[103] 另一位老师反馈道，"通过时间表，即便不聪明的学生也能看一眼表格就理解了，用语言解释则做不到如此"[104]。还有一位教师，阐述了教授时区的难度，认为时间表"发明得很有价值，给一个晦涩的学科带来了光明"[105]。

地图在学校里已经普及，早在 1885 年 1 月，教师就已经可以得到标有标准时间的地图了。[106] 19 世纪 80 年代中期，由西摩·伊顿（Seymour Eaton）编辑的月刊画报《家庭与学校增刊》（*Home and School Supplement*），有几期包含了教授标准时间的内容。例如 1885 年 9 月刊中，有一页内容是练习题，需要学生找出各大城市之间的时间差别，或者答出当地时间和标准时间的差距。[107] 再比如 1886 年 3 月刊中，有一篇标准时间地图的广告。[108] 19 世纪 80 年代末，教育者并不缺乏关于标准时间的材料和授课工具。

尽管在加拿大，看上去标准时间已经普遍进入学校课程，弗莱明想要的却不止如此。他通过美国土木工程师学会来寻求美国同僚的支持。1888 年，弗莱明向美国土木工程师学会的年会递交了一篇报告，提出在学校教授标准时间的问题。他引用马尼托巴省教育部官员关于新时间系统很快会被普遍使用的说法，认为向下一代教授标准时间，是使它能持续被采用的最好的方法。弗莱明一直都把标准时间和 24 小时标识法联系在一起，在这份报告中他也大力鼓吹这二者。马尼托巴省教育官员的信中说的是标准时间很快会被每个人使用，弗莱明把它理解成 24 小时制也会被每个人使用。但实际上并非如此。据马尼托巴省一位铁路工作者所说，弗莱明推崇的与时区制度紧密相关的 24 小时制钟表，在乡村地区受到了排斥，而 12 小时制的太阳时间仍然在农民中间普遍使用。[109] 显然，用 24 小时标识法来显示时间的时候，"乡下的人不知道它显示的是什么……被问得最多的问题是'这个时间用老式钟表看是什么时候'"[110]。

虽然如此，弗莱明还是相信向孩子教授 24 小时时间标识法会带来改观，哪怕是在乡村地区，因为年青一代会"把学到的知识带回家，也就教育了他们的父母……通过学校这个媒介，我相信在相对短的几年之中，人们就会熟识这整套新体系"[111]。弗莱明建议美国土木工程师学会把他的小册子转交给美国教育局，并期望能"敦促老师就此话题向学校的学生开设专门讲座或者课程"[112]。学会的成员弗莱德·布鲁克斯（Fred Brooks）认为弗莱明的提议"超出了学会的管辖范围"，不过学会的其他成员则站在弗莱明的一边。[113] 无论如何，在 19 世纪 80 年代，加拿大和美国境内的学校都增加了有关标准时间的课程，虽然弗莱明写的宣传小册子比较简陋，标准时间课程得以推广也并非因为它的功劳。

原住民对标准时间的使用

作为弗莱明小册子读者的学生对其感受如何很难断定，同样不易判断的是学生从教授时间的课程上学到了什么。我们可以得知的信息显示出课程效果较为平庸，尤其是在乡村地区。这并不代表学生没有理解标准时间，不如说是学生只是没有地方用到标准时间。乡村地区的学校也教授了标准时间的概念，为原住民孩童开设的学校也不例外。这一小节将讨论的是安大略省南部两个原住民社区的学校中对标准时间的接受。原住民学校中老师和学生的体验，以及标准时间对他们所生活的社区的影响，这些为标准时间的接受过程提供了重要的比较视角。他们的情况显现出，标准时间最让其拥护者推崇的现代性，在含义和应用上具有相当的可塑性和开放性。原住民社区选择接受或者拒绝标准时间，都是因为它能发挥作用，帮助他们应对所遭受的特殊挑战和歧视。

加拿大的原住民孩童去学校接受教育，和那段殖民压迫的历史紧密相关。历史学家乔－安·阿奇博尔德（Jo-Ann Archibald）曾说，"系统化的学校教育也是对诸多原始民族开始大规模杀戮的标志……尽管原住民的孩童有了接受教育的机会，但教育显然是为了让他们'适应'主流社会，而真实情况是他们并不能适应"[114]。原住民中的年轻人被教导着去融入主流社会，但偏见拒绝把他们视为完全平等的人。学校本身也通常是一个充满压抑的场所。J. R. 米勒（J. R. Miller）说道，为原住民设立的学校尤其是一个"企图灭绝文化的机构"[115]。在很多地方，学校系统"让原住民孩童与他们的家庭、社区之间的关系恶化，教育留给原住民的是半融入主流社会的年轻人，以及摇摇欲坠的原住民社区"[116]。这类原住民学校在数学和语言课程之外还有"隐藏课程"，那就是文化同化。[117] 在这种语境之下，标准时间和钟表时间成为殖民主义的工具。学校教育的观察者会评估学生对钟表时间的依赖程度，并把有时间观念看成是原住民融入主流文化的标志。[118]

一部分原住民，例如克莱蒂第一民族[①]的米瑟索格族（Mississaugas of the Credit First Nation），躲过了这种文化入侵中最惨烈的部分，经历了很多困难后与当地定居者共存，同时他们也保留了自己的文化属性，尽其所能地让学校系统为自己所用。19世纪中期，米瑟索格族的杰出领袖彼得·琼斯（Peter Jones, 其本民族名字为 Kahkewaquonaby），同时也是一位卫理公会派教徒和教育倡导者——与埃杰顿·瑞尔森（Egerton Ryerson）是好友——他希望"学校能逐渐地由原住民管理，培育出像他一样的人：可以和白人竞争的男人女人，能用英语、在英国的法律框架中捍卫自己的权利的人"[119]。他的后代也尽最大努力地让学校系统为自己的种族服务，尽管背负着偏见。正因如此，克莱蒂第一民族的米瑟索格族形成了高度重视教育的特点。

1884年，米瑟索格族已经发展出了严格、精确的学校制度。教师们为了监督出勤，采取软硬兼施的手段，对于逃课的学生给予停课处罚，同时也奖励出勤率最好的学生以及定期参与学校活动的家长。[120]每日上课的时间是上午9点到下午4点，中间有一个小时午饭时间，以及两段为时15分钟的休息时间。学校通过铃声来谨防迟到和早退的现象。对老师提出的要求是确保"至少在上午9点上课前15分钟，将校舍准备好迎接学生到来"[121]。对我们所讲的话题最重要的是，1884年的学校管理制度提到"学校运行所用的时间应为以第75条经线为基准的'新时间'"[122]。在北美铁路系统采用标准时间之后的一年，米瑟索格族的学校就把同期存在的其他计时方式从他们的学校教育中剔除了。

位于安大略省南部的莫拉维亚敦保护区（Moraviantown reserve in southern Ontario）的学校也第一时间采用了标准时间，这在1886年引发了德拉瓦族的路纳皮人（Lunaapeew people of the Delaware Nation）中关于

[①] 第一民族：加拿大原住民部落的统称，指加拿大境内的原住民社群，不包括因纽特人和梅蒂斯人。——译者注

保护区内学校教育和计时方式的热烈讨论。莫拉维亚敦是"教会学校"和"保护区学校"的大本营。前者由莫拉维亚敦教会独自建立,毗邻加拿大的泰晤士河,后来逐渐由卫理公会教派收购。[123] 在1885年到1898年之间,学校教师是朵拉·米勒(Dora Miller)女士,她的工资由莫拉维亚敦传教协会支付。与之相对,保护区学校在1885年到1898年间至少有6位教师。

和19世纪80年代时的大部分地区一样,莫拉维亚敦的计时方式也多种多样。当地太阳时间是最简单的一种方式,不过莫拉维亚敦的路纳皮人显然意识到了1883年铁路系统采用了标准时间这一事件。保护区学校在房顶的钟楼上设有自己的钟,在学校上课的日子里定时敲响。[124] 事实上,频繁敲响的大钟给建筑结构带来了明显的破坏,1893年一位督察建议把钟从学校的建筑中挪出来,放在一个独立的钟楼里。[125]

不过,这只钟并不是只为学生服务的。它也"为周边地区报时"[126]。莫拉维亚敦关于当地时间的讨论集中在学校教师如何确定学校大钟的时间。1886年在任的教师是丹尼尔·爱德华(Daniel Edwards),他从1877年起就在学校任教。不过,莫拉维亚敦议会却想换掉他。据学校督察的记录:

> 原住民的议会有意要换掉爱德华先生,让詹姆斯·斯通菲诗(James Stonefish)先生,一位刚从宾州拿撒勒回来的年轻的原住民接任。我不建议立刻就解雇爱德华先生,由于他今年年末就退休,我建议斯通菲诗先生同时着手准备,至少通过教师资格预备考试以进入模范学校。很高兴在爱德华先生退休后,由斯通菲诗先生继续负责学校事务,不过由于他未接受过培训,我认为他还不能和现任的教师做到完全一样。我确信斯通菲诗先生接受过良好的英语教育。[127]

换掉爱德华先生的提议引发了争议,这件事还通过给《印第安人》

（Indian）报社编辑的信件被公布了出来。《印第安人》报总部位于哈默斯维尔（Hagersville），其发行人是彼得·埃德蒙·琼斯博士（Dr. Peter Edmund Jones，是之前提到过的彼得·琼斯的儿子）。[128]《印第安人》在1885年到1886年间发行了24份双周刊，从它的标语上可以看出，它"专注于报道北美洲原住民，尤其是加拿大原住民"[129]。杂志上有一个栏目，报道当地新闻和安大略省及周边地区的原住民社区的评论文章。

莫拉维亚敦议会将要替换掉爱德华先生的时候，也询问了自治领原住民事务部的意见，以便得到允许可以自行任命学校的托管人和教师，议会声明现在学校的督察和教师疏于职守。[130] 议会对爱德华先生的不满尤其集中在他到学校的时间较晚，尤其是冬天的时候。不过，也不是所有人对议会选择的替换人选都满意。正如我们可以从上面那位督察的报告中看到，斯通菲诗先生不具备爱德华先生那样的资质。一位署名只写了一个大写字母"W"的匿名人士给《印第安人》写信说道，他们并不关心谁任学校的教师，只要教师具备资质就可以。在"W"看来，斯通菲诗没有这种资质。除此之外，"W"还说，对爱德华先生迟到的控诉并无根据。"W"在信中写道，当地议会成员"不满教师在冬季到学校的时间太晚，但学校校舍里也没有钟表，保护区内也没有标准时间"[131]。"W"急切地否定当地议会对爱德华先生的评价，引用保护区内计时方式混杂多样的实情来为爱德华先生开脱。"W"又给自治领原住民事务部的负责人劳伦斯·范高奈（Lawrence Vankoughnet）写信，控诉当地议会的决策。

对"W"的回复发表在这份杂志的5月上半刊上，撰写人是约翰·诺拉（John Noah），一位支持替换掉爱德华的议会成员，文章中写道："'W'先生所写的信很有巧思，但属于信口说来，没有考虑到陈述现实和实际情况。你能想象一个具备常识的人说莫拉维亚敦没有标准时间吗？就时间来说，我们有按照博斯威尔（Bothwell）时间信号校准的汉密尔顿城铁路系统时间；我们甚至每天都能听到城镇大厅的钟声，我们所有的手表、钟表都是根据钟声调校的；而这位文思巧妙的先生说这里没有标准时间。"[132] 据他所说，当地议会通过换掉爱德华先生的提议"是为了在最大程度上鼓励我们受过教育、具有能力的年轻人，把他们的时间和天赋奉献给我们原住民的发展"[133]。接着，诺拉为斯通菲诗辩护道，他已经在宾夕法尼亚取得了教师证书，完全具备教学的资质。

使用标准时间成为教师胜任其工作的评判标准。在"W"看来，保护区内的时间是以学校钟楼的报时为准，它并不准确，所以不应该用大钟的报时来判断爱德华先生迟到，因为爱德华先生自己就是学校所在社区的时间真正意义上的发布者，大钟正是由他本人敲响的。不过，代表了议会观点的诺拉则声称，保护区显然已经使用标准时间了，人们获知时间并不依赖于学校老师敲响大钟，而是靠邻近的城镇博斯威尔的时间信号。诺拉是希望让他的社区具有独立自主权的，他通过使用新潮、现代、精准的标准时间所体现出的权威性和合法性，来彰显这种独立自主权。

不过，"W"不是唯一抗议让斯通菲诗担任教师的人。《印第安人》6月刊上还发表了第三封信件，信中否定了诺拉关于在保护区内可以便利地使用标准时间的说法。这封信的作者是詹姆斯·多尔森（James Dolson），一个30岁的路纳皮人，他于两年前即1884年，在莫拉维亚敦教会的哈特曼牧师（Rev. A. Hartman）见证下与乔安娜·希尔（Johannah Hill）结为夫妻。[134] 多尔森的信中写道：

> 诺拉先生让你"想象一下一个具有常识的人说莫拉维亚敦没有标准时间"，而我则请求你想象一下，莫拉维亚敦要是有标准时间的话……无疑的是，那也只能存在于想象中，博斯威尔的钟声所能传达到的距离只有两英里（约3 219米），保护区距博斯威尔最近的地点也有三英里（约4 828米），而保护区的中心地区（保护区学校所在地）距博斯威尔有四英里半（约7 242米）的距离；所以，

第五章　时间的教育和使用

有时候我们一个月都不能听到一次博斯威尔的钟声，除非有天气和风向相助，但这是极少的情况。由此，针对我们现任教师爱德华先生的指控，即他不是每次都准时在上午9点到达学校，只是一种推断，是他的反对者的批判。[135]

多尔森对保护区到博斯威尔的距离的测算是准确可信的，但他所说的钟声所能传达到的范围是否准确就很难断言了，这让我们无从判断诺拉和多尔森所说的孰对孰错。但在这个案例中，要对整个事件做出结论并不需要知道哪一方是正确的。真正重要的是，保护区内的人们了解标准时间，并且认为它具有权威性，同样地，诺拉先生宣称他使用标准时间也是在借用其权威性。诺拉渴望的是让当地议会和社区获得独立自主权，便诉诸基于格林尼治时间的标准时间，声称这也是他们自己所使用的时间。

最终，爱德华先生还是离开了保护区学校教师的职位，但接替他的人也不是斯通菲诗。斯通菲诗后来通过了教师资格预备考试，改为入职了里奇顿学院（Ridgetown Collegiate Institute）。[136] 在爱德华先生离任后，有一大批新教师很快接替了他的职位。与加拿大乡村地区以及全球的其他地区一样，在莫拉维亚敦，标准时间和地方时间还会并肩存在。接替爱德华先生的教师们仍然会扮演莫拉维亚敦的非官方报时者的角色，与博斯威尔传来的遥远的、表示着标准时间的钟声进行恼人的竞争。

结论

正如不同省份的教育部门对标准时间不同程度上的采纳、教学辅助工具的层出不穷，以及保护区内学校对计时方式的争议所明显展现出来的那样，弗莱明借学校课程普及标准时间带来了复杂的结果。它引发了对标准时间的关注，却没能推动它的使用。无论是哪个国家、哪个阶级、哪个种族和性别的人，都使用着对他们来说便利的时间。很多人对标准时间采取无视的态度，或者把它当玩笑一样看待。但是，也有人为了自己的目的而使用标准时间。它可以作为阶级的象征，使得使用它的人显现出"现代"的特征。莫拉维亚敦的德拉瓦族议会用使用标准时间来证明其政治上的合法性，与之相反的是殖民地学校的督察，他们也采用时钟和日程表，但把这些当成一所学校有多"西方化"的判断标准。这种手法和英国的圣约翰·温内一样，他宣称他的电线发送时间信号服务代表着现代，批评露丝和玛利亚·贝尔维尔是非现代的；认为她们与男性气质、专业性和现代性相比，是过时的、女性气质的"怪现象"。在计时方式上有话语权，对达到很多目的来说大有用处。在美国，政府机构监管计时方式和大学通过分发时间来获利这二者之间的竞争，反映出了同样的意图，即人们想要定义计时方式的属性，以及掌控时间的分发。

所有这些关于标准时间的线索联系到一起，即是一部关于权力和权威的建立的故事。国际子午线大会上享有特权的代表，无论他们来自哪个国家，做出了一个和普通人的生活基本无关的结论。正如我们看到的那样，代表中的绝大多数显然只考虑到科学界所用的计时。他们没有改变公众的时钟的意图。然而，大会代表达成的结论以超出他们预期的方式演变发展。尽管格林尼治时间并不是为让所有人使用而设立的，但格林尼治时间所带有的权威性和"真实性"让它极具吸引力。使用格林尼治时间，成为具有专业地位的象征。在其推动者诸如弗莱明和艾伦的帮助下，作为格林尼治时间附属产品的标准时间，成了商业贸易和旅行领域的理想计时方式，并成了这些领域计时的"绝对准则"。但标准时间的使用范围是有限的，它在乡村地区的实际使用更是可以忽略不计，由此，标准时间植入人们生活的进程是缓慢的。与此同时，其他计时方式并没有为了给标准时间腾出位置而消失。标准时间的出现并没有通过抹去其他同时存在的计时方式而使计时简单化，相反，它是在已经存在的各种计时方式之外，新增的一种计时标准。

教育机构用它所具有的社会权威性帮助灌输标准时间的概念。这个过程既是直接的——如美国的大学本身就是标准时间的分发者，也是间接的——例如通过向国内的学生开设课程。时间改革者没能通过立法迫使人们使用"现代的"计时方式，但通过教育的方式推行了它。学校的日程设置以及对逃学、旷课的严格管理规定，强化了人们的"现代"时间观念，影响着各个阶层和种族的思想意识，而白人之外的孩子和贫穷的孩子总是由于不遵守现在的钟表时间而被形容成没有道德素质。边缘群体也可以通过使用现代的计时方式，来显示他们现代性的特质，就像莫拉维亚敦的议会所做的那样。用教育和机构推行计时方式是殖民手段，但这也可以被打破、被转用、被挑战。不同地区、不同人群所用的计时方式显示出来的种种矛盾，预示着19世纪末的一场更盛大的关于计时的争论。格林尼治时间并没有像弗莱明想象的那样，从一开始就成为一个全球性的、毫无争议的计时系统的基础。它也没有像国际子午线大会上的科学家预判的那样，只成为小众的专业工具。实际上，现代计时方式是以上两种预期相互妥协的产物，是被社会和文化语境塑造出来的产物——它是一个不断变化的准则，同使用它的人和当时的社会环境一样混乱、多样，充满争议和复杂性。

结语

本书以追溯一个全球通用的、标准化的计时系统的历史为开端。这个理想并非只有单一的缘起。很多 19 世纪的思想家都分别萌发了这一设想。其中的一位（并不是首创者）是桑福·弗莱明。他是一个铁路工程师，在推广这个理念上花费了大量的时间和精力。弗莱明设计这个计时方式的目的不是改变世界的计时，至少最初并不是这样。作为一个专业的铁路工程师，他解决的是一个不很严重但在整个行业内很普遍的棘手问题。他希望能简化铁路的时刻表，原来的铁路时刻表由于需要和数十种各地的计时方式相协调而变得很不奏效。弗莱明的想法是，把地方时间的数量缩减到可控制的范围内——全球只用 24 个地方时间。

北美洲的铁路系统是赞成这个设想的。在威廉·艾伦的指导下，1883 年北美铁路系统采用了这套新的时区制度。大多数主要的城市都没费多少工夫就采用了时区制度，甚至不少自治市决定把当地时间也调整成和铁路系统时间一致，然而也有一些城市仍然愿意使用地方时间，当有旅行需要的时候，再转换成铁路系统的时间。

在参与了各种国际事务之后，弗莱明不满足于只在一个行业内或只在一块大陆上使计时方式标准化。他是一个 19 世纪时最有全球视野的公民，也是一个帝国主义者——这两个特点在他的观念中是互不排斥的。他渴望把他的理念在广度上扩展——传播到世界范围，在深度上拓展——延伸到其他行业和公共生活的其他层面。他解决了铁路系统面临的一个问题，他相信他的设想对其他行业也有应用价值。

标准时间能成功实行，靠的是广大旅行群众的参与。最起码地，旅客在旅行的时候需要理解如何把他们的地方时间换算成铁路系统时间。不过弗莱明提议，如果所有人在生活的每一个方面都改用铁路系统时间，不是更简便了吗？这就是弗莱明最初简单的专业解决方案向潜在的大范式转变演进的起点，即让一个计时系统，被所有人、所有方面应用。

另一块大陆上，另一个专业领域内，另一种思想正在激荡。欧洲的地理学家和天文学家，正在为了设置全球唯一的、通用的时间而努力。这一设想并没有它听上去那样宏伟，它并没有期望所有人都使用这个时间——只要天文学家、地理学家、航海业人士使用它就可以了。日常生活的规范仍然是用地方时间。全球通用的时间只是意味着，全球各个地区的天文学家在观测地外现象时——例如金星凌日——得以用一致的时间来标记同一个现象。他们同样也是在解决专业领域的问题。

两方人马最初都是从一个小问题出发。铁路系统标准时间和天文学的通用时间本可以并肩存在，互不干涉，甚至不需要知道有对方存在。但事实并不是这样。这两种由不同领域的专家依托其特有的关系网络构想出的时间最终相遇了。二者相遇的碰撞组成了本书所讲述内容的核心。本书所做的案例研究是，时间的认知——以及时间所代表的权力——如何在这些碰撞的观念中被建构成形。和其他大部分的科学发现一样，现代计时方式并非客观上地被"发明"、被"观测到"或是"被创造"。借用卡琳·克诺尔 – 塞蒂纳（Karin Knorr-Cetina）首创的说法，它是一个"决策担纲"的过程的产物。[1] 每一个个体都用他的文化背景——不仅仅包括他的职业或专业背景——影响着现代计时方式的形成。这些文化背景既框住了人们决策的范围，也让人们塑造着进一步巩固其即有观念的文化范式。

从这个角度来理解，我们就可以轻易地了解到 1884 年国际子午线大会上冲突的核心是专业领域之间的冲突，而非国家之间的冲突。两种计时方式的提案之间没有什么联结点，而且双方都对对方的观念不感兴趣。显然，天文学家并不渴求大范围的计时方式改变，他们的关注点是确立一条本初子午线，以便为航海业测定经度，其目的不是改变民间公众生活所用的时间。

国际子午线大会上的天文学家考虑的是得出他们自己领域所要的结果。英国的科学艺术部在选择国际子午线大会代表时，是基于他们对米制度量系统的态度，而非基于支持哪种计时方式，因为对米制度量系统的争议是英国科学界在1884年时面临的最大危机。而以安妮·拉塞尔、威廉·帕克·斯诺以及查尔斯·皮亚兹·史密斯的案例为代表的度量系统争议本身，就与当时的宗教信仰以及企图通过考古、天文学、数学等其他自然科学验证《圣经》内容的社会文化背景密不可分。这些反过来又与帝国之间的竞争、种族阶级观念和国家主义观念等广泛的社会语境相关。所有一切因素，再加上不断变化的区分业余人士和专业人士的标准，各种形式的排外现象和身份认同，基本把弗莱明排除在了国际子午线大会之外。这些影响因素让大会上的英国天文学家不断地贬低同样作为英国代表的弗莱明，因为他提出的目标基于的是完全不同的文化背景下完全不同的设想理念，与天文学家的目标大相径庭。天文学家对于民众生活所用计时的任何一点改变都非常谨慎。他们认为，对公众应采用何种计时方式做出判断，超出了大会的范围，并且也超过了他们的权力范围。在他们看来，弗莱明过于激进。而在弗莱明看来，这些天文学家又是短视的。

标准时间看上去在国际子午线大会上遭受了挫败。但在这之后更大范围的游说运动中，弗莱明切实地在推广标准时间，很多民众都把他的观点和大会代表的决策合并在一起接受了。不经意间，两种属于不同专业领域的计时方式被结合在一起。报纸上曾把为天文学家设计的通用时间和弗莱明改变公共生活计时的计划混为一谈。看起来没人能确定，国际子午线大会通过的通用时间是为某些特定事业服务的，还是给所有人使用的。钟表制造商开始成群结队地申请专利，以适应弗莱明提出的另一个建议，即采用24小时制的钟表。24小时制钟表这个概念也被移植到了国际子午线大会设定的通用时间上。

两种迥异的计时观念的合二为一，表明了其中一种观念的核心思想被嫁接到了另一种观念上，使事情越发复杂了。最明显的表现是人们对时间精确性的认可和追求。天文学家的通用时间与弗莱明的铁路系统标准时间不同，它要求极致的精准性，要精确到一秒的数分之一，以便能用于科学研究。所以，一旦普通大众认为通用时间是每个人都可以使用的，时间应具有高度精确性这一观念也随之被大众接受了。一些新的企业抓准了人们的心态，试图向此前并不需要这么精准的时间的个人和组织贩卖精确的通用时间，并获得了广泛成功。这种生意所贩卖的是未来——与众不同的、科技乌托邦的未来。和精确时间一同到来的是对"进步"的许诺。从事分发时间的公司，为富裕阶层和实业家提供了诱人的机遇，让他们和最前沿的现代性以及它所代表的一切美好特质产生联系。与此同时，贝尔维尔家族这样的从业者提供了另一种让人们具备现代性的途径，它覆盖的群体更宽泛，不过贝尔维尔家族仍需依赖被国际外交界共同认可的精确时间的权威。

两种计时观念的融合还表明，任何一种观念都对最终结论不满意。格林尼治天文台的一位沮丧且超负荷工作的皇家天文学家，率领着员工测算出精确时间，把它分发给大众。他宣称这已经超过了天文台的职责范围，威胁要取消给公众的时间服务。他坚持悍卫通用时间初始时的样貌——只被用于天文学家和皇家海军的专业用途，不用作商业用途，不给公众使用。

另一方面，弗莱明对他的时间方案被无视了感到挫败。国际子午线大会上达成的协议中不包括任何让民用计时同步改变的条款，更不用说让民众采用标准时间了；甚至在标准时间最被广泛接受的北美地区，他也遭遇了一段难以让标准时间进入立法的艰难时期。加拿大和美国都没有从法律上认证标准时间，而英国法律认可的是以格林尼治时间为国家时间，这显然不是标准时间。尽管国际子午线大会上产生了各种各样的声音，全世界大部分地区常规的做法仍然是使用地方时间。

在推动标准时间立法失败之后，时间改革者转头试图通过用教育而非法治的方式劝说大众改用新的计时方式，他们为公立学校开发了课程。然而，通过教育改变人们的行为方式，带来了复杂多样的后果。人们继续使用对他们来说方便的时间。某些情况下，例如英国标准时间公司的顾客，或者莫拉维亚敦德拉瓦族议会议员,这些人用使用标准时间来显示自己的权威性和现代性。但另一部分人只乐于继续使用地方时间,并且持续用了几十年。无意间将标准时间和天文学家所用时间的极端精确性联系到一起,导致直到 20 世纪 20 年代无线电技术使分发精确时间更加便利可行之后,标准时间才被更加广泛地使用。但那时,由于国际子午线大会没能让标准时间成为国际通用的体系,各个主权国家是其计时规则的决定者,各国只是大概遵循以经线为基准的时区制。整个 20 世纪,主权国家都展现出对国际力量的强硬抵抗。[2] 但是,认为只有主权国家才参与了构建全球计时方式的进程,也是不准确的。各个国家并没有为现在我们所用的时间打下法律基础。正如本书所说,深受文化语境(诚然,这个语境也包括国籍,但不完全只是国籍)影响的专业人士和个人才让时间成了现在这样。

而国际子午线大会留下的遗产——虽然大会基本没有对民众计时有直接或间接影响——是对外交领域的深远影响:它在计时方式上的国际协作,成为制度先例。直到今天,技术领域的专家仍然用集会讨论的方式协调和确定国家间的标准规范,和在国际子午线大会上一样,这些专家既具备外交家特质,也具有物理科学家和工程师的身份。在 21 世纪,这种专业领域人士的聚会改换了主题,例如地面原子钟已经代替了天文观测成为计时的基础,现在科学家和工程师聚集在一起,是为了设定依托于遍布全球多个实验室的原子钟协同工作的卫星导航系统。另一个例子是,一秒钟的时长,是由位于巴黎外面的国际度量衡局(International Bureau of Weights and Measures)汇集各国的原子钟确定的。国际子午线大会为现在国家间协作制定标准铺设了道路,从这个角度来说,它的意义深远。

当然,大会达成的外交协定只是整个故事的一部分。普通大众对国际子午线大会的各种解读和理解,构成了与计时有关的叙述的另一部分。让计时方式合理化靠的是双重基础——一方是专家和外交官的倡导,一方是公众的使用,在任何领域建立一个普遍推行的国际规范都可参照这个模式。

官方外交领域和专业领域的专家起到重要作用，但公众的接受、理解和使用也同样重要。国际性的规范需要像国际子午线大会这样的会议给出官方定义，但是各地对这个规范的采用往往像是围绕主题展开的变奏曲，根据各地情况和条件限制的不同而做出适应、变化。没有任何一个国际标准能在完全不经历一点改变的情况下落实到现实世界中去。计时方式当然也不例外。

关于计时方式的有影响力的专著，应该是马克思主义历史学家 E. P. 汤普森（E. P. Thompson）1967 年发表的《时间，工作纪律以及工业资本主义》（*Time, Work-Discipline and Industrial Capitalism*）。[3] 本书中没有过多参考汤普森的研究成果，因为他的专著主要聚焦于 18 世纪，而不是本书关注的 19 世纪。不过，他所提出的问题是本书中讨论的众多问题的根基，即便是间接的，所以有必要深入了解一下他的观点，并为本书做一个恰当的结尾。

汤普森的文章探讨的是早期工业革命时期人们时间观念的转变。在汤普森看来，"时间观念"的改变，是测量时间的技术进步和新型工业化经济推行的直接结果。他描绘出计时方式改变前后截然不同的状态。人类大部分历史上，是根据自然现象来确定时间的，渔民和水手依着潮水涨落来规划一天的事务；农民根据季节变化来进行农业生产。在自然的时间节律下，工作是以任务为指向的，一天的时间是围绕着今天需要做什么事情来安排。[4] 工作和休闲并没有彼此割裂。如汤普森所说，在使用依靠自然确定的时间时，"社交往来和工作混在一起——每天的工作时间根据要做的事情不同而或延长、或缩短"[5]。在 18 世纪的早期工业化的背景下，依靠自然的计时方法让位给了规范严格的钟表计时。汤普森说道，社会上弥漫着钟表时间更高贵的风气。"对于适应了用钟表来确定工作时间的人来说，（靠自然计时、以任务为指向）这种对待工作的态度显得浪费时间且缺乏紧迫感"[6]。随着精准的计时工具的出现，雇主得以购买雇员的时间：雇员不再以他们完成了什么任务被支付报酬，而是以他们工作了多少小时被付酬——而雇主不希望他们购买的这些个小时被浪费。时间成了金钱。[7]钟表时间甫一出现，就不仅仅只有雇主采用、强化它的存在，社会机构也向人们灌输它的意义，包括传授守时和勤奋观念的学校，汤普森称其为"时间上的节俭"[8]。汤普森深刻地做出了总结：计量时间本身成为剥削劳动力的工具。[9]

汤普森展示了计时方式对人类行为影响的有力证据。他的观点大体上是具备说服力的：英国的工业化社会改变了工人的"时间观念"，以便把工人束缚在每天如此的、规定的工作时间里。随着需要技术的工作被低薪、无需技术的岗位替代，钟表迫使工人以"非自然"的模式工作，这种模式更容易压榨他们。汤普森的观点具有重大的影响力，它确实值得如此，但其中也存在着问题。第一，他的自然计时和钟表计时的分界过于生硬。他的著作中将自然计时法描绘成一个金光闪闪的理想世界，激发起人们对简朴生活的怀念之情，彼时时间既不需要，也不能被"恰当地"获知。然而，靠自然现象来确定时间，也仍然是一种计时方法。使用钟表时间所需要的时间观念上的转变，可能并没有他想象的那么大。正如保罗·格兰尼（Paul Glennie）和奈杰尔·丝里弗特（Nigel Thrift）评价的那样，"没有钟表既不代表着'缺乏信息'，也不代表着'缺乏能力'来得知时间"[10]。钟表时间在工业革命之前就有重要地位并且被使用了。第二，汤普森的观点完全是技术和经济决定论。在某种程度上，这是合理的。没有准确的钟表，不可能设立有时间规划的工作日，同样，如果没有发展出工业经济，它也不会存在。但是，并不是技术的进步才创造了对计时的需求。事实恰恰相反：对精确计时的需求才引发了计时方面的技术发展。[11]由此看来，汤普森把事情的原因和结果颠倒了。

不过，我们很难否认汤普森对于18世纪工业化促使了工人阶级使用钟表时间的研究发现。问题的重点是，工人阶级从何种程度上通过抽象思维来获知时间？历史学家瓦内萨·奥格尔近期研究发现，工人阶级并没有理解时间。她研究了18世纪到20世纪的时间观念的转变，认为在20世纪早期，仍然有很多人离不开靠自然判断时间，且"使用抽象的时间时极其不自然"[12]。在英国引进夏令时（日光节约时间）的研究中，奥格尔发现，很多人对时间要通过法律制定而非通过太阳确定感到迷惑不解。他们不会且不愿意用抽象方法确认时间，也就是说，他们的现代时间观念或许没有汤普森所想的那样发展完备。

我的观点是，在汤普森和奥格尔的观点之间存在一个连接二者的桥梁。18世纪工业革命或曾引发了时间观念的改变，就像汤普森认为的那样，在这场时间观念转变中，工人的工作方式从任务主导变为遵循钟表时间的计划主导。据我的观察，根据本书所讨论的事例，19世纪晚期的工人阶级经历的是同样让人迷惑的变化时期。这时，工人已经适应了钟表时间。但是当他们得知平时惯用的地方时间现在成了错误时间时，他们的认知又一次被颠覆了。现在，有一个更真实的时间——一个完美、通用、精准且标准的时间——来校正所有的钟表。[13] 但是工人不能得到这个时间，至少是无法轻易获得。格林尼治时间对大部分人来说是昂贵且无法获得的。如果说汤普森所描述的18世纪的新时间观念是一种剥削工具，那么19世纪晚期的标准时间则是造成社会不公平的新原因。想象一下，你的比如确定时间这样简单的能力被剥夺了。人们不得不依靠专家才能做到以前他们自己就能做到的事，要么就拒绝一切先进的计时方式——很多人都是这么做的。奥格尔所见到的20世纪困惑不解的人们抱怨政府官方——计时领域专家——又把每天的小时搞乱了的记载，一点也不足为奇。日出日落至少是稳定可靠的，而且是免费的。暂且不说靠自然计时，用地方时间都是一个更好的选择。

不过，火车不能按照日出日落来运行。专业的计时是必要的。本书的目的并不是批判专家和现代世界的专业技术——当下，此类反智主义[①]的风

---

① 反智主义：是一种存在于文化或思想中的态度，可以分为两大类：一是对智性、知识的反对或怀疑；一是对知识分子的怀疑和鄙视。——编者注

气有抬头之势。本书的目的是阐明专业知识一直以来与社会、经济特权紧密相连的方式，并着重突出公平获得信息的价值。

在本书的序言中，我表明了两个观点：首先，人们对时间的认知受到个人主观意愿和专业身份的影响，其次，它被关于时间本质的争论所塑造。我们已经看到了这一过程是如何发生作用的。天文学家认为精确时间只是专家所用的工具，不是为大众所使用。但是天文学家的设想与弗莱明的通用民用时间的理想混杂在一起，被广泛推广开来，尽管并没有在全球范围流行。结果就是形成一种混合思想，将天文学家的技术精确性与标准时间的通用性结合在一起。天文学家专业身份和作为专家所拥有的外交地位，让这种新型的混合思想具有合法性，并且在理论上淘汰了其他各种获得时间的方法，虽然实际上并未如此。这一情况催生了对获得精确标准时间的需求，企业主和资本家诸如圣约翰·温内和玛利亚·贝尔维尔站上舞台，标出一定的价格来满足人们的此种需求，也就导致了在获得新的时间上的不公平现象。很多人对此并不在意，继续使用他们已经习惯的时间。但是，不能平等地获得时间，引发了对格林尼治时间性质的争论——它是应该作为一种商品，还是作为专业领域工具，抑或是作为大众福祉？弗莱明力推格林尼治时间应作为大众福祉，尽管并不是出于善心——他和温内一样，是从个人利益出发的资本家。免费的精确时间对他所在的产业（铁路）有利，所以他才支持把标准时间推广到社会应用的所有方面，试图通过公立学校课程来培育年青一代使用标准时间。时间是公共福祉这一观念逐渐胜出，但这是在无线电技术足以让它以便宜的成本发送到各地，削弱了温内等贩卖时间的商人的利润之后的事情。廉价的时间分发逐渐帮助了其他产业向更高处发展——无线电通信、航空业，以及电视行业。

标准时间的故事中蕴含着具有广泛适用性的经验教训，对当今全球化的世界有着诸多启示。这本书具体关注点是时间理念的建立，也讲述了任何形式的理念的产生，以及确定其合法性的决定因素是什么。个人动因和专业概念影响了一种理念的形成，同样，关于理念自身的讨论也对它的形成造成了影响，即它是公共福祉，还是商业产品，或是专业领域的工具。对这一问题如何作答，也会有巨大意义。本书展示了这一历史范式和其演进过程，这个案例也给理解其他事件提供了借鉴思路。例如，互联网的发展就可以用相似的思路来解读。在互联网发展之初，它只供专家使用，具有极高的使用门槛，只售卖给资金富裕的机构。当它价格更低廉时——现在全世界超过 60% 的人能够接入互联网，新产业和新技术得以在互联网的基础上建立、发展。互联网同样不是一个单一发明人创造出来的，而是不同文化语境内多种思想交织互动形成的。互联网并非最完美的类比对象，但它与标准时间之间有深刻相似性。最后要说的是，标准时间的故事让我们了解了一种知识、理念是如何建立的，同时也告诉我们知识和理念如何被获得和共享，以及当获取这种知识的机会不平等时会产生什么样的后果。信息能被共享，是变革的强大推动力。标准时间的故事就是给我们的及时的提示。

附录　国际子午线大会通过的决议

1. 大会决定，采用对所有国家都有效的唯一一条本初子午线，以取代原先在用的多条子午线。（一致通过）

2. 会议提出参会各国以穿过格林尼治天文台中天仪的经线为本初子午线。

3. 从本初子午线开始，经度分别向两个方向计算，向东经度逐渐增加，向西经度逐渐减小。

4. 大会提出出于便利的目的，设立国际日；国际日不干涉人们使用当地时间和标准时间的意愿。

5. 国际日应为平太阳日。全世界的国际日都由本初子午线上的午夜时刻开始，和本初子午线上的一天之始和日期之始一致；一天的时间从零点开始计算，直到二十四点结束。

6. 大会敦促，一旦采用国际日，世界各地的天文日和航海日就要调整为以午夜时刻为一日的起始。

7. 大会敦促，应该重启旨在规范和拓展十进制系统在角空间划分和时间划分方面之应用的技术研究，以便将该系统的应用拓展到能发挥其优势的所有场景。

注　释

序言

1. 爱因斯坦的狭义相对论（1905年建立）和广义相对论（1916年建立），彻底改变了我们从科学上和哲学上理解时间的方式。对相对论和时间膨胀，最易于理解的解释可以参见霍金的《时间简史》。

2. 这句谚语的起源，通常被当作拿破仑·波拿巴所说的"历史是一系列被认可的谎言"。

3. 见 Nanni, *The Colonisation of Time*。此种潮流被称为"库存科学"（Science of Inventory）；见 Zeller, *Inventing Canada*, 269。唐纳德·麦肯齐（Donald Mackenzie）认为维多利亚时代的科学为复杂系统赋予了秩序感，见 Donald Mackenzie, *Statistics in Britain*。

4. 蒂莫西·米切尔（Timothy Mitchell）。在其著作 *Rule of Experts* 中认为欧洲对埃及的地理探测和地图绘制并没有带来对世界的更准确的见解，而是又一次传递了有助于殖民统治者掠夺当地自然资源的知识。

5. Glennie and Thrift, *Shaping the Day*, 40.

6. 查理斯·威瑟斯（Charles Withers）指出，大会的最终方案没有在大会结束后推行，导致"特定的地理上的不公正结果"，见 Withers, *Zero Degrees*, 216。伊恩·巴特基认为国际子午线大会上的参会国家并不是全体一致同意以格林尼治子午线作为本初子午线所在地，也不是由他们设立了时区，见 Bartky, *One Time Fits All*, 99。瓦内萨·奥格尔在关于计时改革的书中很少提及国际子午线大会——她将计时改革形容为完全失败的案例，而国际子午线大会"在拖延到了20世纪30年代到40年代的时间统一化进程中，几乎没起任何作用",见 Ogle, *The Global Transformation of Time*, 14。

7. 见 Ogle, *The Global Transformation of Time*。

8. 天文学家有测量恒星时,并把它转化为太阳时间的工具和技能。恒星日的长度是头顶上的一颗恒星,由于地球转动,第二天晚上回到同样的位置点所用的时间。太阳日的长度也是用同样的方式测出,但用太阳来取代恒星。由于地球是围绕太阳转动,恒星日大约比太阳日短4分钟。准确的时间一旦被确认,就要求有分发时间的方式,无论是靠电报、无线电还是传递精密计时器实物,这些方式都很昂贵并且复杂,使得全球性的标准时间比简单的当地时间更依赖天文学家的专业操作。

第一章

1. 见 Blaise, *Time Lord*, 75–7, Burpee, *Sandford Fleming*, 211–12, Lorne Green, *Chief Engineer*, 56–7。这几部自传都提及了错过火车。伊恩·巴特基就此对它们提出了一些批评,见 Bartky, *One Time Fits All*, 51, and "Sandford Fleming's First Essays on Time," 5。

2. Fleming, *Uniform Non-Local Time*, 5.

3. Bartky, *One Time Fits All*, 51, and "Sandford Fleming's First Essays on Time," 6–8. 巴特基指出第一篇直到1878年才发表,是在发生火车事件的两年后而非弗莱明所说的"几周"之后(巴特基认为"几周之后"只是一种文学修辞的说法)。在我看来,弗莱明确实是在火车事件后不久就写出了这篇文章,只是在此后几年都没有发表,他当时对先于克利夫兰·阿贝和美国计量协会发表颇感压力,选择了逐步传播他的理念。他在1876年尝试过通过英国科学促进协会发表关于计时改革的文章,在他的自传中写道,《关于统一的、非地方时间的记录》(*Memoir on Uniform, Non-Local Time*)这篇文章发表于1876年(这个记载并不准确,但有可能是指他尝试提交给英国科学促进协会的文章,这篇文章写于1876年)。见 Burpee, Bibliography of Sir Sandford Fleming, 27 March 1907, vol. 7, Fleming Papers, MG 29 B1, Library and Archives Canada, Ottawa(以下简称 Fleming Papers)。弗莱明还于1883年对查尔斯·多德说,这篇文章是写于火车事件之后的1876年,但他可能也在信誉问题悬而未决的情况下,有意署上了更早的日期。见 Sandford Fleming to Charles Dowd, 11 Dec. 1883, vol. 65, Fleming Papers。

4. Allen, *Short History of Standard Time*.

5. Bartky, "Sandford Fleming's First Essays on Time."

6. 斯特鲁维的贡献，见 Otto Struve, "First Meridian," vol. 30, Fleming Papers。艾里的时间服务始于 1849 年，H. Spencer Jones, "Untitled History of Time Service," RGOA, RGO9. 625, CUL 提到了这一点。

7. Bartky, "Sandford Fleming's First Essays on Time," 6–8.

8. Ibid., 8. 发言人包括威廉·汤姆森（William Thomson, 后改称为凯尔文勋爵），大卫·吉尔，皇家海军的水文测量者乔治·达尔文（George Darwin），罗伯特·鲍尔（Robert Ball）以及罗斯伯爵（Earl of Rosse）。

9. Ibid., 8.

10. 阿贝认为时区的概念是数学家本杰明·皮尔斯（Benjamin Pierce）提出的。见 Bartky, "The Adoption of Standard Time," 37, note 42。

11. Ibid., 35–7. 顺便要说的是，巴特基的文章是最早发表的认识到除了铁路系统之外，天文学界也是标准时间的推动力（通过阿贝对极光的测量行为）的文章之一。不过，文章中并未提到对标准时间使用范围的不同认知：是科学研究所用的时间，还是所有人包括铁路系统所用的民用时间。

12. 克利夫兰·阿贝 1880 年 3 月 10 日写给桑福·弗莱明（当天寄出了两封互相关联的信），见 vol. 1, Fleming Papers; F. A. P. Barnard to Sandford Fleming, 18 March 1880, vol. 3, Fleming Papers; F. A. P. Barnard to Sandford Fleming, 23 June 1880, Ibid.; F. A. P. Barnard to Sandford Fleming, 6 July 1880, Ibid. 又见 Bartky, "Sandford Fleming's First Essays on Time."

13. Memorial of the Canadian Institute on Time Reckoning and a Prime Meridian, 1878–1879. 见于 Fleming, *Universal or Cosmic Time*, YA. 2003. A. 17994, BL。

14. M. E. Hicks-Beach to the Marquis of Lorne, 15 Oct. 1879, 见于 Fleming, *Universal or cosmic Time*。殖民地部部长希克斯-比奇（Hicks-Beach）似乎是改写了乔治·艾里的内容。

15. 短短几十年，情况就发生了变化。引入夏令时被当成强制人们改变社会行为的试验。见 Bartky, *One Time Fits All*, 161–200。

16. Council Minutes, 14 Nov. 1879, No. 2, vol. 8, Royal Astronomical Society Papers, Part 1, RAS.

17. Sir John Henry Lefroy's Report on Mr Sandford Fleming's Proposals Respecting a Prime Meridian and Time Reckoning, 19 Nov. 1879, RGS/CB6/1377, RGS.

18. The Secretary of the Royal Society to the Colonial Office, 6 Nov. 1879, 见于

Fleming, *Universal or cosmic Time*。

19. 海军拒绝提议的另一个理由是，公众还没有准备好这样的改变。The Lords Commissioners of the Admiralty Board to the Secretary of State for the Colonies, 4 Oct. 1879, in ibid.

20. Charles Piazzi Smyth to Colonial Office, 5 Sept. 1879, in ibid.

21. Ibid.

22. Ibid.

23. Ibid.

24. George Airy to the Secretary of State for the Colonies, 18 June 1879, and Charles Piazzi Smyth to Colonial Office, 5 Sept. 1879, in ibid。1880 年，克利夫兰·阿贝向弗莱明指出拉丁字母并不是全球通用，他的提案中没有体现出其他的字母和书写系统。F. A. P. Barnard to Sandford Fleming, 16 July 1880, vol. 2, Fleming Papers。

25. Withers, *Zero Degrees,* 3.

26. 史密斯也读过这封信。Charles Piazzi Smyth to Sandford Fleming, 12 Nov. 1878, vol. 2, Fleming Papers。

27. George Airy to Sandford Fleming, 11 Feb. 1878, vol. 1, Fleming Papers.

28. Howse, *Greenwich Time*, 114.

29. Chapman, "Sir George Airy (1801–1892)," 325.

30. Bartky, *One Time Fits All*, 70.

31. Ibid., 59.

32. 问卷上大约 90% 的问题针对的是"铁路系统的实际工作者"，剩下的问题针对的是"具备理论头脑的人"，也就是指天文学家和学术界人士。John Bogart to Sandford Fleming, 13 March 1882, vol. 2, Fleming Papers。

33. Vol. 2, Fleming Papers, 其中充满了为了呼吁进行某种改革而进行的调查的结果。

34. Cleveland Abbe to Sandford Fleming, 10 March 1880, vol. 1, Fleming Papers.

35. Thomas Egleston to Sandford Fleming, 20 Feb. 1883, vol. 14, Fleming Papers.

36. Bartky, *One Time Fits All*, 59–85.

37. 马里奥·克里特（Mario Creet）和伊恩·巴特基对弗莱明的激进主义的评价，如果不是忽略了他和国际保存和完善盎格鲁-撒克逊度量衡协会的关系，就很完美了。Creet, "Sandford Fleming," 66–89; Barkty, *One Time Fits All*。

38. 可见 Perry, *The Story of Standards*; Theodore Porter, *Trust in Numbers*; Wise, ed., *The Values of Precision*; Hacking, *The Taming of Chance*; Headrick, *When Information Came of Age*。

39. 更多关于科学进步促进殖民主义的观念的内容，见 Adas, *Machines as the Measure of Men*; Drayton, *Nature's Government*; Weaver, *The Great Land Rush*; Mitchell, *Rule of Experts*。

40. 1884 年，它有大约 600 名成员。Reisenauer, "'The Battle of the Standards,'" 969。

41. Thomas Egleston to Sandford Fleming, 9 June 1881, vol. 14, Fleming Papers; Thomas Egleston to Sandford Fleming, 19 June 1881, ibid.; Thomas Egleston to Sandford Fleming, 24 June 1881, ibid., F. A. P. Barnard to Sandford Fleming, 11 June 1881, vol. 3, Fleming Papers.

42. F. A. P. Barnard to Sandford Fleming, 11 June 1881, vol. 3, Fleming Papers.

43. Thomas Egleston to Sandford Fleming, 1 June 1883, vol. 14, Fleming Papers.

44. Thomas Egleston to Sandford Fleming, 1 June 1883, ibid.

45. Charles Latimer to Charles Piazzi Smyth, 1 Jan. 1882, A14/66, Charles Piazzi Smyth Papers, Royal Observatory of Edinburgh（以下简称 Smyth Papers）。拉蒂莫后来告诉弗莱明，尽管他觉得金字塔应该是最好的本初子午线所在地的选择，但格林尼治是便于接受的。Charles Latimer to Sandford Fleming, 27 Feb.1882, vol. 27, Fleming Papers。

46. Charles Latimer to Sandford Fleming, 22 Dec.1882, ibid.

47. Sandford Fleming to A. G. Wood, 14 Feb. 1883, vol. 54, Fleming Papers; Sandford Fleming, "Standard Time," *International Standard* 1, undated, vol. 65, Fleming Papers; *International Standard*, March 1883, vol. 105, Fleming Papers.

48. Charles Latimer to Sandford Fleming, 30 Oct. 1883, vol. 27, Fleming Papers; Charles Latimer to Sandford Fleming, 22 Nov. 1883, ibid.; Charles Latimer to Sandford Fleming, 5 Dec. 1883, ibid.

49. F. A. P. Barnard to Sandford Fleming, 4 June 1881, vol. 3, Fleming Papers, 另见 Bartky, *Selling the True Time*, 149。

50. Bartky, *One Time Fits All*, 35–47.

51. Charles Piazzi Smyth to F. A. P. Barnard, 24 Aug. 1881, vol. 3, Fleming Papers.

52. George Airy to F. A. P. Barnard, 12 July 1881, ibid.

53. F. A. P. Barnard to Sandford Fleming, 30 July 1881, ibid. 又见 F. A. P. Barnard to Sandford Fleming, 3 Sept. 1881, ibid.

54. F. A. P. Barnard to Sandford Fleming, 19 Dec. 1881, ibid.

55. 他对威尼斯召开的大会的评价可见弗莱明的著作，*The Adoption of a Prime Meridian*。

56. George Wheeler to Sandford Fleming, 2 March 1882, vol. 53, Fleming Papers.

57. Ibid.

58. Sandford Fleming to John Bogart, 26 Oct. 1881, vol. 63, Fleming Papers. 又见 Bartky, *One Time Fits All*, 66–67。

59. Sandford Fleming to Charles Tupper, 20 Oct. 1883, vol. 65, Fleming Papers.

60. "The Geodetic Conference at Rome," *Journal of the Society of Arts* 32, no. 1625 (Friday 11 Jan. 1884): 132–133.

61. Report by the committee, undated, vol. 188, Papers of Lt-Gen Sir Richard Strachey, Mss. Eur F127, British Library（以下简称 Strachey Papers）。

62. 财政部和标准监督员，H. J. 钱尼是尤其被反对的一位。

63. Bartky, "Inventing," 111.

64. 如果欧洲和北美洲的人对计时的理解有差别，那么极有可能应该归咎于地理学。北美大陆的宽度之广使得采用标准时间面临更大压力。弗莱明早期的文章中写道欧洲人无法理解美国人和俄国人面临的困难，因为他们所处地区的情况不同。Sandford Fleming, *Time Reckoning*, 1879, Canadian and U.S. Papers on Time Reckoning, E.13.1, CAL。

65. 纽科姆生于加拿大新斯科舍，大约在 1854 年移居到美国，在约翰斯·霍普金斯大学任数学和天文学教授，同时供职于美国海军天文台，并监督管理航海天文历编制局。

66. 见 Pietsch, *Empire of Scholars*; Edney, *Mapping an Empire*。

67. 见 Time Service, vol. 14523, RG30, LAC。整部档案所讲的都是"有两个正午的一天"。

68. 见 O'Malley, *Keeping Watch*, 118–119, 126, 130–144; Howse, *Greenwich Time*, 126。

69. *Indianapolis Sentinel*, 21 Nov. 1883.

注 释

70. A Toronto Woman to Sandford Fleming, 19 Nov. 1883, vol. 54, Fleming Papers.

71. Howse, *Greenwich Time*, 114.

72. G.W. Wicksteed to Sandford Fleming, 9 July 1891, vol. 53, Fleming Papers; G.W. Wicksteed to Sandford Fleming, 12 Jan. 1892, ibid. 美国政府直到1918年才在全国范围内使时间标准化；Howse, *Greenwich Time*, 126。在加拿大，时间标准化的问题交给各省决定；Thomson, *The Beginning of the Long Dash*, 34。

73. G. Powell to Sandford Fleming, 8 May 1883, Canadian Institute Papers, file 4-0-2, F1052, AO.

74. Sandford Fleming to Charles Tupper, 9 May 1883, vol. 65, Fleming Papers.

75. Sandford Fleming to G. Powell, 23 June 1884, ibid.

76. Foreign Office Letterbooks, Entry for 28 Nov. 1882, Foreign Office Papers, FO566.19, NA-UK.

77. Foreign Office to Colonial Office, 5 June 1883, Colonial Office Papers, CO42. 776, NA-UK.

78. Lionel West to Frederick Frelinghuysen, 14 June 1883, vol. 27, Fleming Papers; Lionel West to Frederick Frelinghuysen, 8 June 1883, ibid.; Frederick Frelinghuysen to Lionel West, 13 June 1883, ibid.

79. Adoption of a Common Prime Meridian, 6 June 1883, Colonial Office Papers, CO42. 776, NA-UK; Colonial Office to foreign Office Draft, 7 June 1883, ibid.

80. Sandford Fleming to Charles Tupper, 14 July 1883, Colonial Office Papers, CO42. 775, NA-UK.

81. The Earl Granville to Mr. Lowell, 21 July 1883, vol. 11, Fleming Papers.

82. 这场加拿大政府镇压了路易斯·里尔（Louis Riel）领导的混血人起义的军事干预，造成了有争议的后果。它作为一起殖民暴力行为，对西北部地区的混血人群造成了很不好的后果，也疏离了很多加拿大讲法语的人。与此同时，加拿大讲英语的人非常支持这场镇压活动，用铁路调度军队，这立刻使加拿大太平洋铁路公司非常知名，让政府得以完成铁路线的建设。弗莱明和塔珀都支持武力镇压。在塔珀看来，"保卫你我诚心建设起来的国家"是必需的。见 Charles Tupper to Sandford Fleming, 25 June 1885, vol. 50, Fleming Papers。

83. Adoption of the Multiple of Greenwich Time in Canada and the United States, 15

Nov. 1883, Colonial Office Papers, CO42. 775, NA-UK.

84. Sandford Fleming to Charles Tupper, 20 Oct. 1883, ibid.

85. Science and Art Department to Colonial Office, 16 Jan. 1884, vol. 11, Fleming Papers.

86. Treasury to Foreign Office, 14 Jan. 1884, Foreign Office Papers, FO5. 1886, NA-UK.

87. Foreign Office to Treasury, 21 Jan. 1884, ibid.

88. Colonial Office to Treasury, 7 Feb. 1884, ibid.

89. John Donnelly to William Christie, 16 Feb. 1884, RGOA, RGO7. 142, CUL. 唐纳利是军队官员，但他的职业生涯后期的大部分时间都用在了改革科学艺术部和帮助创建科学-教育项目上。见 Vetch, "Donnelly."

90. Royal Society to Foreign Office, 7 Feb. 1884, Foreign Office Papers, FO5. 1886, NA-UK.

91. Council Minutes, 7 Feb. 1884, Royal Society Council Minutes, CMO17, ARS.

92. Treasury to Foreign Office, 13 Feb. 1884, Foreign Office Papers, FO5. 1886, NA-UK.

93. Science and Art Department to Foreign Office, 26 Feb. 1884, ibid.

94. Memo Science and Art Department, 26 Feb. 1884, ibid.; Cecil Spring-Rice to Sanderson, 4 March 1884, ibid.

95. Cecil Spring-Rice to Sanderson, 13 Feb. 1884, ibid. 科学艺术部的办公地在南肯辛顿的"阿尔伯特城"，这里洋溢着举办1851年世界博览会的红利所带来的教育文化繁盛的景象；世界博览会的举办地在海德公园水晶宫北面，该博览会由阿尔伯特王子主持。

96. Initialled Memo, 28 Feb. 1884, ibid.

97. Treasury to Foreign Office, 7 March 1884，ibid. 决定的数额是每位代表100英镑。

98. Science and Art Department to Foreign Office, 3 May 1884, ibid.

99. Colonial Office to Foreign Office, 2 May 1884, ibid.

100. Science and Art Department to Foreign Office, 10 May 1884, ibid.

101. Lowell to Earl Granville, 21 May 1884, Foreign Office Papers, FO5. 1884, NA-UK.

102. Prime Meridian Conference, Foreign Office Minutes, 26 May 1884, Colonial Office Papers, CO42. 779, NA-UK.

注 释

103. Prime Meridian Conference at Washington, Foreign Office Minutes, 18 April 1884, ibid.

104. Ibid. 1883 年，澳大利亚报刊得知了德国侵占新几内亚的计划。而在昆士兰，民众强烈抗议的则是英国要吞并新几内亚。殖民地大臣德比伯爵否认了人们的这种想法，让澳大利亚人很不满。

105. Science and Art Department to Foreign Office, 30 May 1884, Foreign Office Papers, FO5. 1886, NA-UK.

106. Science and Art Department to Foreign Office, 21 June 1884, Foreign Office Papers, FO5. 1887, NA-UK.

107. Colonial Office to Foreign Office, 24 June 1884, ibid.

108. Foreign Office to Colonial Office Draft, 28 June 1884, ibid.

109. Prime Meridian Conference, Colonial Office Minutes, 28 June 1884, Colonial Office Papers, CO42. 779, NA-UK.

110. Ibid.

111. Ibid.

112. Ibid.

113. Ibid. 财政部当然是直接从美国处知道了这场期待被召开的大会，但它不准备派出代表参加。弗莱明提出请求时恐怕是殖民地部第一次听说这个大会。

114. Ibid.

115. Sandford Fleming to G. Powell, 23 June 1884, vol. 65, Fleming Papers; Sandford Fleming to Charles Tupper, 23 June 1884, ibid.

116. G. Powell to Sandford Fleming, 18 July 1884, vol. 39, Fleming Papers.

117. Charles Tupper to Sandford Fleming, 17 July 1884, vol. 50, Fleming Papers。"计划者"（projector）一词几乎难以辨识，也有可能是"所有者"（proprietor）、"起源者"（progenitor）或者其他词。这个词源于殖民地部信件集，Colonial Office Letterbooks, Miscellaneous Correspondence, 15 July 1884, Prime Meridian Conference, Colonial Office Papers, CO340. 2, NA-UK。

118. Governor of South Australia to Colonial Office, 9 July 1884, Colonial Office Papers, CO201. 601, NA-UK; Colonial Office Letterbooks, Miscellaneous Correspondence, 28 Sept. 1884, Prime Meridian Conference, Colonial Office Papers, CO340. 2, NA-UK.

119. Prime Meridian Conference, Colonial Office Minutes, 6 Oct. 1884, Colonial Office Papers, CO201. 601, NA-UK. 殖民地部通过南澳大利亚政府询问了大会的事情，而不是直接分别询问每个殖民地。

120. Science and Art Department to Colonial Office, 22 July 1884, Foreign Office Papers, FO5. 1887, NA-UK.

121. Ibid.

122. Ibid.

123. Lowell to Frederick Frelinghuysen, 29 Aug. 1884, Despatches from U.S. Ministers to Great Britain 1791–1906, Microfilm M30 146, NA-USA.

124. Ibid.; U.S. Department of State to F. A. P. Barnard, 18 Sept. 1884, Domestic Letters of the Department of State 1784–1906, Microfilm M40 101, NA-USA.

125. Lowell to Colonial Office, 5 Sept. 1884, Colonial Office Papers, CO42. 779, NA-UK.

126. Prime Meridian Conference, Colonial Office Minutes, 16 Sept. 1884, ibid.

127. Colonial Office to Science and Art Department Draft, 16 Sept. 1884, ibid.

128. Prime Meridian Conference, Colonial Office Minutes, 29 Aug. 1884, ibid.

129. Prime Meridian Conference, Colonial Office Minutes, 20 Aug. 1884, ibid. 这个案例中，科学艺术部以为殖民地部在要求他们把亚当斯、埃文斯或者斯特雷奇的表决权拿掉一个给弗莱明。其实，殖民地部只是想确认一下现在新增的代表位置是否要留给弗莱明。

130. 原计划是赫希代表瑞士出席国际子午线大会，但不确定他是否能出席。如果他出席了，也没有在大会上发言。

131. Ad.［olphe］Hirsch to C.W. Siemens, 13 Jan. 1883, vol. 188, Strachey Papers.

132. Wilhelm Foerster to William Christie, 4 May 1884, RGOA, RGO7. 147, CUL.

133. David Gill to William Christie, 25 April 1884, RGOA, RGO7. 148, CUL.

134. William Christie to Peter MacLiver, 1 May 1884, ibid.

135. William Christie to John Donnelly, 19 Feb. 1884, RGOA, RGO7. 142, CUL; 又见William Christie to Peter MacLiver, 1 May 1884, RGOA, RGO7. 148, CUL。

136. William Christie to Peter MacLiver, 10 May 1884, RGOA, RGO7. 148, CUL; William Christie to William Foerster, 20 May 1884, ibid.

注 释

137. Treasury to the President of the Royal Society, 23 May 1884, ibid.

138. Ibid.

139. William Christie to John Donnelly, 22 Feb. 1884, RGOA, RGO7. 142, CUL.

140. William Christie to John Donnelly, 28 March 1884, ibid.

141. Association Geodésique Internationale to William Christie, 1 April 1884, RGOA, RGO7. 148, CUL. 19世纪70年代末，英法两国在埃及问题上关系非常友好。埃及地理位置位于英法两国的势力范围之间（法国的势力范围在北非的部分地区，英国的势力范围在印度），埃及的中立态度也让英法两国处于和平状态。1881年至1882年的埃及骚动促使英法两国官方派出战舰来镇压叛乱。叛乱失败时，英国先于法国一步派出军队。法国狂热的秉承帝国主义的总理朱尔·费理（Jules Ferry）那时刚刚被驱逐，法国的政局正处于混乱之中。1883年费理重新当选，对于让法国参与到埃及冲突之中来说为时已晚，但他的扩张主义立场激起了法国人对英国在埃及实行单边主义的愤慨。最终，埃及被英国侵占，法国与邻国英国的友谊破灭了。侵占埃及后的几年，英国竭力维持埃及的秩序。1883年至1884年的苏丹危机让英国在埃及的统治岌岌可危，激发了国际社会对英国干预埃及的批评。在新的瓜分非洲这一更大的语境之下，所有这些都使法国和英国的关系在1884年极为动荡。见Stone and Otte, *Anglo-French Relations*; Mansfield, *The British in Egypt*。

142. David Gill to William Christie, 25 April 1884, RGOA, RGO7. 148, CUL.

143. William Christie to Ad.［olphe］Hirsch, 12 April 1884, ibid.

144. William Christie to Richard Strachey, 18 July 1884, vol. 187, Strachey Papers.

145. William Christie to Ad.［olphe］Hirsch, 16 Sept. 1884, RGOA, RGO7. 148, CUL.

146. John Donnelly to Richard Strachey, 24 June 1884, vol. 188, Strachey Papers.

147. H. F. Anson to Sandford Fleming, 25 Sept. 1884, vol. 27, Fleming Papers. 弗莱明认为他的任命信送迟了。他的一位朋友在9月26日写信给他：“因此我希望你的文章能准时。" A. McLellan to Sandford Fleming, 26 Sept. 1884, vol. 33, Fleming Papers。

148. Prime Meridian Conference, Colonial Office Minutes, 1 Sept. 1884, RGOA, CO42. 779, CUL.

149. Prime Meridian Conference, Colonial Office Minutes, 3 Oct. 1884, RGOA, CO201. 601, ibid.

150. Prime Meridian Conference, Colonial Office Minutes, 28 Sept. 1884, RGOA,

CO309.127, ibid. 科克尔最早也是 10 月 30 日才到达华盛顿。

151. Earl Granville to J. R. Lowell, 2 Oct. 1884, Despatches from U.S. Ministers to Great Britain 17911906, Microfilm M30 146, NA-USA.

152. Bartky, *One Time Fits All*, 83.

153. An Open Letter to the President of the United States from the IPAWM, 30 July 1884, Letters to the International Meridian Conference of 1884, box 1, Records of International Conferences, Commissions, and Expositions, RG43, NA-USA.

154. Charles Latimer to Sandford Fleming, 21 Aug. 1884, vol. 27, Fleming Papers.

155. Charles Latimer to Sandford Fleming, 29 Sept. 1884, ibid.

156. John Bogart to Sandford Fleming, 27 Aug. 1884, vol. 2, Fleming Papers.

157. John Bogart to Sandford Fleming, 20 Sept. 1884, ibid.

158. F. A. P. Barnard to Sandford Fleming, 21 Sept. 1884, vol. 3, Fleming Papers.

159. Jules Janssen to Henriette Janssen, 27 Sept. 1884（本书作者将其翻译成英文），Correspondance de Jules Janssen, Ms. 4133, BIF。

160. Jules Janssen to Henriette Janssen, 27 Sept. 1884, ibid.

161. 拉瑟福德所学是法律，但早早退休转而献身于他的爱好——天文学。他倾注了大量的努力，制作出物理学上观测星体的光谱仪器的精密螺丝。Lewis Rutherfurd to Simon Newcomb, 24 July 1884, box 38, Newcomb Papers, LC。

第二章

1. 更多金星凌日的准备工作，见 Ratcliff, *The Transit of Venus Enterprise*; Forbes, *The Transit of Venus*, 63–67。

2. Forbes, *The Transit of Venus*.

3. Heathorn, *For Home*, 166.

4. Gillard, "Education in England."

5. 19 世纪早期，女孩学习法语的可能性比男孩更大。见 Tomalin, *The French Language*, 79。

6. Withers, "Scale," 99.

7. Cooper, *Colonialism in Question*, 91. 另见 Potter, "Webs."

8. Pietsch, *Empire of Scholars*.

9. 见 Visram, *Asians in Britain*; Burton, *At the Heart of the Empire*。

10. Fisher, *Counterflows to Colonialism*, 299.

11. 见 Tabili, *We Ask for British Justice*; Tabili, "A Homogeneous Society?"

12. Butler, *Gender Trouble*, 173.

13. Shively, *Tradition and Modernization*; Irokawa, *The Culture of the Meiji Period*.

14. 见 Davidoff and Hall, *Family Fortunes*。

15. ibid.; Vickery, "Golden Age"; Anna Clark, *The Struggle*; Levine-Clark, *Beyond the Reproductive Body*. 莱文 - 克拉克（Levine-Clark）认为工人阶级的女性没有这种想法。

16. Watts, *Women in Science*, 103.

17. Butler, *Gender Trouble*, 173. "The gendered body is performative."

18. Watts, *Women in Science*, 124.

19. Walter Maunder, *The Astronomy of the Bible*, 271–272.

20. Draper, *History of the Conflict*.

21. Garwood, *Flat Earth*, 11–12.

22. Ibid., 60–61.

23. 见 Mary Brück, "Lady Computers at Greenwich," 86–87。拉塞尔是被聘来替代弗尼斯的，她于一年后离任了。里克斯不久也因为健康问题离开。克莱米斯比其他人年长，最初是作为其他人的主管。见 Dolan, "Christie's Lady Computers."

24. 这些女性被粗暴地视为"皮克林的后宫"（皮克林指天文台负责人）。1918 年，超过 80 人与他共事过。由于她们的工资比男性更少，他得以雇用更多的女性员工。见 Grier, *When Computers Were Human*, 82–84。

25. Lady Computers, RGOA, RGO7. 140, CUL.

26. Ibid.，更多关于男童计算员的内容，见 Johnston, "Managing the Observatory," 155–175; Schaffer, "Astronomers Mark Time," 115–145; 及 Aubin, "On the Epistemic and Social Foundations."

27. H. H. Turner to Fanny Allen, 18 Feb. 1892, RGOA, RGO7. 140, CUL.

28. 拉塞尔离开时的推荐信中，列举了她除计算之外，担任了包括天文台仪器使用在内的多种职责。William Christie re. Annie Russell, c. 1897, RGOA, RGO7. 138, CUL。

29. 至少有一位申请职位的女性因为工资太低而拒绝了这份工作。L. S. Walter to H. H.

Turner, 22 Dec. 1891, RGOA, RGO7. 140, CUL。

30. Annie Russell to H. H. Turner, c. 1891, ibid. 她的工资是每年 48 英镑，而学校此前为这个岗位支付的工资是每年 80 英镑外加提供住宿。她的薪水逐渐小幅增长。

31. Lady Computers.

32. Annie (Russell) Maunder to Dr Dyson, 4 Dec. 1914, RGOA, RGO8. 150, CUL.

33. Mary Brück, "Lady Computers," 注释 42。"Women in the public service were required to resign upon marriage."

34. Annie Russell to William Christie, Sept. 1895, RGOA, RGO7. 138, CUL. 安妮·拉塞尔在结婚后改名为安妮·蒙德（Annie Maunder）。为了便于理解，我将继续称呼她为拉塞尔，以和她的丈夫沃尔特·蒙德区分开来。

35. 见 Jalland, *Women, Marriage, and Politics*, 189, 195–204。Jalland 讨论了作为政治密友的女性。更多科学界夫妇的内容，见 Pycior, Slack, and Abir-Am, eds., *Creative Couples in the Sciences*; Lykknes, Opitz, and Tiggelen, eds., *For Better or Worse*。

36. Lettres écrites, au cours de ses nombreux voyages, par Jules Janssen à sa femme Henriette, Correspondance de Jules Janssen, Ms. 4133, 273–280, BIF.

37. Ogilvie, "Obligatory Amateurs," 83.

38. 拉塞尔是《天空诸神的故事》的主要作者，也是《〈圣经〉中的天文学》的重要撰写人。蒙德在给后者的致辞中写道："给我的妻子，我这部书和一切事务上的帮助者。"

39. Maunder and Maunder, *The Heavens and Their Story*, 26, 35.

40. Ibid., 8, 26.

41. Ibid., 228–229.

42. Ibid., 9.

43. Walter Maunder, *Astronomy of the Bible*, 269.

44. Ibid., 271.

45. Ibid., 273–274.

46. Ibid., 400.

47. 见 Laughton, "Snow."

48. Snow, "Ocean Relief Depots," 753–755.

49. Ibid.

50. Snow, "An International Prime Meridian," Circular Letter, Mic. A. 19863, BL.

51. Ibid.

52. 圣彼得和圣保罗群岛。

53. Snow, "An International Prime Meridian."

54. Ibid.

55. Tosh, *Manliness and Masculinities,* 42.

56. Pionke, *The Ritual Culture.*

57. Levine, *The Amateur and the Professional*, 124.

58. Lankford, "Amateurs versus Professionals," 12. 另见 Meadows, "Lockyer"；Endersby, *Imperial Nature*, 1–2。

59. Lorimer, *Science*, 114.

60. Lankford, "Amateurs versus Professionals," 12.

61. 它们价值 7 英镑 10 先令——几乎是安妮·拉塞尔在格林尼治天文台做计算员工作的两个月工资。这个数额大约相当于 19 世纪 80 年代一个技术熟练的男性工人一个月的工资；大部分熟练工人每个月工资是 6 英镑至 8 英镑，非熟练工人的月工资是 3 英镑到 5 英镑。

62. Josiah Latimer Clark, *Transit Tables.*

63. Ibid.

64. Lankford, "Amateurs versus Professionals," 28.

65. Pionke, *The Ritual Culture.*

66. Charles Piazzi Smyth, Journal, 24 Nov. 1884, Journal 36, Charles Piazzi Smyth Archives, Royal Observatory of Edinburgh (以下简称 Smyth Archives)。

67. 在 Correspondence A12/52, A12/54, A13/58, Smyth Papers 中有大量寻求建议的请求；乔治·艾里将德国大使关于计时的询问转发给史密斯来回答，见 1878, RGOA, RGO6. 13, CUL, 又见 Brück and Brück, *The Peripatetic Astronomer*, 256–257。

68. 见 Reisenauer, "'The Battle of the Standards,'" 943–944。

69. Smyth, *Our Inheritance,* 39.

70. Ibid., 39.

71. Ibid., 339.

72. Ibid., 115.

73. Ibid., 291.

74. Ibid., 338.

75. Ibid., 351.

76. Ibid., 552.

77. Reisenauer, "'The Battle of the Standards,'" 950.

78. Gange, *Dialogues with the Dead*, 1–2.

79. 最受欢迎的奖品或许是木乃伊。窥视木乃伊被打开成了流行的娱乐项目。有时伴有铜管乐队伴奏的公共表演，吸引了工人阶层的观众，同时，由专业外科医生和解剖工具参与的私人聚会则吸引着富裕人群。Parramore, *Reading the Sphinx*, 27, 30–31; France, *The Rape of Egypt*, 174。

80. Parramore, *Reading the Sphinx*, 34–35.

81. Gange, *Dialogues with the Dead*, 2. 比东石碑（Pithom stele）被认为和《圣经·出埃及记》中记载的以色列人从埃及出走有关。

82. Ibid., 154.

83. 见 Said, *Orientalism*。

84. Waynman Dixon to Charles Piazzi Smyth, 7 Jan. 1877, A13/58, Smyth Papers.

85. Smyth, *Our Inheritance,* ix.

86. Gange, *Dialogues with the Dead*, 152–153.

87. Anderson, "The Development of British Tourism in Egypt."

88. Charles Piazzi Smyth, Report of the Royal Observatory of Edinburgh, 30 June 1888, A17/95, Smyth Papers.

89. Jon Smythe to Charles Piazzi Smyth, 24 May［1877?］, A13/59, ibid.

90. A. Bedford to Charles Piazzi Smyth, 12 Aug. 1882, A14/66, ibid.

91. Nicola Mary Belham to Jessica Smyth, 1 May 1877, A13/59, ibid.

92. 查尔斯·皮亚兹·史密斯从《休闲时光》（*The Leisure Hour*）上抄写了一首约翰·斯图亚特·布莱基（John Stuart Blackie）关于戈登（Gordon）的诗，见 July 1885, Journal 37, Smyth Archives。

93. J. C. Adams to Rev. Bashforth, 21 Nov. 1884, 4/26/3–4, John Couch Adams Papers, St John's College Library, Cambridge（以下简称 Adams Papers）。

94. Waynman Dixon to Charles Piazzi Smyth, 7 Jan. 1877, A13/58, Smyth Papers.

95. Waynman Dixon to Charles Piazzi Smyth, 7 Jan. 1877, A13/58, ibid.

注 释

96. Reisenauer, "'The Battle of the Standards,'" 955.

97. 见 Correspondence, A12/52, A13/59, Smyth Papers。

98. Reisenauer, "'The Battle of the Standards,'" 956.

99. Charles Latimer to Charles Piazzi Smyth, 20 Feb. 1880, A14/65, Smyth Papers.

100. Reisenauer, "'The Battle of the Standards,'" 37.

101. Charles Latimer to Charles Piazzi Smyth, 8 March 1880, A14/65, Smyth Papers.

102. Brück and Brück, *The Peripatetic Astronomer*, 133; Reisenauer, "'The Battle of the Standards,'" 28–33.

103. Reisenauer, "'The Battle of the Standards,'" 962.

104. 帝国主义情节从 19 世纪 80 年代以来在英国达到了新巅峰的观念被广泛接受，尽管关于它的实质存有激烈的争论。见 John Mackenzie, *Propaganda and Empire*; Bernard Porter, *The Absent-Minded Imperialists*; Andrew Thompson, *The Empire Strikes Back*。

105. Reisenauer, "'The Battle of the Standards,'" 948.

106. 见 Brück and Brück, *The Peripatetic Astronomer*, 119; Reisenauer, "'The Battle of the Standards,'" 953。

107. Reisenauer, "'The Battle of the Standards,'" 972–973.

108. Brück and Brück, *The Peripatetic Astronomer*, 229; Petrie, *The Pyramids and Temples of Gizeh*, 189.

109. 史密斯本人从未支持不列颠以色列派，但他参与这一组织是因为它支持史密斯的理论。见 Reisenauer, "'The Battle of the Standards,'" 956。史密斯曾试图说服英国陆军部在埃及 1882 年遭到入侵后重新测量金字塔，但无果。见 Charles Piazzi Smyth Journal, 24–27 Feb. 1882, Journal 34, Smyth Archives。

110. "The Great Pyramid," *Daily Review* (1869), RGOA, RGO6/365, CUL.

111. Quoted in Reisenauer, "'The Battle of the Standards,'" 957. 另见 Charles Piazzi Smyth's Letter of Resignation, 7 Feb. 1874, A12/55, Smyth Papers。

112. Charles Piazzi Smyth's Letter of Resignation, 7 Feb. 1874, A12/55, Smyth Papers. 史密斯可能只是将辞职当作威胁的手段。10 年前，史密斯也对爱丁堡皇家学会做出过同样的威胁行为，那时他的早期的批评者詹姆斯·辛普森（James Simpson）在《议程》（*Proceedings*）上发表了对史密斯金字塔理论的贬损性评论，但皇家学会主席找到史密斯并说服他不要辞职。但这一次，没有人劝阻他，他不得不离开。现在他完全相信皇家学会待他不公。见 Brück and Brück, *The Peripatetic Astronomer*, 123, 177–178; "The Great Pyramid," *Daily Review* (1869), RGOA, RGO6/365, CUL。

113. Reisenauer, "'The Battle of the Standards,'" 957.

114. Brück and Brück, *The Peripatetic Astronomer*, 180.

115. James Napier to John Couch Adams, 23 Jan. 1876, 11/26/1, Adams Papers.

116. Charles Piazzi Smyth, Equatorial Book, vol. 2, 1879–1888, A17/95, Smyth Papers.

第三章

1. Constance Green, *Washington*, 363.

2. Ogle, *The Global Transformation of Time*, 35.

3. 见 Howse, *Greenwich Time*; Galison, *Einstein's Clocks*; Bartky, *One Time Fits All*。

4. Barrows, *The Cosmic Time of Empire,* 34.

5. E. Strachey to Richard Strachey, 6 Sept. 1884, vol. 114, Strachey Papers. 公平地说，韦斯特先生，我也需要查询"大地测量学"。

6. 按职业进行的分类并不完美，因为有部分代表属于不只一种职业。例如，有些航海领域的代表也是天文学家，如 S. R. 富兰克林。

7. *Protocols of the Proceedings,* 15. 被邀请的嘉宾有阿萨夫·霍尔（Asaph Hall）、朱利叶斯·希尔加德（Julius Hilgard）、西蒙·纽科姆、威廉·汤普森和卡尔·威廉·瓦伦丁纳（Karl Wilhelm Valentiner）。希尔加德的主要身份是工程师和大地测量员。

8. Barrows, *The Cosmic Time of Empire,* 23–29; Nanni, *The Colonisation of Time*; Ogle, *The Global Transformation of Time*.

9. Barrows, *The Cosmic Time of Empire*, 23–29.

10. Nanni, *The Colonisation of Time*, 54.

11. Ibid., 2.

12. Ogle, *The Global Transformation of Time*, 204.

13. Director of the Astronomical Observatory of Bogota to the Director of the Naval Observatory of Washington, 16 Feb. 1883, Letters Received, PC42, entry 7, box 49A, Records of the United States Naval Observatory, RG 78, NA-USA.

14. Vice-Admiral, U.S. Navy, to Envoy Ex. and Min. Plen. of Colombia, Draft, 13 Oct.

注 释

1884, Letters Received, ibid.

15. S. R. Franklin to Ricardo Becerra, 4 Nov. 1884, Miscellaneous Letters Sent, PC42, entry 4, vol. 5, ibid.

16. 英国科学促进协会中有多种学科的科学家，由此它对于弗莱明的理念来说是一个很好的平台，尽管他早期与这一组织曾经关系不佳。

17. Sandford Fleming, diary entry, 27 Aug. 1884, vol. 81, Fleming Papers; J. C. Adams to Francis Bashforth, 25 April 1884, 4/26/3–4, Adams Papers; Ralph Strachey to Richard Strachey, 20 July 1884, vol. 132, Strachey Papers; Henry Strachey to Richard Strachey, 29 July 1884, vol. 122, Strachey Papers. 尽管我无法确定斯特雷奇是否参加了1884年9月于蒙特利尔召开的科学促进协会会议，但他很有可能参加了。另一位国际子午线大会的代表，弗雷德里克·埃文斯爵士可能也参加了英国科学促进协会会议。

18. J. C. Adams to George ---, 28 Sept. 1884, 16/1/1, Adams Papers.

19. Ibid.

20. J. C. Adams to Francis Bashforth, 25 April 1884, 4/26/3–4, Adams Papers.

21. Sandford Fleming, diary entry, 30 Sept. 1884, vol. 81, Fleming Papers.

22. Sandford Fleming, diary entry, 18 May 1882, ibid.

23. Jules Janssen to Henrietta Janssen, 27 Sept. 1884, Lettres écrites, au cours de ses nombreux voyages, par Jules Janssen à sa femme Henriette, Correspondance de Jules Janssen, Ms. 4133, 273–280, BIF.

24. Manuel de Jesús Galvan to Señor Ministro de Relaciones Exteriores, 20 Sept., 13 Oct., 28 Oct., 30 Oct. 1884, vol. LIX, Textos Reunidos 4: Cartas, Ministerios y Misiones Diplomaticas, AGN.

25. Manuel de Jesús Galvan to Señor Ministro de Relaciones Exteriores, 28 Oct. 1884, vol. LIX, ibid.; Sackville-West Reporting on the U.S. Presidential Election, October–November 1884, Foreign Office Papers, FO5. 1872, NA-Uk.

26. Valrose, *Hon. Uncle Sam*, 44.

27. Ibid., 44.

28. Keim, *Society in Washington*, 55.

29. Simon Newcomb to Otto Struve, [Feb.?] 1885, box 6, Newcomb Papers, LC.

30. Valrose, *Hon. Uncle Sam,* 45.

31. Thoron, ed., *First of Hearts*, 20.

32. "Some Foreign Ministers at Washington: Eight Portraits," 61–68.

33. Sandford Fleming, diary entry, 6–8 Oct. 1884, vol. 81, Fleming Papers.

34. Sandford Fleming, diary entry, 15 Oct. 1884, ibid.

35. *New York Times,* 17 Oct. 1884; J.C. Adams, diary entry, 16 Oct. 1884, 39/11/4, Adams Papers.

36. Invitation to Mount Vernon from Secretary of State to IMC Delegates, 16 Oct. 1884, vol. 188, Strachey Papers.

37. John Donnelly to Richard Strachey, 24 June 1884, ibid.

38. J. C. Adams to Simon Newcomb, 14 July 1884, 37/21/4, Adams Papers.

39. F. A. P. Barnard to Sandford Fleming, 21 Sept. 1884, vol. 3, Fleming Papers.

40. Ibid.

41. F. A. P. Barnard to Sandford Fleming, 2 Oct. 1884, vol. 3, Fleming Papers.

42. Ibid.

43. *Protocols of the Proceedings*, 18.

44. Ibid., 21, 74. 其余的委员会成员包括德国代表辛克莱迪恩，美国代表阿贝教授，日本代表菊地大麓，以及哥斯达黎加的爱切维里亚。

45. D. J. Byrne to Admiral Rodgers, undated, Letters to the International Meridian Conference 1884, box 1, Records of International Conferences, Commissions, and Expositions, RG 43, NA-USA.

46. *Protocols of the Proceedings,* 24.

47. Sandford Fleming, diary entry, 3 Oct. 1884, vol. 81, Fleming Papers.

48. Sanford Fleming, *On Uniform Standard Time, For Railways, Telegraphs and Civil Purposes Generally*, vol. 122, Fleming Papers. 在弗莱明的 *The International Prime Meridian Conference: Recommendations Suggested* 中有记载，弗莱明向大会代表提交了他的倡议。

49. *Protocols of the Proceedings*, 36.

50. Ibid., 36–37.

51. Galison, *Einstein's Clocks*, 128. 加里森形容"在将本初子午线定在何处的关头，空气中萦绕着紧张的气氛"，因为法国和英国争着"掌控"地图绘制。威瑟斯形容国际子午线大会是英国惯用常识（也是它本国利益）和法国的科学至上与中立原则之间的较量。见 Withers, *Zero Degrees*, 185–215。又见 Howse, *Greenwich Time,* 138–151（此书记录并不严谨）。巴特基所关注的是美国代表，见 Bartky, *One Time Fits All*, 82–95。

52. *Protocols of the Proceedings,* 36.

53. *New York Times*, 8 Oct. 1884.

54. Ibid.

55. *Daily News* (London), 7 Oct. 1884.

56. C. H. Mastin to Richard Strachey, 11 Oct. 1884, vol. 151, Strachey Papers.

57. Sandford Fleming, diary entry, 4 Oct. 1884, vol. 81, Fleming Papers.

58. Sandford Fleming, diary entry, 22 Oct. 1884, ibid.

59. Jules Janssen to Henrietta Janssen, 13 Oct. 1884, Lettres écrites, au cours de ses nombreux voyages, par Jules Janssen à sa femme Henriette, Correspondance de Jules Janssen, Ms. 4133, 273–80, BIF; translation by Dunlop in Launay, *The Astronomer Jules Janssen,* 132–133.

60. Sandford Fleming, diary entry, 5 Oct. 1884, vol. 81, Fleming Papers.

61. Sandford Fleming, diary entry, 12 Oct. 1884, ibid.

62. Videira, "Luiz Cruls e o Premio Valz de Astronomia," 85–104.

63. Ogle, *The Global Transformation of Time,* 86–87.

64. *Protocols of the Proceedings*, 81.

65. Galison, *Einstein's Clocks,* 156.

66. *Protocols of the Proceedings,* 87（做了重点标示的）。

67. Ibid.

68. Ibid., 88.

69. Ibid., 92.

70. "Greenwich Time All Over the World," 66.

71. Manuel de Jesús Galvan to Señor Ministro de Relaciones Exteriores, 27 Oct. 1884, vol. 59, Textos Reunidos 4: Cartas, Ministerios y Misiones Diplomaticas, AGN.

72. *Protocols of the Proceedings*, 101.

73. Ibid., 116.

74. Ibid., 117–118.

75. Ibid., 121.

76. Ibid., 127.

77. Ibid., 128.

78. Ibid., 129.

79. Ibid., 134.

80. Ibid., 135.

81. Ibid., 136.

82. Ibid., 136.

83. Ibid., 146. 黑体字标示的是新增加的内容。

84. Deringil, *Conversion and Apostasy*, 175.

85. Gawrych, *The Young Atatürk*, 86.

86. Ogle, *The Global Transformation of Time*, 132–133.

87. Ibid., 121, 129, 135–136.

88. 更多关于奥斯曼帝国的时间安排，见 Wishnitzer, *Reading Clocks, Alla Turca*。

89. *Protocols of the Proceedings*, 114.

90. Ibid., 178.

91. Ibid., 179–180.

92. Ibid., 179.

93. 后来颁布一项决议，即国际日的时间应从 0 点开始数到 24 点，鲁斯泰姆投票反对这一决议（他最初支持此决议，后又反对）。Ibid., 205。

94. Ibid., 164–165.

95. Ibid., 165.

96. Ibid., 176.

97. Ibid., 171.

98. Ibid., 182.

99. Sandford Fleming, diary entry, 21 Oct. 1884, vol. 81, Fleming Papers.

100. *Protocols of the Proceedings*, 198.

101. Sandford Fleming, diary entry, 21 Oct. 1884, vol. 81, Fleming Papers.

102. Sandford Fleming, diary entry, 22 Oct. 1884, ibid.

103. Sandford Fleming, diary entry, 23 Oct. 1884, ibid.

104. Admiral Rodgers to Sandford Fleming, 31 Oct. 1884, vol. 41, Fleming Papers.

105. *Protocols of the Proceedings*, 167.

106. J. C. Adams to Francis Bashforth, 25 April 1885, 4/26/3–4, Adams Papers.

107. J. C. Adams, diary entry, 25 Oct. 1884, 39/11/4, ibid.

108. Frederick Frelinghuysen to Manuel de Jesús Galvan, 26 Oct. 1884, vol, 59, Textos Reunidos 4: Cartas, Ministerios y Misiones Diplomaticas, AGN.

109. Admiral Rodgers to Sandford Fleming, 31 Oct. 1884, vol. 41, Fleming Papers. 又见 *Protocols of the Proceedings*, 207。

110. Bartky, *One Time Fits All*, 96. William Allen to Sandford Fleming, 18 Oct. 1887, vol. 1, Fleming Papers.

111. Bartky, *One Time Fits All*, 96.

112. Ibid., 95.

113. Admiral Rodgers to Sandford Fleming, 15 Dec. 1887, vol. 41, Fleming Papers. 另见 Message from the President to the House of Representatives Recommending taking action on the Prime Meridian Conference, 1888, vol. 122, Fleming Papers。

114. Sandford Fleming to Tondini de Quarenghi, Various Letters, vol. 13, Fleming Papers.

115. Bartky, *One Time Fits All*, 97.

116. *Daily News* (London), 31 Dec. 1884.

117. S. R. Franklin, General Order, 4 Dec. 1884, box 46, Newcomb Papers, LC.

118. Simon Newcomb to Nautical Almanac Office, 6 Dec. 1884, ibid.

119. S. R. Franklin to United States Naval Observatory, 11 Dec. 1884, RGOA, RGO7. 146, CUL.

120. S. R. Franklin to William Christie, 10 and 15 Dec. 1884, Letters Received, PC42, entry 7, box 49A, Records of the United States Naval Observatory, RG 78, NA-USA.

121. S. R. Franklin to Simon Newcomb, 2 Jan. 1885, box 46, Newcomb Papers, LC.

122. S. R. Franklin, 31 Dec. 1884, Letters Received, PC42, entry 7, box 49A, Records of the United States Naval Observatory, RG 78, NA-USA.

123. Kikuchi Dairoku to J. C. Adams, 12 Dec. 1884, 24/16/2, Adams Papers.

124. William Christie to A.［dolphe］Hirsch, 5 Feb. 1885, RGOA, RGO7. 148, CUL.

125. Third Report［1st Amendment］of the Joint Committee of the Canadian Institute

and the Astronomical and Physical Society of Toronto on the Unification of Astronomical, Nautical, and Civil Time, Canadian Institute Papers, file 4-0-8, F1052, AO.

126. Ibid.

127. Struve, "The Resolutions of the Washington Meridian Conference," in Fleming, *Universal or Cosmic Time,* 1885, YA. 2003. A. 17994, BL.

第四章

1. 见 Ogle, *The Global Transformation of Time*。

2. Darnton, *The Great Cat Massacre*, 5.

3. "A Mixed Timekeeper," *Aberdeen Weekly Journal*, 2 April 1887.

4. "Johnathan's Jokes," *Hampshire Telegraph and Sussex Chronicle*, 11 July 1885.

5. "What Time Is It," *Manchester Courier and Lancashire General Advertiser,* 14 March 1895.

6. *Manchester Times*, 28 Sept. 1889.

7. *Observatory*, Nov. 1908.

8. Ibid.

9. *Punch* (London), 13 Dec. 1884.

10. 引自 Galison, *Einstein's Clocks*, 122。

11. Ibid., 122.

12. *Observatory*, 1910, 188.

13. Duffy, "The Eight Hours Day Movement in Britain."

14. Barrows, *The Cosmic Time of Empire*, 87.

15. RGOA, RGO7. 58, CUL 中有大量关于这一攻击的记载。

16. Astronomer Royal to the Secretary of the Admiralty, 24 Feb. 1913, ibid., RGO7. 52, CUL.

17. 官员有足够长的时间和天文台工作人员在一起以建立感情——其中一位官员就乐于取笑当皇家天文学家的幼子哭闹时，用人没能降低吵闹的音量。Wilson, *Ninth Astronomer Royal: The Life of Frank Watson Dyson*, 164; Frank Dyson to Scott, 10 Nov. 1915, RGOA, RGO7.52, CUL。

18. F. A. P. Barnard to Sandford Fleming, 2 Oct. 1884, vol. 3, Fleming Papers.

19. *Glasgow Herald*, 28 Jan. 1848.

20. Ibid.

21. *Hampshire Telegraph and Sussex Chronicle*, 25 Sept. 1852.

22. Howse, *Greenwich Time*, 109.

23. *Blackburn Standard*, 26 July 1848.

24. *Liverpool Mercury*, 17 Oct. 1848.

25. 更多事例见 Howse, *Greenwich Time*, 105–113。

26. *North Wales Chronicle*, 18 Jan. 1848.

27. *Friday London Gazette*, 16 Aug. 1851.

28. Howse, *Greenwich Time*, 105.

29. Ibid., 105.

30. 格林尼治天文台的权威地位是被精心打造的结果。科学机构需要在人们心中建立一个可靠、有信誉、权威的认知，以便于传播和推行它的工作。关于这些认知在科学上有多大价值、为什么有价值，见 Shapin, "Placing the View from Nowhere," 5–12; Latour and Woolgar, *Laboratory Life,* 187–208; 和 Johnston, "Managing the Observatory," 155–175。

31. *Birmingham Daily Post*, 27 Dec. 1884; *Daily News* (London), 18 Dec., 31 Dec. 1884.

32. *Daily News*, 31 Dec. 1884.

33. Ibid., 6 Feb. 1885; William Christie to Dr. Schram, 16 April 1891, RGOA, RGO7. 146, CUL. W. H. Le Fevre, "A Standard of Time for the World: Address Delivered before the Balloon Society," 11 Sept. 1891, vol. 123, Fleming Papers.

34. "Juvenile Lectures," *Journal of the Society of Arts* 33, no. 1673 (Friday 12 Dec. 1884): 81.

35. "Juvenile Lectures," ibid., no. 1674 (Friday 19 Dec. 1884).

36. Norman Lockyer, "Universal Time: Our Future Clocks and Watches," ibid., no. 1677 (Friday 9 Jan. 1885): 172. 洛克伊尔应该是希望这场讲座在平安夜举办，也可能他的意思是新年前夕，因为19世纪晚期关于圣诞老人出现时间的习俗多种多样，包括12月5日、24日、31日，由此洛克伊尔所说的携带礼物的圣诞老人是指新年前夕。

37. Ibid., 174.

38. Ibid., 186.

39. Ibid., 187.

40. Ibid., 187.

41. Ibid., 188.

42. Ibid., 186.

43. "Jottings," *Horological Journal* 27, no. 318 (Feb. 1885): 78; "Twenty-four O'Clock," ibid., no. 319 (March 1885): 90.

44. Sanders, "Beckett, Edmund."

45. "Twenty-four O'Clock," 90.

46. Ibid., 91.

47. "Jottings," *Horological Journal* 27, no. 318 (Feb. 1885): 78.

48. Ibid.

49. Ibid.

50. Ibid., 79.

51. "New Standards of Time in the United States," *Horological Journal* 26, no. 304 (Dec. 1883): 53–4.

52. "Jottings," *Horological Journal* 27, no. 315 (Nov. 1884): 39.

53. Thomas Wright, "Bracebridge's Local and Mean Time Watch," ibid., no. 316 (Dec. 1884): 45.

54. E. Storer, "Twenty-four-Hour Dials," ibid., no. 317 (Jan. 1885): 69.

55. "Jottings," ibid., 66.

56. "Division of the Day in Southern Italy," *Horological Journal* 37, no. 318 (Feb. 1885): 75.

57. Ibid.

58. "Jottings," *Horological Journal* 27, no. 319 (March 1885): 78–87.

59. J. Haswell, "Twenty-four-Hour Dials for Watches," ibid., no. 317 (Jan, 1885): 63.

60. "Jottings," ibid., 65.

61. "The New Time-o'-Day," ibid., 70.

62. "Jottings," ibid., no. 319 (March 1885): 88.

注 释

63. Ibid., 88.

64. Ibid.

65. Ibid.

66. "Combined Twelve and Twenty-four Hour Watch," *Horological Journal* 27, no. 318 (Feb. 1885): 75–76.

67. "Jottings," ibid., no. 319 (March 1885): 88.

68. Ibid.

69. Landes, *Revolutions in Time*, 287–290. 另见 *Horological Journal* 27, no. 318 (Feb. 1885): 77。

70. "Depression of the Watch Trade," *Horological Journal* 28, no. 331 (March 1886): 97.

71. Ibid.

72. *Horological Journal* 27, no. 318 (Feb. 1885): 77.

73. Ibid.

74. Ibid.

75. *Horological Journal* 28, no. 331 (March 1886): 103.

76. 一篇 1895 年刊登的社论声称钟表制造业是"已死的行业"。*Horological Journal* (Nov. 1895): 31。

77. "Automatic 24-Hour Dial," *Horological Journal* 27, no. 323 (July 1885): 149.

78. *Vo Key's Royal Pocket Index Key to Universal Time*, 8560. A. 47, BL.

79. *Universal Lamp Time Chart*, 1898, 74. 1865. C. 18, BL.

80. *Martin's Tables*, 177–186, 223–233.

81. Ellis, "Description of the Greenwich Time Signal," 7.

82. Ibid., 10–11.

83. 关于竞赛的广告刊登在 *Horological Journal* 上。

84. Engineer in Chief R. S. Culley to Frank Scudamore, 10 Nov. 1870, Time Signals, Post Office Papers (以下简称 POP), Post 30. 2536, BT。

85. Ibid.

86. Ibid.

87. Ibid.

88. Frank Scudamore, Response to Engineer in Chief, 10 Nov. 1870, Time Signals, POP, POST 30. 2536, BT.

89. J. B. Pearson to Post Office Secretary, 25 April 1881, Time Signals, ibid.

90. Ibid.

91. Postmaster General to J. H. T [*illegible*] Postmaster Cambridge, 29 April 1881, Time Signals, POP, POST 30. 2536, BT.

92. Postmaster General Instructions on J. B. Pearson Request, 7 May 1881, ibid.; Post Office to J. B. Pearson, 12 May 1881, ibid.

93. Post Office to J. B. Pearson, 12 May 1881, ibid.

94. J. B. Pearson to H. Fawcett, Postmaster General, 28 July 1881, ibid.

95. J. B. Pearson to H. Fawcett, Postmaster General, 28 July 1881, ibid.

96. J. B. Pearson to H. Fawcett, Postmaster General, 28 July 1881, ibid.

97. H. Fawcett to J. B. Pearson, 2 Aug. 1881, ibid.

98. Ibid.

99. J. B. Pearson to H. Fawcett, 11 Aug. 1881, Time Signals, POP, POST 30. 2535, BT.

100. H. Darwin to H. Fawcett, 31 Dec. 1881, Time Signals, POP, POST 30. 2536, BT.

101. Ibid.

102. H. Fawcett, Note Concerning Reply to H. Darwin, 12 Jan. 1882, ibid.

103. Edward Graves, Engineer in Chief, to H. Fawcett, 10 Feb. 1882, ibid.

104. Submits Report of Engineer in Chief on cost of time signals to Postmaster General, 21 Feb. 1882, ibid.

105. 见 William Christie, *Report of the Astronomer Royal to the Board of Visitors of the Royal Observatory,* 2 June 1888, 20, RGOA, RGO17. 1. 4, CUL。

106. William Christie to William Preece, 9 July 1888, ibid., RGO7. 254, CUL.

107. Christie, *Report,* 2 June 1888, 20.

108. Ibid.

109. William Christie to the Secretary of the Admiralty, 27 June 1887, Greenwich Observatory, POP, POST 30. 523C, BT.

110. William Preece to William Christie, 13 June 1888, RGOA, RGO7. 254, CUL.

111. William Christie to William Preece, 20 June 1888, Greenwich Observatory, POP,

POST 30. 523C, BT.

112. William Christie to William Preece, 9 July 1888, RGOA, RGO7. 254, CUL.

113. William Preece to William Christie, 10 July 1888, ibid.

114. William Christie to Henry Cecil Raikes, 12 July 1888, ibid. 另一份副本见 Greenwich Observatory, POP, POST 30. 523C, BT。

115. Henry Cecil Raikes to the Secretary of the Admiralty, 10 July 1888, Greenwich Observatory, POP, POST 30. 523C, BT.

116. Ibid.

117. Henry Cecil Raikes to the Secretary of the Admiralty, 23 July 1888（另见 Post Office Memo, CABP to Raikes, 19 July 1888）, Greenwich Observatory, POP, POST 30. 523C, BT。

118. Post Office Memo, CABP to Henry Cecil Raikes, 19 July 1888, ibid.

119. Lords Commissioners of the Admiralty to William Christie, 7 Aug. 1888, RGOA, RGO7. 254, CUL.

120. William Christie to the Secretary of the Admiralty, 11 Aug. 1888, ibid.

121. Henry Cecil Raikes to the Secretary of the Admiralty, 11 Sept. 1888, Greenwich Observatory, POP, POST 30. 523C, BT.

122. Evan Macgregor to Henry Cecil Raikes, 1 Oct. 1888, ibid.

123. Lords Commissioners of the Admiralty to William Christie, 1 Oct. 1888, RGOA, RGO7. 254, CUL.

124. Ibid.

125. William Christie to the Secretary of the Admiralty, 12 Oct. 1888, ibid.

126. Ibid.

127. Ibid.

128. Ibid.

129. Ibid.

130. Lords Commissioners of the Admiralty to William Christie, 1 Dec. 1888, RGOA, RGO7. 254, CUL.

131. Ibid.

132. Mary Brück, "Lady Computers," 85.

133. Higgitt, "A British National Observatory," 621, note 51. 黑吉特（Higgitt）评论，此解决方案只是"权宜之计"。

134. William Christie, *Report of the Astronomer Royal to the Board of Visitors of the Royal Observatory,* 1 June 1889, 21–22, RGOA, RGO17. 1. 4, CUL.

135. William Christie, *Report of the Astronomer Royal to the Board of Visitors of the Royal Observatory,* 6 June 1891, 19, ibid.

136. William Christie, *Report of the Astronomer Royal to the Board of Visitors of the Royal Observatory,* 4 June 1892, 23, ibid.

137. Post Office Telegraphs Articles of Agreement, 31 March 1884, Synchronisation Etc. of Clocks by Electric Current, POP, POST 30. 531, BT.

138. Ibid.

139. Rooney, *Ruth Belville*, 62.

140. Synchronisation Etc.

141. Question of Infringement of Postmaster General's Rights, Counsel's Opinion and Opinion of the Law Officers of the Crown, 1888, Synchronisation Etc.

142. Ibid.

143. Greenwich Time Company Advertisement, 1911, Synchronisation Etc.

144. 见 Silvanus Philips Thompson Collection, SPT/65, IET。

145. Magneta Company Advertisement, 1906, ibid.

146. Synchronome Company Advertisement, undated, ibid.

147. Ibid.

148. Greenwich Time Company Advertisement, 1911, Synchronisation Etc.

149. Ibid.

150. *Advertising News*, 2 June 1905, Silvanus Philips Thompson Collection, SPT/65, IET.

151. Magneta Company Advertisement, 1906, ibid.; Some Recent Installations, ibid.

152. Electric Time Service, Synchronome Company Advertisement, undated, ibid.

153. Ibid.; Some Extensive Premises in Which Synchronome Time-Services are Established, undated, Silvanus Philips Thompson Collection, SPT/65, IET.

154. "The House that Jack Built," Synchronome Company Advertisement, undated,

注 释

ibid.

155. Ibid.

156. Ibid.

157. Ibid.

158. Standard Time Company to the General Post Office, 2 May 1884, Synchronisation Etc.

159. District Manager of Telephones, S. E. Lanc, to Post Office Secretary, 15 July 1914, ibid.

160. Secretary of the Oldham Master Cotton Spinners' Association to the District Manager of Telephones, S.E. Lanc, 4 Dec. 1913, ibid.

161. Post Office Secretary to District Manager of Telephones, S. E. Lanc, 25 July 1914, ibid.

162. Post Office Memo for the Postmaster General, 4 Jan. 1913, Synchronisation of Clocks, POP, POST 30. 2042B, BT.

163. *Daily Express* (London), 26 April 1913.

164. British Science Guild, Report of Committee on the Subject of Synchronisation of Clocks in London, and in other parts of Great Britain, 1 Aug. 1908, Synchronisation of Clocks.

165. Viator, "Public Clocks," *Horological Journal* 27, no. 324 (Aug. 1885): 171.

166. "Lying Clocks," *The Times,* Jan. 1908, Time Signals, POP, POST 30. 2536, BT.

167. 见 Minutes of the United Wards Club, 4 March 1908, United Wards Club Papers, vol. 1, Ms. 11723, LMA; Minutes of the Committee of the United Wards Club, 19 Feb. 1908, ibid., vol. 2, Ms. 11724, LMA; "The Time of a Great City," *Transactions of the United Wards Club* no. 81 (13 March 1908): 1–4, ibid., vol. 1, Ms. 21483, LMA; St John Winne, "The Time of a Great City: A Plea for Uniformity" (4 March 1908), Silvanus Philips Thompson Collection, SPT/65, IET; Rooney, *Ruth Belville*。

168. Winne, "The Time of a Great City," 9.

169. Ibid., 23.

170. Ibid., 23–24. 这里他的意思是登特公司制造了格林尼治天文台的主时钟，邮政总局用它来向标准时间公司分发时间。

171. "Lady Who Conveys the Time," untitled paper clipping, 1908, RGOA, RGO7. 96, CUL.

172. 为了便于理解，有时我会用她们的名字来区分母亲和女儿。

173. Mrs E. Henry Belville (Maria) to George Airy, 31 Aug. 1856, RGOA, RGO6. 4, CUL.

174. Ruth Belville, "Some Account of John Henry Belville and the Distribution of G. M. T. to Chronometer Makers in London," 1938, RGOA, RGO74. 6. 2, CUL.

175. Ruth Belville to Mr Lewis, 22 Jan. 1910, RGOA, RGO7. 96, CUL; "Selling the Time to London," *Evening News* (London), 3 April 1929.

176. "Selling the Time to London."

177. Ruth Belville, "History of the Belville Time Service," untitled and undated (possibly 1916), RGOA, RGO7. 96, CUL.

178. Rooney, *Ruth Belville,* 62.

179. "Telling the Time as an Occupation," *Daily News and Leader*, 29 April 1913. Rooney, *Ruth Belville.*

180. Entries for Maria Belville in *Census Returns of England and Wales, 1841, 1861, 1871, 1891*, NA-UK; entries for Ruth Belville in *Census Returns of England and Wales, 1861, 1871, 1881, 1891, 1901, 1911*, NA-UK.

181. Entry for Ruth Belville in *Census Returns of England and Wales, 1901*, NA-UK.

182. Mrs E. Henry Belville (Maria) to George Airy, 6 Aug. 1856, RGOA, RGO6. 4, CUL.

183. George Airy to Maria Belville, 11 Aug. 1856, ibid.

184. Mrs E. Henry Belville (Maria) to George Airy, 6 Aug. and 21 Aug. 1856, ibid.

185. The Admiralty to George Airy, 3 Sept. 1856, ibid.; George Airy to Maria Belville, 4 Sept. 1856, ibid.

186. Mrs E. Henry Belville (Maria) to George Airy, 31 Aug. 1856, ibid. 贝尔维尔的"调校钟表"是约翰·阿诺德1794年制作的航海经线仪（no.485），它现在收藏于伦敦南肯辛顿的科学博物馆的制表博物馆。

187. George Airy to Maria Belville, 3 Nov. 1856, RGOA, RGO6. 43, CUL.

188. Mrs E. Henry Belville (Maria) to George Airy, 3 Nov. 1856, RGOA, RGO6. 4,

CUL.

189. George Airy to Maria Belville, 3 Nov. 1856, RGOA, RGO6. 43, CUL.

190. Ruth Belville to William Christie, 10 June 1892, RGOA, RGO7. 254, CUL.

191. H. Turner to Ruth Belville, 12 June 1892, ibid.

192. "Greenwich Mean Time," *Daily Graphic* (London), 31 Oct. 1892.

193. H. H. Turner, "Greenwich Mean Time," ibid., 1 Nov. 1892.

194. "Woman Who Sold the Time," *Daily Express* (London), 7 March 1908.

195. "Woman Who Sells the Time: Strange Profession of the Belville Family," ibid., 9 March 1908.

196. "Greenwich Clock Lady: Romance of a Regular Visitor to the Observatory," *Kentish Mercury*, 13 March 1908.

197. "Lady Who Has Inherited a Strange Trade," *Daily News and Leader* (London), 29 April 1913.

198. "The Belville Tradition," *Observer* (London), 24 Aug. 1913.

199. "Maidenhead Lady Who Distributes the Time: A Unique Position," *Maidenhead Advertiser*, 11 March 1908.

200. Ruth Belville, "The Belville Tradition," *Observer,* 31 Aug. 1913.

201. Belville, "History of the Belville Time Service."

202. Rooney, *Ruth Belville*, 61, 146, 173.

203. Rooney and Nye, "'Greenwich Observatory Time,'" 29; Rooney, *Ruth Belville.*

204. Rooney, *Ruth Belville*, 146, 173.

205. William Christie, *Report of the Astronomer Royal to the Board of Visitors of the Royal Observatory,* 5 June 1880, 17–18, RGOA, RGO17. 1. 4, BL.

206. RGOA, RGO7. 253, CUL.

207. A12/54 and A14/65, Smyth Papers.

208. RGOA, RGO15. 107 and RGO15. 108, CUL.

209. J. B. Chapman to Mr Graves, 5 Aug. 1887, Greenwich Observatory, POP, POST 30. 523C, BT.

210. Post Office Memorandum, 28 April 1915, Synchronisation Etc.

第五章

1. 瑞尔森留下的影响是复杂的,他既是在学校中区分教会和政府管理,实行自由、义务教育等激进政策的支持者,同时也是对原住民儿童极具伤害性的寄宿学校制度的建立者。

2. Oreopoulos, "Canadian Compulsory School Laws," 8–9.

3. Baldus and Kassam, "'Make Me Truthful, Good, and Mild.'" 又见 Prentice and Houston, eds., *Family, School, and Society*, 178–182, 281。

4. Willinski, *Learning to Divide the World*, 2–3.

5. 夏令时这一全新发明几十年后流行开来时,乡村地区对使用它的态度也是最犹豫不决的。见 Rudy, "Do You Have the Time?"

6. Anna Molander to Greenwich Observatory, 23 June 1909, RGOA, RGO7. 140, CUL.

7. 哈佛大学的威廉·克兰奇·邦德(William Cranch Bond)在北美首次建立了和格林尼治时间的直接联系。Brooks, "Time," 184–185。

8. U. S. Naval Observatory to John White, 4 Feb. 1882, Superintendent's Office Outgoing Correspondence, box 1, Records of the U.S. Naval Observatory, LC.

9. Stephens, "Before Standard Time," 116. 达德利(Dudley)天文台当时和大学没有联系,也提供时间服务。

10. Stephens, "Before Standard Time," 117.

11. William Allen to Superintendent of the Naval Observatory, 6 Oct. 1883, Letters Received, PC42, entry 7, box 49A, Records of the United States Naval Observatory, RG 78, NA-USA.

12. Robert Wilson Shufeldt to Edwin Leigh, 15 Oct. 1883, Miscellaneous Letters Sent, PC42, entry 4, vol. 5, ibid.

13. Ibid.

14. Ibid.

15. Ibid.

16. Ibid.

17. Henry Pritchitt to Robert Shufeldt, 16 Oct. 1883, Letters Received, PC42, entry 7, box 49A, Records of the United States Naval Observatory, RG 78, NA-USA.

18. Ibid.

19. Ibid.

20. Ibid.

21. Robert Shufeldt to Henry Pritchitt, 18 Oct. 1883, Miscellaneous Letters Sent, PC42, entry 4, vol. 5, Records of the United States Naval Observatory, RG 78, NA-USA.

22. Henry Pritchitt to Robert Shufeldt, 26 Oct. 1883, Letters Received, PC42, entry 7, box 49A, ibid.

23. Ibid.

24. Robert Shufeldt to Henry Pritchitt, 26 Oct. 1883, Miscellaneous Letters Sent, PC42, entry 4, vol. 5, Records of the United States Naval Observatory, RG 78, NA-USA.

25. Robert Shufeldt to Henry Pritchitt, 29 Oct. 1883, ibid.

26. Bartky, *Selling the True Time*, 181.

27. Ibid., 187–188, 199–200.

28. Ibid., 211–212.

29. Thomson, *The Beginning of the Long Dash*, xii. 更多关于多伦多气象天文台在时间上的责任，见 Thomas, *The Beginnings of Canadian Meteorology*。

30. Brooks, "Time," 181.

31. Annual Report of Charles Smallwood, Director of the Montreal Observatory, 1870, RG 6, AI, vol. 10, LAC.

32. Memorandum on the transfer of the Toronto Observatory from the Marine to Interior Department, 1892, RG 15, vol. 669, LAC.

33. Stewart, "The Time Service," 97, 99, 102.

34. B. C. Webber to Astronomer Royal, Greenwich, 7 Sept. 1909, RGOA, RGO7. 252, CUL.

35. The Astronomer Royal, Cambridge, to the Director of the Meteorological Office, Toronto, 26 Nov. 1909, ibid.

36. Edward David Ashe to the Governor General, 19 Nov. 1856, RG 93, vol. 82, Quebec Observatory, LAC.

37. Petition of the Canadian Institute to Erect and Endow a 'National Canadian Astronomical Observatory,' 18 March 1857, ibid.

38. William Ellis to William Ashe, 16 April 1869, ibid.; R. Stupart to Arthur Smith, 9 Jan. 1895, ibid.

39. Andrew Gordon to William Ashe, 16 Feb. 1888, ibid.

40. Edward Ashe to Mr Smith, 20 Oct. 1879, ibid. William Ashe to P. Garneau, 16 May 1888, ibid.

41. Deputy Minister of Marine, Memo, 31 Dec, 1889, RG 12, vol. 1231, Meteorological Service, LAC.

42. Chief Signal Officer to William Smith, 17 Jan. 1890, ibid.

43. Evan MacGregor to the Board of Trade, 25 Jan. 1890, ibid.

44. Memo to Minister, 17 Feb. 1890, ibid.

45. Charles Carpmael to William Smith, 12 March 1890, ibid.

46. Charles Hosmer to Charles Carpmael, 27 March 1890, ibid.

47. H. P. Dwight to Charles Carpmael, 28 March 1890, ibid.

48. William Ashe to Charles Carpmael, 18 July 1891, ibid.

49. Ibid.

50. Memorandum on the Time Ball at the Citadel, Quebec, 29 July 1891, ibid.

51. Charles Carpmael to unknown, 17 Aug, 1891, ibid.

52. R. Stupart to Arthur Smith, 7 July 1894, RG 93, vol, 82, Quebec Observatory, LAC.

53. *Massey's Illustrated,* Jan. 1884.

54. *Globe* (Toronto), 22 Oct. 1883.

55. Ibid.

56. Ibid.

57. Ibid.

58. Ibid.

59. Ibid.

60. Ibid.

61. Ibid.

62. *Globe*, 13 Nov. 1883.

63. Ibid., 26 Oct. 1883. 戈登认为，时区的边缘是西经82.30度。萨尼亚的经度刚刚越过一点点，位于西经82.40度。

注　释

64. Ibid., 21 Nov. 1883.

65. Ibid., 22 Nov. 1883.

66. *Truth*, 24 Nov. 1883.

67. *Varsity,* 17 Nov. 1883.

68. Bloomfield Douglas to the Director of the Quebec Observatory, 6 May 1895, RG 93, vol. 82, Quebec Observatory, LAC.

69. G. W. Wicksteed to Sandford Fleming, 7 Dec. 1883, vol. 53, Fleming Papers.

70. G. W. Wicksteed to Sandford Fleming, 13 Dec. 1883, ibid.

71. G. W. Wicksteed to Sandford Fleming, 22 Dec. 1883, ibid.

72. 讽刺的是，在一封内容是如何正确计时的信上，所署的时间是2月31日。1885. G. W. Wicksteed to Sandford Fleming, 31 Feb. 1885, ibid。

73. Ibid.

74. Ibid.

75. Thomson, *The Beginning of the Long Dash,* 34.

76. *Ottawa Free Press*, 31 May 1893, RG 12, vol. 1220, Meteorological Service, LAC.

77. Ibid.

78. *Ottawa Citizen*, undated, vol. 53, 20651, Fleming Papers.

79. Ibid.

80. *Legal News* 8, no. 15, 11 April 1885.

81. *Quebec Daily Mercury*, 20 Nov. 1883.

82. Thomson, *The Beginning of the Long Dash,* 34. 又见 RG 12, vol. 1220, Meteorological Service, LAC; vol. 47, 50, Fleming Papers。

83. D. R. Cameron to W. Smith, 30 Nov. 1891, RG 12, vol. 1220, Meteorological Service, LAC.

84. Sandford Fleming to William Smith, 14 May 1892, ibid.

85. Sandford Fleming to William Smith, 21 March 1892, ibid.

86. D. R. Cameron to William Smith, 7 March 1892, ibid.

87. Thomson, *The Beginning of the Long Dash,* 27.

88. Charles Carpmael to William Smith, 20 Feb., 2 March 1892, RG 12, vol. 1220, Meteorological Service, LAC.

89. Canadian Institute Memorial, The Uniform Notation of Time by all Nations, 1888, Canadian Institute Papers, file 4-0-3, F1052, AO.

90. F. A. P. Barnard to J. K. Rees, 4 Feb. 1888, vol. 40, Fleming Papers.

91. William Allen to J. K. Rees, 9 Jan, 1888, ibid.

92. Canadian Institute Memorial, The Uniform Notation.

93. Governor General to Charles Carpmael, undated, Canadian Institute Papers, file 4-0-3, F1052, AO.

94. Lord Knutsford to the Governor General, 23 July 1888, ibid. 关于荷兰，见 British Legation, The Hague, to the Canadian Institute, 3 July 1888, ibid。

95. Acting President, Orange Free State, to Sir Hercules Robinson, 17 Sept. 1888, ibid.

96. Mr Kennedy to the Marquis of Salisbury, 8 July 1888, ibid.; India Office to Colonial Office, 4 July 1888, ibid.; Colonial Secretary to the Canadian Institute, 2 Nov. 1888, ibid.

97. Education Department of Ontario to Charles Carpmael, 27 March 1888, ibid.; Canadian Institute to the Chief Superintendent of Education, Ontario, 15 May 1888, ibid.

98. Chief Superintendent of Education, New Brunswick, to Charles Carpmael, 4 June 1888, ibid.; North West Territories Board of Education to the Canadian Institute, 9 Aug. 1888, ibid.

99. Département de l'Instruction Publique, Section Catholique, to Canadian Institute, 2 June 1888, ibid.

100. Superintendent of Schools, Manitoba, to the Canadian Institute, 4 June 1888, ibid.

101. David Allison to Charles Carpmael, 6 June 1888, ibid.; D. Montgomery to Charles Carpmael, 9 June 1888, ibid.; S. D. Pope to R. W. Young, 13 June 1888, ibid.; Quebec Department of Public Instruction to Charles Carpmael, 26 June 1888, ibid.

102. L. McCaskey to Sandford Fleming, undated, ibid.

103. L. McCaskey, Longitude and Geographical Time Chart, ibid.

104. Ibid.

105. Ibid.

106. *Education Weekly,* 1 Jan. 1885.

107. *Home and School Supplement,* Sept. 1885; 又可见于1887年3月刊和1886年12月刊。

注 释

108. Ibid., March 1886.

109. E. Peel to W. Whyte, 11 Dec. 1886, vol. 51, Fleming Papers; [*illegible*] to W. Whyte, 11 Dec. 1886, ibid.

110. Mr McAdam to W. Whyte, 11 Dec. 1886, ibid.

111. July Proceedings, Report of the Special Committee on Standard Time, vol. 2, Fleming Papers.

112. Fred Brooks to the American Society of Civil Engineers, 3 Nov. 1888, ibid.

113. Fred Brooks to the American Society of Civil Engineers, 3 Nov. 1888, ibid.

114. Archibald, "Resistance to an Unremitting Process," 107.

115. Miller, *Shingwauk's Vision*, 10.

116. Ibid., 11.

117. Ibid., 193.

118. 同样的操作也在英国统治的其他地区发生。例如，焦尔达诺·南尼就指出，人们所树立的格林尼治的权威，在南非的学校是如何通过钟声、日程表成为殖民工具的——强调了组织结构，削弱了当地的计时方式。Nanni, *The Colonisation of Time*, 191–212。

119. Smith, *Sacred Feathers*, 160, 226.

120. "Rules and Regulations of the Mississaugas of the Credit," 16, 19.

121. Ibid., 16.

122. Ibid., 16.

123. Inspector's Report on the Moravian 'Reserve' Indian School, June 1885, RG 10, vol. 5991, LAC.

124. Inspector's Report on the Moravian 'Reserve' Indian School, Feb. 1895, ibid.

125. Inspector's Report on the Moravian 'Reserve' Indian School, Jan. 1893, ibid.

126. Inspector's Report on the Moravian 'Reserve' Indian School, 1891, ibid.

127. Inspector's Report on the Moravian 'Reserve' Indian School, March 1886, ibid.

128. Smith, *Sacred Feathers*, 239, 244.

129. *Indian*, 每一期中。

130. Ibid., 12 May 1886.

131. Ibid.

132. Ibid., 9 June 1886.

133. Ibid.

134. Johannah Hill in Ontario, Canada, Marriages, 1801–1928, 1933–1934, Registrations of Marriages, 1869–1928, Series Ms. 932, reel 46, AO.

135. *Indian,* 7 July 1886.

136. Inspector's Report on the Moravian 'Reserve' Indian School, 1888, RG 10, vol, 5991, LAC.

结语

1. Knorr-Cetina, *The Manufacture of Knowledge*, 5.

2. Ogle, *The Global Transformation of Time*.

3. E. P. Thompson, "Time."

4. Ibid., 59–60.

5. Ibid., 60.

6. Ibid.

7. Ibid., 61.

8. Ibid., 84.

9. Ibid., 80.

10. Glennie and Thrift, *Shaping the Day*, 132.

11. Landes, *Revolutions in Time*, 58; Glennie and Thrift, *Shaping the Day,* 40.

12. Ogle, *The Global Transformation of Time,* 47–49, 55–56, 62–64, 71–72.

13. 史蒂芬·克恩（Stephen Kern）给出了一个相近的反对现代计时的理由。Kern, *The Culture of Time and Space*。

致　谢

对于我来说，写作这本书是一场持续7年的旅程，书中的故事和传达的信息现在给我的感觉，和刚开始写作时一样重要。比如，19世纪80年代时获得准确时间之难，把相当多有一定教养的普通人排除在现代计时方式之外的事实，让我大为震撼。不能获得准确的时间，导致不公平和积怨的产生。今天仍然存在同样的问题，它不见得与计时方式有关，而是科学领域本身的现象。科学和学术研究与实践脱节的情况很常见，科学界专家看起来过于"学究"，相反地，伪科学大受欢迎。查尔斯·皮亚兹·史密斯时代的金字塔学研究者，就是我们今天这个时代的气候变化否定论者（而且，尽管过了很多年，仍然有支持地平说者坚持他们的观点）。如果我们要克服这些人类文明进程上的威胁——无疑，无视气候科学的结果已经表明人类未来会面对严重威胁——那么必须防止错误观念的蔓延，以及必须破除造成教育不公平和收入不均衡的系统性阻隔。正如本书结语部分所建议的，我们不能低估能公平获得可靠信息的价值。这些势必成为今日学者和有识之士提振士气的口号。他们已经在为信息的公平性付出努力了。但这是一个艰难的挑战，必须坚持不懈地推进。我对这些直面挑战的人抱有敬意，并且希望他们的努力在某一天会创造一个更好、更良善的世界。

在写作本书的过程中，我受到了很多人的帮助，充满感激之情。首先也是最重要的，郑重感谢史蒂芬·西索恩（Stephen Heathorn），他对本书的指导和支持在书写过程中是无价的。约翰·威弗尔（John Weaver）、迈克尔·伊根（Michael Egan），还有大卫·利森（David Leeson）也为本书最初版本的稿子提供了专业的意见。还要感谢丹·歌尔曼（Dan Gorman），他在我进行研究时给予鼓励；还有 H. V. 内尔（H.V. Nelles），他教会了我叙述文法的价值——它可以作为学术分析的工具。这 6 位历史学家共同让我认识到——无论是直接地还是间接地——这是一段关于人的历史，而非一段技术史，这本书也因着这种认识而更加完善。

我也很荣幸收到了一些组织和基金会在财务上的支持，它们包括安大略省研究生奖学金（Ontario Graduate Scholarship，OGS），麦克马斯特大学（McMaster University）以及威尔逊加拿大历史研究所（Wilson Institute for Canadian History），没有它们的帮助，我甚至无法开展本书所必要的研究工作。

以下几位档案馆的成员也给予我很大帮助，包括剑桥天文学图书馆（Cambridge Astronomy Library）的马克·赫恩（Mark Hurn），爱丁堡皇家天文台（Royal Observatory of Edinburgh）的卡伦·莫兰（Karen Moran），圣约翰学院图书馆（剑桥）[St John's College Library (Cambridge)]的凯瑟琳·麦基（Kathryn McKee），英国皇家天文学会档案馆（Royal Astronomical Society Archives）的锡安·普罗塞（Sian Prosser），工程技术档案研究所（Institute of Engineering and Technology Archives）的约翰·卡贝尔（John Cable），英国皇家地理学会档案馆（Royal Geographical Society Archives）的朱莉·卡林顿（Julie Carrington），梅登黑德图书馆（Maidenhead Library）的克里斯·阿特金森（Chris Atkins），新华寄宿学校中心（Shingwauk Residential Schools Centre）的克里斯塔·麦克拉肯（Krista McCracken）。同样还要感谢安大略省档案馆（Archives of Ontario）、英国皇家学会档案馆（Archives of the Royal Society）、国家综合档案馆（多米尼加共和国）[Archivo General de la Nacion (Dominican Republic)]、法兰西学院图书馆（Bibliothèque de l'Institut de France）、大英图书馆（the British Library）、英国电信档案馆（BT Archives）、剑桥大学图书馆（Cambridge University Library）、加拿大图书和档案馆（Library and Archives Canada）、国会图书馆（the Library of Congress）、伦敦城市档案馆（London Metropolitan Archives）、英国国家档案馆（National Archives of the United Kingdom）、美国国家档案馆（National Archives of the United States of America）的工作人员。

麦克吉尔－皇后大学出版社（McGill-Queen's University Press）的理查德·拉茨拉夫（Richard Ratzlaff）、凯瑟琳·弗雷泽（Kathleen Fraser）以及其他团队成员，让这本书的出版过程如我所期待的一样顺畅。除此之外，匿名的卓越的评论人对本书的推荐无疑也助力良多。

本书雏形是我就读麦克马斯特大学（McMaster University）历史学院的博士学位论文。此外，第一章中的部分观点来自此前我发表的文章《制造时间：跨国网络以及加拿大及其他地区标准时间的建立，1867—1905》（"Making Time: Transnational Networks and the Establishment of Standard Time in Canada and Beyond, 1867‑1905"），本文被辑入阿萨·麦克切尔（Asa McKercher）和菲利普·凡·豪森（Phillip Van Huizen）编辑、麦克吉尔-皇后大学出版社2019年出版的《非外交历史：对加拿大和世界的新研究》（*Undiplomatic History: The New Study of Canada and the World*），位于第56—75页。

还要感谢我的很多同事，他们最终都成了我的朋友。感谢他们为本书的手稿提出了意见，但更重要的是他们的友谊和支持。他们是：切尔西·巴林杰（Chelsea Barranger），萨曼莎·克拉克（Samantha Clarke），奥雷克萨·德拉科维奇（Oleksa Drachewych），库兰·伊根（Curran Egan），凯尔西·海恩（Kelsey Hine），米卡·乔根森（Mica Jorgenson），杰奎琳·柯卡姆（Jacqueline Kirkham），安德鲁·克莱伯（Andrew Kloiber），谢伊·斯威尼（Shay Sweeney）以及亚历克斯·泽瓦莱斯（Alex Zavarise）。我爱你们所有人。

最后，我要感谢我的家人。感谢我的伴侣梅根·约翰斯顿（Megan Johnston），是她的关爱、支持、帮我转移注意力以及鼓励的话语（更不用说她还帮我翻译法语文献），让我没有崩溃，坚持完成了整个书写过程。感谢我的妹妹梅丽莎·西列特（Melissa Sillett）和兄弟史蒂文·约翰斯顿（Steven Johnston）——我们在未来很多挑战中都将成为伙伴。我还要感谢我的父母，盖理和丽塔·约翰斯顿，你们每时每刻都给予我鼓励和支持。家人的爱是最好的鼓舞和启发。谨以此书献给你们。